李伯重

火枪与账簿

早期经济全球化时代的
中国与东亚世界

生活·讀書·新知 三联书店

Copyright © 2024 by SDX Joint Publishing Company.
All Rights Reserved.

本作品版权由生活·读书·新知三联书店所有。
未经许可，不得翻印。

图书在版编目（CIP）数据

火枪与账簿：早期经济全球化时代的中国与东亚世界 / 李伯重著. —北京：生活·读书·新知三联书店，2024.9
ISBN 978-7-108-07861-2

Ⅰ.①火… Ⅱ.①李… Ⅲ.①东亚经济－经济全球化－研究－近代 Ⅳ.① F131.04

中国国家版本馆 CIP 数据核字 (2024) 第 110233 号

特邀编辑	吴　彬
责任编辑	丁立松　赵庆丰
装帧设计	薛　宇
责任印制	卢　岳
出版发行	生活·讀書·新知 三联书店
	（北京市东城区美术馆东街 22 号 100010）
网　　址	www.sdxjpc.com
经　　销	新华书店
印　　刷	北京隆昌伟业印刷有限公司
版　　次	2024 年 9 月北京第 1 版
	2024 年 9 月北京第 1 次印刷
开　　本	880 毫米 × 1230 毫米　1/32　印张 12.5
字　　数	269 千字　图 80 幅
印　　数	0,001－5,000 册
定　　价	69.00 元

（印装查询：01064002715；邮购查询：01084010542）

目 录

1 序　言　写作缘起与若干说明

1 第一章　这是一本什么书

29 第二章　贸易打造的世界

89 第三章　早期经济全球化时代的军事革命

159 第四章　**大洗牌：**早期经济全球化时代的东亚世界

203 第五章　**角力海陆：**
　　　　　早期经济全球化时代的东亚国际纷争

257 第六章　**战略与军队：**
　　　　　晚明的国家安全形势与军事改革运动

311 第七章　**烽烟四起：**晚明东亚世界四大战

351 代结语　"历史书写真的是可怖的"

序言　写作缘起与若干说明

我过去几十年都一直从事中国经济史研究，重点是明清江南经济史。但是近几年来，研究兴趣发生了改变，研究领域从经济史扩展到了政治史、社会史和军事史，研究地域从江南扩展到了全国乃至东亚世界，研究时期则从明清缩小到了晚明。这个改变始于2008年我在加州理工学院教书时。在那里，交流最多的同事是现任美国经济史学会会长的霍夫曼（Philip Hoffman）教授。他是一位著名的经济史学家，主要治近代早期欧洲经济史。我们可谓每天朝夕相见，无话不谈。当时他正在做近代早期西欧（特别是法国）军事与经济之间的关系的研究。听了他对该研究的看法，不禁唤醒了儿时的记忆。像大多数男孩子一样，小时候我也喜欢玩"打仗"和"探险"的游戏，到了中学时代，又读了不少中外的边塞文学和战争文学，对历史上的战争情景充满想象。苏联作家瓦西里·扬的《成吉思汗》，至今依然印象深刻。因此，我在经济史研究之余，也开始做些明代军事史的研究，作为调剂。不料对军事史的兴趣愈来愈浓厚，研究也从此一发而不可收。2009年，我在伦敦经济学院教书期间，去剑桥看望友人麦克法兰（Alan MacFarlane）教授。他是一位著名的历史学家和人类学家，其著作《都铎-斯图亚特时代英格兰的巫术》（*Witchcraft in Tudor and Stuart England*）、《英国个人主义的起源》（*The Origins of*

English Individualism)、《现代世界之谜》(The Riddle of the Modern World)等都已成为名著。但是他近年来却转向与以往非常不同的新研究领域，写出了《绿色黄金：茶叶帝国》(The Empire of Tea)、《玻璃的世界》(Glass: A World History)等与过去的研究非常不同的新著。我问他何以有如此巨大的改变，他回答说：在原来的研究领域中工作了多年，思维方法已经定型，很难再有新的想法。但是如果没有新想法，那么研究就成了一种习惯性的工作。日复一日地进行习惯性工作，没有挑战，难免丧失研究带来的乐趣。转向新领域，必然面对新挑战，从而激发思维，获得乐趣。做学问是为了获得真正的乐趣，至于成败利钝，并非主要考虑的内容。我非常佩服他的这种精神，也十分赞同他的看法。虽然我没有他那样的才气，但是至少在自己多年从事的领域之外尝试一下别的研究，也不失对自己的一个新挑战。

在晚明军事史的研究中，我发现远不如我先前所想的那样容易。对我来说这不仅是一个全新的领域，而且涉及诸多方面，其中之一是晚明这个时期的特殊性。在这个时期，经济全球化已经开始。不把中国的历史放进这个大过程中去研究，就会陷入一种"乃不知有汉，无论魏晋"的境地。然而在晚明时期，世界究竟发生了什么变化？这个问题是今天学界的一大热点，但是尚未有共同的看法。没有这种共识作为依靠，研究就很困难。因此对于我来说，这又是一个重大挑战。

新领域、新问题带来的挑战是每个历史学者都会遇到的，正如年鉴学派大师布罗代尔（Fernand Braudel）所说："对于历史学家，对于所有的社会科学家，对于所有客观的科学家，前面有如一个新大陆，永远值得探索。"如果面前没有一个新大陆去探索，史学家的工作可能就会像英国历史学会前会长巴勒克拉夫（Geoffrey Barraclough）所说的那样："当前在历史学家当中的一个基本趋势是保守主义",大多数历史学家在工作中"完全沿袭传统","只满足于依靠继承下来的资本,继续使用陈旧的机器。这些机器尽管低于现代最先进的标准,却仍然能够使企业在尽可能少地追加资本的前提下,提供一定数量的拥有现成市场的老牌传统产品"。

除了这两个,还有其他挑战。在一次访谈中,历史学家夏伯嘉先生谈到当年在耶鲁求学时对他影响最大的两位老师,其中之一是史景迁教授。他说:"史景迁文笔非常好。在中国史专业里,有些人认为他写的东西不够专业化,有些人则觉得很有启发性,因而产生了些争议。但是我觉得他给学者的启发在于:历史不能写得很枯燥。怎么把历史写得有意思,这是对我们所有历史学家的一种挑战。"要写得雅俗共赏,不仅需要改变写作套路,而且也要改变写作的语言。正如经济学大师萨缪尔森说:"能用简短的言辞就能说明的问题,为什么要用冗长的词句呢?抽象的思想需要通俗易懂的例证。"这些改变是非常困难的。大多数史学工作者习惯了专业论文的写法,积重难返,要改变文风,确实是一个重大挑战。

就我而言,治史数十年,也写了不少专门的史学著作,如今要把一些体现国际史学新潮流的看法、想法写成一本面向大众的小书,就必须改变习惯了的写作方法。但是由于我从来没有做过这样的工作,这对于我来说确实是一个很大的挑战。

各种挑战结合起来,形成了一个更大的挑战。在国际中国历史学界,有一个著名的理论名为"冲击-回应"(Impact - Response)理论,是美国的中国学大师费正清(John King Fairbank)提出的,在西方影响很大,在中国也得到广泛的赞同。这里姑且不谈这个理论,只是借用这个说法,即从生物进化论的角度来看,如果没有刺激,就不会产生反应,机体的潜力也就得不到发挥的机会。在治学方面也是这样。没有挑战，日复一日地做同样的工作，研究工作将会变得如巴勒克拉夫批评许多历史学家所说的那样：像老牌发达国家的某些工业部门一样，只满足于依靠继承下来的资本，继续使用陈旧的机器，生产出与过去一样的产品。如果这样的话，一个学者的学术生涯也就接近尾声了。

在我接受了自己提出的新挑战后，多蒙复旦大学给了我一个机会，让我得以和复旦的同行和学子们一同探讨我在这项研究中所涉及的若干问题。2013年，复旦大学邀请我去做"光华人文杰出学者讲座"，讲座的题目是"商战与实战：早期经济全球化时代的中国与东亚世界"。为了做好这个讲座，我把这两年来对相关问题的思考做了一个梳理，将其整理出来，分为五个专题做了讲演。在这个讲座的基础上，写成这本小书，书名也改为《火枪与账簿：早期经济全球化时代的中国与东亚世界》。这本书只是我的新研究的一个初步成果，还很不成熟，而且主要是想写给大众而非写给专业史学家看，因此在专业史学家眼中，可能不够学术化。《后汉书·马援传》有云："良工不示人以璞。"我本当如此，但是因为这是一项新研究的开始，我提出了一些自己的看法，自觉尚未成熟，因此也希望能够通过这本小书，向读者求教，从而使得这项研究得以不断完善，同时也向大众提供相关的知识，促进更多的人跟上新的史学潮流，从全球史视野来看中国的历史。这就是本书写作的初衷。

本书的写作对我是一项新的挑战，因此我必须从成功者那里学习写作经验。我近来读了哈佛大学科学史教授谢平（Steven Shapin）的《科学革命：一段不存在的历史》，觉得深受启发。他在致谢词中说："本书不是原创性的学术作品，而是由我集合各家说法的综合性著作。过去十年或十五年来已累积许多有关'科学革命'的历史研究,虽然这本书的目的是呈现对科学革命的最新诠释,但仍非常倚重多年来各家学者的成果。我最感谢的是诸位历史学家,我任意地借用他们的成就,并把他们的著作和论文放在本书最后的参考书目里。毫无疑问,这本书不只有我一个作者,还有他们。但我必须承认,我用我的方式诠释了他们的作品,用我的方式组织他们互异的发现和说法,这都反映了我个人的观点。因此,我必须对此全权负责。"本书的情况与谢平上面所说的颇为类似。本书力图体现国际史学新潮流,从全球史视野来看中国历史,因此也是一部集合各家说法的综合性著作。与谢平一样,我在本书中也用我自己的方式诠释了其他学者的作品,用我的方式组织他们互异的发现和说法,这都反映了我个人的观点。不仅如此,本书的主线和主要观点也是我提出的。因此我一方面非常感谢前人的工作,另一方面也要说明我对本书全权负责。

此外,美国史家格拉夫敦(Anthony Grafton)写了一部关于史学著作中的脚注问题的书,中文版名为《脚注趣史》(*The Footnote: A Curious History*),而法文版则名为《博学的悲剧起源:脚注的历史》。他在书中指出:在西方,史学著作中的脚注发源于17世纪,到19世纪才成为职业史家的必要工具。现代史学演进的方向是越来越技术化和严谨化,脚注功能日益强化是这一过程最明显的标志。但史学作品终究不是纯技术化的产物,脚注也只能严守其辅助的地位。一些著名史家对史学著作中使用脚注(或者过多使用脚注)深恶痛绝。西方史学大师吉本(Edward Gibbon)在其《回忆录》中说到其名著《罗马帝国衰亡史》,遗憾地谈到自己被人说动用脚注破坏了叙事的外观:"在其八开本的十四卷中,全部注释集中于最后两卷。读者硬要我将之从书末移至页下;而我常常为自己的顺从感到懊悔。"德国思想家本雅明(Walter Benjamin)则说:"书籍中的脚注就是妓女袜子中的钞票。"因此，一些学者力求避免使用（或者过多使用）脚注。法学家哈特（Herbert Hart）在其名著《法律的概念》中特别说明："本书的正文既没有引用多少他人的著述，也很少有脚注。不过，读者在本书的最后将会看到大量的注释，我希望读者在阅读本书的每一章之后再去查阅它们……我如此安排本书的顺序，主要是因为书中的论证是连续性的，如果插进与其他理论的比较，就会打断这种连续性。"余英时先生曾提醒其学生陆扬说，学术论著关键还是在于论述本身的原创性，脚注毕竟是次要的。他特别引用了一则真实的趣事来说明这一观点：有一群牛津的老教授在看巨星鲍嘉（Humphrey Bogart）演的一部片子，突然对其中的一句台词击节称赏，这句话是鲍嘉对人说的："把正文给我，别管脚注！"（Give me the text, forget about the footnotes.）由于本书是面向大众的，在书中使用脚注就显得特别不合适了。在这方面，谢平的经验也很有帮助。他说："为了将这本书有效地传达给一般读者，方便读者流畅阅读，我决定不依照过去专家和专家之间交流的惯习，选择不在正文放置众多的二手参考数据当作脚注。此外，当我发现某些当代学者看待事物的方式具解释力或发人深省，或他们的说法达到像'专利'一般的地位时，才会引用他的作品。"就史学读物而言，尼尔（J. E. Neale）的名著《女王伊丽莎白一世传》（*Queen Elizabeth I*）是一个非常成功的范例。尼尔是英国著名的正统派史学家。但是在这本传记中，他在体例方面又进行了一次大胆尝试。他在序言中申明："作者是在一个特殊的时刻为特定的读者写作这部著作的。这里说的特殊时刻是女王伊丽莎白一世诞生四百周年，特定的读者是指那些对这位伟大历史人物怀有兴趣的一般读者。因之我舍弃了写此书时苦心搜集来的一批权威的文献档案。某些读者无疑会由于看到本书没有附上参考资料而感到遗憾。我知道以上情况会使这部著作某一方面的使用价值受到限制,但是我希望它将增加这部著作在另一方面的使用价值。"因此,这部著作不列参考书目,也不加注释。尼尔的这种尝试,有些同事不甚赞同,但是却获得了空前的成功。由此可见,一个严肃的历史学家在写作面向大众的历史读物时,必须改变自己习惯的写作方式,以适应不同的读者需求。

  以上这些经验之谈非常重要,对我这样一个写作大众史学读物的生手特别有帮助。此外,本书曾是三联书店推出的"复旦大学光华人文杰出学者讲座丛书"中的一种,而这套丛书所收的都是讲演录,大多都省去了脚注。基于上述原因,我也删去了全部脚注。原稿中的那些脚注和引文,在另外一部主要供历史学者阅读的专著中出现。

  我虽然在本书的写作上已经尽力了,但是在行家看来我的努力可能只是"东施效颦"或者"邯郸学步"。但是我认为只要向着自己心中确定的方向去努力就行了。尝试本身就是一种快乐,至于它是否会成功,倒是次要的问题。用大家耳熟能详的诸葛亮《后出师表》中的结语来说,就是"至于成败利钝,非臣之明所能逆睹也"。

第 1 章

这是一本什么书

近二三十年，面向社会大众的全球史著作成为新的国际史学写作潮流，一方面是因为全球经济近代化与世界各国和地区都有关的新史观正成为主流，另一方面是越来越多的史学研究者以向大众提供历史知识为己任。本书涉及的时空范围正是15~17世纪中期的整个东亚世界。这一时期，东亚进入三千年未有之大变局时代，而正是经济全球化导致了这一切的发生。

关键词：新史潮　全球史　公共史学　东亚世界

当我第一次看到一本觉得可能会感兴趣的书时，心里总会先要问：这是一本什么样的书？讲些什么？有何特色？是否适合我？在得到清晰的答案时，我才能决定是否值得花费我宝贵的时间去读它。同样的情况，我想也发生在其他读者身上。因此对于书的作者来说，为了帮助读者决定是否去阅读自己的作品，他们有责任回答上述问题。出于这个原因，在本书的一开始，我就开宗明义，对上述问题做出回答。这就是本书的前言。

这是一本什么样的书呢？对于这个问题，最好的答案当然是读者在读完它后获得的感受了。"仁者见仁，智者见智"，很难有一个一致的看法。不过，从作者的角度出发，我对本书的定位是：这是一本体现国际学术新潮流、面向社会大众的全球史研究著作。这句话的关键词是新史潮（新史学潮流）、全球史和公共史学，同时，本书所涉及的时空范围是15～17世纪中期的东亚世界。下面，我就依序对几个概念进行解说。

一、新史潮

历史是人类对于过去的集体记忆，也只有人类才会有这种记忆。懂得历史，就能够从过去发生的事情中获得经验教训，从而更好地处理当前遇到的问题，规划未来的工作。如果对过去没有认识或者没有正确的认识，要在一张白纸或者黑纸上去画"最新最美的图画"，事实证明只是一种空想。因此，近代早期的英国哲人培根（Francis Bacon）在总结各种学问的功用时，把历史放在第一位，说"读史使人明智"。

对于历史的功能，在全世界所有民族中，我们中国人可能是最看重的了，所以史学在中国具有一种特殊的地位。中国人认为历史一旦写出来就永远不会改变，因此"青史留名"是古人的最高追求。而暴君奸臣最害怕的事，也是他们的恶行被记在史书上，从而遗臭万年。所以他们尽可能篡改历史，甚至把坚持秉笔直书的史官杀掉，我们熟知的齐太史、晋董狐就是这种正直史官的代表。因为史学具有如此的地位，直到今天，大多数中国人还都相信：一旦载入了史册（也就是"上了书"），就意味着"历史"已经给出了结论，就可以放心地接受了。然而，这种看法是正确的吗？

近年来，史学受到后现代主义者的猛烈攻击。他们从根本上否认有客观的历史研究，声称"小说家编造谎言以便陈述事实，史学家制造事实以便说谎"。这些批评虽然过火，但也并非完全没有道理。事实上，历史写出之后是经常改变的，绝非一成不变的"定论"。著名史学家斯塔夫里阿诺斯（Leften Stavros Stavrianos）说："我们每一代人都需要重写历史，因为每个时代都会产生新问题，探求新答案。"历史学家希尔（Christopher Hill）也说："每一代人都要重写历史，因为过去发生的事件本身没有改变，但是现在改变了，每一代人都会提出关于过去的新问题，发现对过去都有一种新的同情，这是和他们的先辈所不同的。"由于对同样的问题，每一代人都会有不同的看法，所以历史必须重写。不仅社会向历史提出新的问题，而且材料和方法也在不断地改变。新的材料和方法的出现，逼着我们重写历史。

哲学家和史学家克罗齐（Benedetto Croce）说："一切历史都是当代史。"科林伍德（Robin George Collingwood）对此评论说："一切历史都是当代史：但并非在这个词的通常意义上，即当代史意味着为期较近的过去的历史，而是在严格的意义上，即人们实际上完成某种活动时对自己的活动的意识。因此，历史就是活着的心灵的自我认识。"既然一切历史都是当代史，那么我们对历史的认识也必然依随"当代"的变化而变化。在过去几十年中，世界发生了天翻地覆的变化。换言之，现在的"当代"已经与几十年前的"当代"有了很大的不同。因此史学要随这个"当代"的变化而发生变化，是必然的。那么，在"当代"世界上所发生的诸多变化中，哪些是最为重要的呢？我认为有两个。

第一个重大变化是经济全球化的突飞猛进。"全球化"是当今国际社会科学领域研究的最重要课题之一，正如沃特斯（Malcolm Waters）所说："就像后现代主义是 20 世纪 80 年代的概念一样，全球化是 20 世纪 90 年代的概念，是我们赖以理解人类社会向第三个千年过渡的关键概念。"

在我国，直到参加 WTO 后"全球化"这个词才用得多起来，所以造成很多人误解，认为全球化是最近几年的事。但是实际上，经济全球化是一个长期的历史过程。关于这个问题，我在本书第二章中还要进行讨论，这里仅简单地说几句。虽然有些学者认为人类历史就是全球化的历史［例如斯提恩斯（Peter Stearns）把全球化的开始追溯到公元前 12 世纪］，但是大多数经济史学家认为经济全球化开始于 15 世纪末 16 世纪初，即地理大发现时代。在这个长达几个世纪的漫长过程中，从 15 世纪末的地理大发现到 18 世纪末工业革命发生之间的三个世纪被称为经济全球化的早期阶段，或者早期经济全球化时代。而 20 世纪最后几十年，则是经济全球化突飞猛进的阶段。到了今天，除了朝鲜民主主义人民共和国等个别国家外，世界各国在经济上已经紧密地相互捆绑在一起。虽然一些国家之间有矛盾冲突，但"你中有我，我中有你"，谁也离不开谁，形成了一个彼此命运息息相关的

"地球村"。这种情况是史无前例的。

第二个重大变化是中国的兴起。高盛资产管理公司的董事长欧尼尔（Jim O'Neill），因发明"金砖四国"（BRIC）这个名词被称为"金砖四国概念之父"。他在《高成长八国》一书中说："不时有人对我说，由于中国本身的巨大重要性，我应该把中国从金砖四国中单独抽出来。当然，有的人指出，如果把中国排除在外，金砖四国也就没戏唱了。这种说法有它的道理。中国是我们这个世代最伟大的传奇故事，我造访中国的次数比我到其他三个金砖国家的次数加起来还要多。"他说的是事实。1978年，中国的GDP在世界GDP中的份额仅为5%，人均GDP水平只有世界平均水平的22.3%，是世界上最穷的国家之一。不仅如此，在"文化大革命"中，中国经济遭到严重破坏，正如1978年底举行的中共中央十一届三中全会公报所说，在"文革"中，中国经济已经到了崩溃的边缘。中国改革开放后巨变出现了：中国出现了世界上没有先例的、长期和快速的经济增长。

美国经济学家莫尔（Thomas Moore）说：按照世界银行的报告，1979年以后，中国的经济发展让所有发展中国家都嫉妒。中国GDP翻倍的速度超过了当年的英国、美国、日本、巴西、韩国。如果把中国的各个省份作为独立的经济体，那么从1978年到1995年，世界上经济成长最快的二十个经济体都在中国。从1995年到现在，又是二十年过去了，而在这二十年中，中国继续保持快速发展。不仅如此，中国经济的高速增长还在继续。有些乐观的经济学家则认为，中国的经济成长还可以延续五十年。一些不是这么乐观的经济学家也认为，中国经济至少还有二十年可以以7%~8%的速度发展。就是7%~8%，也是非常高的速度，因为日本在20世纪60年代经济高速成长的时候，速度也就是8%~9%。如果能维持7%~8%的发展速度，那么在不远的将来，中国就将超越美国而成为世界上最大的经济体。1993年诺贝尔经济学奖得主福格尔（Robert Fogel）乐观地认为：到了2040年，中国的GDP将占到世界GDP的40%，远高于美国的14%和欧盟的5%。在人均GDP方面，中国那时将达到8.5万美元，虽然仍低于美国，但是比欧盟要高出一倍，远远高于日本和印度。

早在1986年中国经济开始起飞时，著名经济学家柏金斯（Dwight Perkins）就指出：18世纪中期工业革命在英国发生，随后横扫欧洲其他部分（包括苏联阵营）和北美，用了二百五十年的时间，才使这些地区实现工业化，提高了今天世界23%的人口的生活水平。而中国今天的经济发展倘若能够继续下去，将在四五十年内使得世界另外23%的人口生活在工业化世界中。由此而言，中国的经济奇迹当然是世界历史上最大的经济奇迹。

一切重大的历史变化都不是忽然发生的。德国大文豪歌德说："我认为但丁伟大，但是他的背后是几个世纪的文明；罗斯柴尔德家族富有，但那是经过不止一代人的努力才积累起来的财富。这些事全部隐藏得比我们想象的要深。"今天的经济全球化是一个长达几个世纪的变化过程的最新阶段。中国的经济奇迹也是如此，正如柏金斯所言："中国的现在是中国过去的延续；中国在最近几十年中发生了巨大变化，但是中国的历史依然映照着中国的今天，'过去'的影子可以见诸众多方面。"只有从历史的长期发展的角度出发，才能真正了解今天的经济全球化和中国的经济奇迹。

然而，以往的史学提供的知识并不足以对这两项当代最重大的变化提出合理的解释。例如过去教科书都说清朝闭关自守，但是如果我们重新审视史料，并对比当时世界其他国家的情况，那么将会看到，清代中国并没有闭关自守，而且比起当时世界上许多国家来说更为开放。也正因如此,19世纪中期以前中国在世界贸易中占据中心地位。这是弗兰克(Andre Gunder Frank)在《白银资本》一书中所得出的结论。他认为,19世纪初期以前中国是世界上最大的贸易国。中国是世界贸易的中心,各国都来和中国做生意,中国产品出口到各国都是出超,对方必须用国际贸易中的硬通货——白银来支付,因此在16~18世纪,世界银产量的一半流入了中国。如果说中国闭关自守,这种情况就无法解释了。此外,在当时的国际环境中,中国也不可能实现闭关自守,正如美国历史学会前会长史景迁在他那本非常有名的《追寻现代中国》的序言中所说的那样:"从1600年以后,中国作为一个国家的命运,就和其他国家交织在一起了,不得不和其他国家一道去搜寻稀有资源,交换货物,扩大知识。"

史学必须不断地为社会大众提供新的见解和看法,如果史学家都一代代地延续前人的陈说,那社会也就没有必要有史学家了。这就需要史学家不断挑战过去,提供对历史的新看法。

因此,"当代"对史学提出了巨大的挑战,要求史学家们重新诠释世界和中国的过去,不仅如此,也为史学家们重新诠释提供了前所未有的条件。因此,改写历史,此其时也。在此背景下,全球史应运而生,成为当今国际史学的一大亮点。

二、全球史

全球史(global history)也称为"新世界史"(new world history),是一个新兴学科。这个学科于20世纪下半叶兴起于美国,起初只是在历史教育改革中出现的一门新课,目的是从新角度讲述世界史,以后演变为一种编撰世界通史的方法论，近年来又发展成为一个新的史学流派。

以往我们所说的历史，基本上是以现有国家为单位的历史，即国别史（national history）。这种国别史从1789年法国大革命以后，成为西方历史研究的主流。以后在整个19世纪和20世纪大部分时期，历史学家大多以国家作为研究单位（尤其是本国历史为主），因此国别史研究成为20世纪史学研究的主要潮流。国别史研究以"国族"论述作为主题，以政治的或文化的民族主义作为价值论的基础。第二次世界大战结束之后，欧洲史学家对"二战"以前盛行的民族主义史学逐渐感到厌恶，普遍认为民族主义史学是引起第二次世界大战的思想根源之一。在这种氛围中，"全球史"应运而生，成为一股新的国际史学潮流。全球史的兴起是国际史学界的大事，引起了热烈的讨论，并对历史学带来了深刻的影响，正如怀特（Hayden White）所说，所谓"全球史"视野中的"全球性事件"是一种全球视野中的崭新的"事件"，它可能会瓦解作为近代西方科学研究领域的历史学中的"时间""空间""因果关系"等既有概念。

虽然全球史是一个新兴学科，但若论其渊源，则可谓源远流长。国际全球史研究的领军人物之一欧布来恩（Patrick K. O'Brien）说："全球史这个学科可以远溯到希罗多德。希氏开创的探究全球物质文明进步的传统，一直延续了下来。到了启蒙时代，孟德斯鸠、伏尔泰、休谟、杜尔哥、罗伯特森等学者都从不同方面对此进行了思考；而亚当·斯密更是如此。但是这种研究一直局限于欧洲。"以往的全球史研究局限于欧洲，因此还不能成为真正意义上的全球史，因为真正的全球史必须是全球学者共同参与的事业。

最近二十年来，在国际"史学危机"不断加深的时候，全球史学科异军突起,成为国际学界关注的热点。近年来国际学界出现了几次跨学科的大辩论,都是以全球史为中心的。其中一次是《白银资本》的作者弗兰克和《国富国穷》的作者兰德斯(David Landes)于1998年12月在美国东北大学举行的辩论会,参加者达到近二百人。另外一次是围绕彭慕兰(Kenneth Pomeranz)的《大分流》的争议,这在许多国家都出现,争论至今已达十年以上,而且现在依然未见有平息的迹象。在这些国际性的大论争中,参与者来自人文社会科学不同学科,但争论的问题都是以全球史为中心的。由此可见,全球史研究已成为国际史学研究的一大亮点。

在过去的一二十年中,全球史研究的重要著作不断推出,例如本特利(Jerry Bentley)与齐格勒(Herbert Ziegler)的《新全球史:文明的传承与交流》、威尔斯(John E. Wills Jr.)的《1688年的全球史》、曼恩(Charles Mann)的《1493:物种大交换开创的世界史》等。因为全球史与经济史之间存在非常密切的关系,所以在经济史方面的成果也特别丰富。仅2009年一年,就有阿伦(Robert Allen)的《全球视野中的英国工业革命》、范·赞登(Jan Luiten van Zanden)的《通往工业革命的漫长道路:全球视野下的欧洲经济(1000~1800年)》、李洛(Giorgio Riello)与帕桑萨拉提(Prasannan Parthasarathi)主编的《纺织世界:棉布的全球史(1200~1850年)》等重要著作面世。这些研究成果,都为我们更好地认识昨天和今天的世界提供了更新和更好的知识。

全球史研究需要全球学者共同努力推进,因此全球史研究的国际学术组织也应运而生,不断出现。2003年9月,49位来自不同国家的著名经济史学家倡议,建立了以英国伦敦政治经济学院、美国加利福尼亚大学尔湾校区(UC-Irvine)和洛杉矶校区(UCLA)、荷兰莱顿大学和日本大阪大学为骨干的"全球经济史网络"(GEHN)。此后,相关组织在各国纷纷建立,主要有2005年建立于德国的"全球史欧洲网络"(ENIUGH)、2008年建立于中国的"亚洲世界史学会"(AAWH)、2009年建立于尼日利亚的"全球史非洲网络"(ANGH)和2010年建立于德国的"全球史和世界史组织网络"(NOWGHISTO)等。

由于全球史研究和教学在各国大学中日益普遍,在一些大学里建立了全球史中心。第一个全球史研究中心于2004年在中国首都师范大学建立,随后英国华威大学也于2007年建立"全球历史文化研究中心"(GHCC)。全球史研究的学术刊物《全球史杂志》(*Journal of Global History*)于2006年在英国问世。随后中国首都师范大学出版社也出版了《全球史评论》《全球史译丛》等刊物。全球史的教科书也不断推出。美国学者柯娇燕(Pamela Kyle Crossley)的《什么是全球史》英文版于2008年出版后,中文版次年推出。随后,夏继果与本特利(Jerry H. Bentley)合著的《全球史读本》、伯格(Maxine Berg)主编的《书写全球史:二十一世纪的挑战》、费尔南德兹-阿迈斯托(Felipe Fernández-Armesto)编著的《世界:一部历史》等,也逐一出版。

那么,全球史究竟是什么?它有什么特点?研究重点是什么时期?……下面是对这些问题的简要回答。

从字面上来看,全球史(global history)这个名词由两个内容组成:全球(global)和历史(即历史学,history)。有学者指出其本质是"把'全球化'历史化,把历史学全球化"。"全球史"和过去的"世界史"之间最大的不同,就是要打破现今的国家界限,将世界各个地区都放到相互联系的网络之中,强调它们各自的作用。刘新成教

授对"全球史"的基本立场进行了如下总结:

第一,摒弃以往世界史研究中那种以国家为单位的传统思维模式,基本叙事单位应该是相互具有依存关系的若干社会所形成的网络;

第二,在世界历史发展的任何一个阶段,都不能以某个国家的发展代表全球发展的整体趋势。全球发展的整体趋势只体现在真正普适于所有社会的三大过程(即人口增长、技术进步与传播、不同社会之间的交流)之中;

第三,在上述三大过程中,最重要的是不同社会之间日益增长的交流;

第四,从学术发生学的角度彻底颠覆"欧洲中心论";

第五,在考察一个由若干社会参与其中的历史事件的原因时,要充分考虑其发生的偶然性和特定条件性。

简单来说,"全球史"不同于以往的"世界史"的主要特点是:

第一,否定"国家本位",以"社会空间"而不是"国家"作为审视历史的基本单元;

第二,关注大范围、长时段的整体运动,开拓新的研究领域;

第三,重估人类活动与社会结构之间的关系。

此外,从方法论上来说,全球史重视比较研究,但是这种比较必须建立在相互影响的基础上,并认为这些影响以一种对话的方式,把比较对象进行新的整合或者综合为一种单一的分析构架。

有学者认为人类的整个历史都是全球史。例如本特利与齐格勒认为"全球史"的开始在公元前3500年,至今经历了七个阶段:(一)早期复杂社会(公元前3500～前500);(二)古典社会组织(公元前500～500);(三)后古典时代(500～1000);(四)跨文化交流的时代(1000～1500);(五)全球一体化的缘起(1500～1800);

(六)革命、工业和帝国时代(1750~1914)和(七)现代全球重组(1914年至今)。不过大多数学者认为要到了经济全球化开始后,世界大部分地区才彼此紧密地联系在一起。在此意义上来说,"世界史"是从1500年前后才成为"全球史"的。

以1500年左右为全球史的开端的断代,具有特别重要的意义。众所周知,在西方历史上,这是近代的开端。这里我顺便说一下,今天中国史学界里的"现代"和"近代",都来自英文的同一个词modern。也正因如此,在英文中近代化和现代化都是同一个词modernization。因为西方历史上的"近代"(modern)与"近代化"(modernization)密切相关,而从全球史的角度来看,"近代化"是一个长期的历史过程,到今天尚未结束。因此在研究全球史时,采用"近代"来代表1500年以后的时期,比起把这个时期依照某些政治事件而分为"近代"和"现代"两个时期来说,前者无疑更为合适。

以往学界的主流认为:世界的近代化就是西方的近代化及其全球扩展。但是晚近越来越多的学者认为:世界的近代化是一个全球性的历史过程,虽然西方在其中起了至为关键的作用,但其他地区所起的作用也绝不能低估,更不能忽视。美国历史学会会长彭慕兰指出:如果没有美洲、亚洲和非洲的资源,西方不可能积累起那么多财富并实现经济的近代化。因此所有国家和地区,不管是征服者还是被征服者,都对全球的经济近代化做出了重大贡献,不过其中有的是得利者,有的是损失者。

在世界的经济近代化进程中,许多地区都起了重大作用。从科技史来说,不少专家都认为,如果没有中国、印度、伊斯兰地区的技术传入,欧洲的工业革命是否可能发生还是个问题。例如阿克莱特纺纱机,一向被视为工业革命的标志,但是这种机器与中国有着某

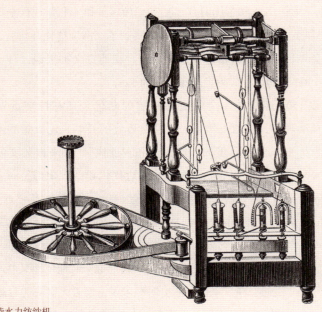

阿克莱特水力纺纱机

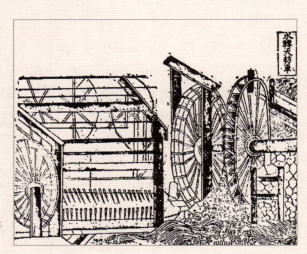

元代的水转大纺车
(王祯《农书》)

种联系。我曾有一篇文章分析元代中国的水转大纺车和阿克莱特水力纺纱机之间的关系,认为它们彼此有关联——阿克莱特(Richard Arkwright)本人即使没有亲眼看到水转大纺车是什么样,至少也能从传教士那里看到水转大纺车的图样,以及经由各种途径传到英国的水转大纺车的重要部件。站在这个角度看经济近代化,就不会将其视为"纯西方"的产物。

从全球史的视角来看历史,和从传统的中外关系史的视角来看历史,是很不相同的。传统的中外关系史有如下特点:第一,研究对象的主体是中国和西方,而西方实际上又主要指西欧的部分地区;第二,研究所强调的是单向的关系,早期是从中国到西方,从16世纪开始则是从西方到中国。如果从全球史的角度来看,这些看法都是有问题的。首先,中国与西方都是全球的一个部分,在二者之间还有诸多地区,中西交往必须通过其中许多地区。这些地区不仅是简单的中介,中西交往的内容和形式在经过这些中介时往往会发生很大的改变。因此,中西之外的地区在中西交往过程中发挥着重要的作用。其次,中国和西方的关系,在1500年以来的大部分时间内是双向的,而非单向的;大多是间接的,但是也有直接的;不是一种方式,而是多种途径。因此,这种交往虽然终端在中西,但是实际交往过程具有全球性。以本书后面所谈到的军事技术的变革为例,即可看到这一点。在16世纪,奥斯曼帝国对欧洲传来的火枪进行了改良,这种改良了的火枪传到中国,明朝的专家对此进一步改良,造出了当时世界上最好的火枪。另外一方面,明朝末年中国研制出了世界上制作黑色火药的最好配方,传教士是否将其带回欧洲,现在证据还不足,但是我相信日后将发现更多证据。

这种全球史观,颠覆了以往西方中心论者所主张的世界的近代

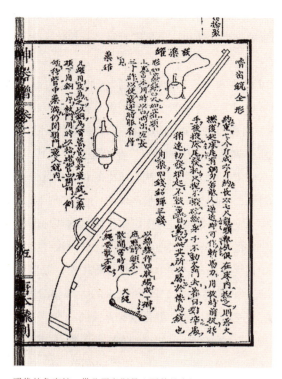

明代的鲁密铳,借鉴了奥斯曼土耳其的火绳枪设计(赵士祯《神器谱》)

化只是西方产物的观点。新的共识是：西方的兴起和扩张造成的全球发展是近代化的重要原因，而被西方影响和征服的地区对西方的近代化的作用也非常大。没有这些地区的参与，西方不可能实现近代化。

三、公共史学

如前所述，史学在中国传统社会被赋予了一种令人敬畏的政治文化含义和地位，因此撰写历史和解释历史也为当权者所垄断。自唐代起，修史、释史成为朝廷行为，为政府所垄断，非等闲人可为之。这种秉承当权者意志的官修历史，不仅所述历史的真实性十分可疑，而且所使用的是古老典雅的文言，普通民众难以阅读。因此对于大众来说，演义、小说、故事、戏剧等通俗文学作品成了获取历史知识的主要来源。从这些来源获得的历史知识，问题当然不少，从而导致了大众对历史的误解。明代中后期，私人修史之风一度兴盛，出现了新气象。但入清之后，"文字狱"严厉，私人修史又成禁区。到了18世纪，乾嘉学派兴起，虽然学者们依然对"文字狱"心有余悸，但在史学研究方面取得重大进步。这个时期发展起来的考据学方法，与近代欧洲出现的客观主义史学有相通之处，是一种科学的方法。自此，我国的史学开始摆脱以往主要是为统治者治国提供借鉴（即"资治"的"通鉴"）的地位，向着成为一门独立的专门学问的方向发展。清亡之后，这种倾向日益发展，导致了20世纪30年代史学的繁荣。然而，一旦成为专门的学问，就不免专业化，而越是专业化，也就越是深入象牙塔，从而与大众无缘。

1950年以后，特别是经过1958年的"史学革命"后，我国大陆史学在日益政治化的同时,也越来越教条化,成为新的"党八股"。这种八股化的史学,也如延安时期毛泽东曾经批评的"党八股"那样,"干瘪得很,样子十分难看",使得大众对历史丧失了兴趣。到了"文革"时期,那种"以阶级斗争和路线斗争为纲"的史学更发展到登峰造极的地步,成为赤裸裸的政治斗争工具。这种荒谬绝伦的影射史学使得史学残存的最后一点声誉扫地以尽。历史真正成了一个可以随便装扮涂抹的千依百顺的女孩子,任由戚本禹、姚文元那样一批未受过史学训练的御用文人来摆弄。改革开放后,随着经济的繁荣和社会的开放,大众渴求对自己祖国的历史有更多更好的了解。只要随便看看今天充斥书店和荧屏的历史故事和古装影视剧,就可看到大众对历史知识的渴求达到什么程度。在此期间,我国的专业化史学有了很大发展,出现了空前的繁荣,但是象牙塔内的东西依然对大众封闭。许多学者努力拉近史学与大众的距离,并取得了许多可喜的成果,但是大众历史知识的主要来源,仍旧是通俗文学乃至电影、电视剧。这就对职业的历史学家提出了更迫切的要求,要求我们尽可能多地写一些容易读懂但是又能提供正确知识的史学成果,来满足大众对祖国历史知识的渴求。

然而,大多数史学家却未能向大众提供他们所需要的和所能接受的历史知识。在此情况下,大众只能去从一些非专业作者那里得到满足。刘志琴先生痛心地说:"史书的信誉在下降,而戏说历史的各类书籍、讲坛却受到读者的欢迎,愈来愈兴旺。值得玩味的是作者和内容的变化,在市场上走俏的如《明朝那些事儿》《历史是什么玩意儿》《一个都不正经》等,几乎都是非历史专业者所撰写。史学的作者从史官、学者到非专业作家,是述史主体的大变化。这些业余作者之所以拥有专业史家所不能拥有的广大读者群,是因为所述的内容具有颠覆性。从来史家说什么都要有证有据,是史家的意见都要标明,如太史公曰,某某传、注、著等,都是对历史的实说和点评,讲究的是历史真实性和启示性。即使明清时代的讲史带有演义性,但其伦理说教仍然不脱正史的价值。如今不然,讲史中有自说自话的、戏说的、臆说的,在中央电视台讲宋史的宣称自己是在'玩历史',值得注意的是读者并不在乎什么史实不史实,只要读来解闷、解气就是好!史学本是一门纪实的学科,容不得掺假和矫情,古代一些史家为秉笔直书,送掉性命的大有人在。娱乐渗入这门学科,真可算是娱乐至死了,可死的不是娱乐,而是史学的严肃性和真实性。这是专业史家难以认同而又无可奈何的现象!"

  我本人对这个看法的态度是有保留地赞同。我不认为向大众提供历史知识是史学家的专利,也不认为非专业的历史读物所提供的知识都是错误的或者不可靠的。但是,既然史学家是受过专门训练从事史学研究的人,他们自然应当成为向社会提供历史知识的主体。如果这个工作是别人去做了,那么只能说是史学家的失职。多年前,时任英国历史学会主席的巴勒克拉夫教授受联合国教科文组织委托,为该组织出版的《社会科学和人文科学研究主要趋势》撰写了历史学卷(后来以"当代史学主要趋势"为题出版了中译本),对第二次世界大战结束以后世界各国史学发展的状况进行总结。在该书结语"当前的趋势和问题"中,他写道,"近十五至二十年来历史科学的进步是惊人的事实",但是"根据记载,近来出版的90%的历史著作,无论从研究方法和研究对象,还是从概念体系来说,完全在沿袭着传统"。而造成这种状况的最重要的原因,则在于历史学家"根深蒂固的心理障碍",即"历史学家不会心甘情愿地放弃他们的积习并且对他们工作的基本原理进行重新思考"。

为了克服上述矛盾,一些史学家走出了书斋,为大众写作通俗易懂的史学著作。在这方面,哈佛大学经济史教授弗格森(Niall Ferguson)可谓是最成功者。他近年来不仅推出了多部历史畅销书,而且还为多家报纸和杂志撰稿。此外,他还撰写并制作了四部成功的电视纪录片。因为这些贡献,2004年他被《时代》周刊评为"影响世界的一百人"之一。除此之外,一些国际著名的史学家也开始了这方面的尝试。彭慕兰和另外一位史学家托皮克(Steven Topik)合作撰写了通俗读物《贸易打造的世界》。德高望重的日本汉学家斯波义信先生在其《中国都市史》中说,尽管他的这本著作是"一本没有空论的前瞻书",但是也加入了"近似通史的内容"。这些建立在深厚的学术功底基础之上但又写得比较通俗的著作,使得非常专业的历史著作变得更易读,从而有更多的读者得以受惠。

四、东亚、东北亚、东南亚与东亚世界

孔子说:"必也正名乎!"任何事物的存在都有其特定的时间和空间范围。本书所谈的是早期经济全球化时代的东亚世界,在进入正题之前,我们必须对"早期经济全球化时代"和"东亚世界"这两个时空概念做一个明确的界定。这里先就"东亚世界"进行讨论。

"东亚"是我们今天最常见到的词语之一。但是东亚的范围,则一向无明确的界定。今日国际关系中所说的东亚,主要包括中国、日本、韩/朝,而在文化史研究中,东亚又往往是儒家文化圈的同义词(因此儒家文化圈也被称为东亚文化圈),即中、日、韩/朝加上越南。这些说法自有其合理性,但也存在一些问题。

首先,包括中国、日本、韩/朝的"东亚",主要是为了区别于包括中南半岛和南洋群岛的"东南亚",因此往往又被称为"东北亚"。然而这样一来,"东亚"就等同于"东北亚"了,从而造成了概念的混淆。

其次,东亚是否等同于儒家文化圈?有学者指出:东亚这个概念乃是近代形成的,是与欧洲乃至西方概念相对应而出现的,或毋宁说是在欧洲扩张的压力下所导致的一个"近代想象",是西方地缘政治形塑出的世界空间图像的一个组成部分,而不具有疆域清晰和内涵明确的自足性。在西洋人来到之前,儒家文化圈的圈内地区与圈外地区具有非常不同的文化,圈内地区人民把圈外地区视为"蛮夷"之地,绝不认同。但是这种看法也有问题。例如越南沦落为法国殖民地后,就开始"去中国化",以罗马拼音文字取代汉字的官方地位。"二战"以后,越南政府更不遗余力地全面推行"去中国化",力图彻底铲除中国文化的影响。经历了一个多世纪的"去中国化",越南今天不再属于以汉字为载体的儒家文化圈(亦称"汉字文化圈")。类似的情况也在韩/朝出现。

当然,就历史而言,中、日、韩/朝、越在文化上的共同性还是很高的,因此把这些国家称为儒家文化圈是可以的。但是把这些国家称为东亚,就成问题了。因为其中的越南与日、韩/朝相距遥远,在历史上也无多少联系,相反倒是与中南半岛其他国家关系极为紧密。因此,人们通常也把越南归于东南亚而非东亚。如果排除越南,把今天的中、日、韩/朝称为东亚的话,东亚就等同于东北亚了。

然而,最主要的问题还在于中国:中国是一个东亚国家吗?

首先,在近代以前的世界,中国是一个无与伦比的超级大国。世界史学家费南德兹-阿梅斯托(Felipe Fernandez-Armesto)说:在近代早期,"中国是当时世界所知最接近全球超级强权的国家,比它所有可能的敌国加起来还要大且富裕。……1491年官方统计的人口数据不到六千万,绝对大幅低估了实际数字。中国当时可能有多达一亿人口,而欧洲全部人口只有中国人口的一半。中国市场及产量的规模与其人口成正比,庞大的经济规模使其他国家望尘莫及"。美国历史学会前会长史景迁说:"1600年,中国是当时世界上幅员最辽阔、人文荟萃的统一政权。其疆域之广,世界各国均难望其项背,当时俄国才开始形成统一的国家,印度则分别由蒙古人及印度人统治,墨西哥、秘鲁等古文明帝国则毁于疫疾肆虐与西班牙征服者。此时中国人口已逾一亿二千万,远超过欧洲诸国人口的总和。"事实上,在比1600年早一千八百年的汉朝,中国就已经是世界上版图最大、人口最多的两个国家之一。到了明代,中国的疆域虽然比之前的元代小,但是如史景迁所言,依然是当时世界上最大的国家,疆域超过整个东南亚地区和东北亚国家日本以及韩/朝的面积总和。

  黄俊杰先生认为东亚这个区域包括中国、朝鲜半岛、日本、中南半岛等地,主要原因是这个地区的气候、温度等风土有其特殊性,即属于日本哲学家和辻哲郎(1889~1960)所区分的三种风土类型(季风型、沙漠型、牧场型)当中的"季风型"地域。这个地域有其特殊的人文风土,因为生长于季风型地区的人一方面感情纤细而丰富,另一方面又习于忍辱负重,历史感较为强烈。黄氏认为和辻哲郎的学说虽然不免有地理决定论之嫌,但是东亚这个地理区域确实有其气候与环境的共同性。然而,在中国的广大疆域内,有大片地区并不属于这个季风型地域。例如,中国北部(长城以北)和西北部(兰州以西)在风土方面与中亚更加一致,属于干旱地域,而青藏高原(以及云贵高原的部分地区)则属于高寒地域。东北地区则属于北亚寒冷地域。在中国的季风型地域（即中国内地）之内也存在巨大的地域差别，因此西方史学泰斗、年鉴学派的领袖布罗代尔说：中国的南方和北方在自然条件和经济状态方面差别如此之大，可以说是"两个中国"。进一步来看，中国南方的珠江流域地区，在自然条件上，与其说接近同属中国南方的长江流域，毋宁说更接近其南面的中南半岛。因此，我们可以说中国不仅是一个东北亚国家，同时也可以说是东南亚、北亚和中亚国家，或者说，是东部亚洲各地区（东北亚、东南亚、北亚、中亚）的集大成者。

正是因为中国如此巨大和多样，所以中国与亚洲其他部分的交流，也具有全方位的特点，同时涉及的地区也各不相同。例如黄俊杰先生指出，中国与朝鲜半岛及日本的交流活动，与其说是中国与朝鲜半岛的交流，或是中国与日本的交流，不如说是江浙地区与日本的交流，或是山东半岛与朝鲜半岛的交流，更具有历史的实体性。

黄氏还说：东亚这个区域是各国家、各民族、各文化的"接触空间"（contact zone），两千年来在不对等的支配与臣服关系之下，进行各种交流活动。在东亚这个接触空间里，中华帝国土广民众、历史悠久，不仅在历史上对朝鲜半岛、日本、越南等地发挥政治、经济、文化的影响力，而且在相当程度上扮演东亚区域的"中心"之角色。从东亚周边国家的立场看来，中国作为汉字文化、儒学、中医等东亚文化共同要素的发源地，确实是一个巨大的不可避的"他者"。正因为中国在东亚这个地域扮演关键性的角色，所以东亚历史上的中国与其说是一个现代史意义下的"国家"，毋宁说是一个超"国家"的政治、社会、文化共同体。

黄氏之言颇有道理，但是我们同时也要注意到：中国的辽阔领土和巨大的内部差异并未使中国成为一个内部联系松散的国家。不同于近代以前的许多内部联系松散的帝国,中国具有某种"地理特殊性"。历史学家约翰·麦克尼尔(John McNeill)说:中国拥有一个世界历史上独一无二的内陆水道系统,能够将巨大的和富有生产性的空间结合为一体,在运输成本方面,在铁路时代以前的世界上,任何陆地运输网络都不能与之抗衡。中国这个内陆水道系统创造了一个比起世界上任何相对较大和较富裕的地区更统一的市场、政治实体和社会。中华帝国某一地区的消费者需求和政府需求,会影响到非常遥远的省份的生产方式、土地利用和资源开发,只要这个地区在这个水道系统所及之内。因此从经济上来说,历史上的中国比其他地区更加完整。同时,因为中国在国家形成和发展方面的特殊性——中国从秦代以来,大部分时间都是一个统一的中央集权国家,全国实行统一的政治、经济、社会制度,所以中国既是一个超"国家"的政治、社会、文化共同体,又是一个内部联系紧密、与其外地区有明显区别的国家。

由于中国的这种特殊地位,我们可以说早期经济全球化时代的东亚世界主要由两个部分组成:一为中国,一为中国以外的国家和地区。而中国以外的地区,又包括海、陆两部分。这样区分,并非出于"中国中心论",而是出于历史的真实。在本书中,我们所谈到的地区是亚洲东部地区,包括今天所说的东北亚、东南亚和中国三个区域。为了避免误解,我使用"东亚世界"这个名词来称之。

五、15~17 世纪中期:世界历史大变局的开端

清朝同治十一年(1872),朝廷重臣李鸿章在一份奏章中说:"臣窃惟欧洲诸国,百十年来,由印度而南洋,由南洋而中国,闯入边界

腹地,凡前史所未载,亘古所未通,无不款关而求互市。我皇上如天之度,概与立约通商,以牢笼之,合地球东西南朔九万里之遥,胥聚于中国,此三千余年一大变局也。"这段话在后来的流传中,逐渐变成了"三千年未有之大变局"这样一句我们耳熟能详的话。民国时期著名史学家蒋廷黻对这种说法进一步阐释说,"中华民族到了19世纪就到了一个特殊时期。在此以前,华族虽与外族久已有了关系,但是那些外族都是文化较低的民族,纵使他们入主中原,他们不过利用华族一时的内乱而把政权暂时夺过去。到了19世纪,这个局势就大不同了,因为在这个时候到东亚来的英、美、法诸国,绝非匈奴、鲜卑、蒙古、倭寇、满清可比";"我们到了19世纪遇着空前未有的变局,在19世纪以前,与我民族竞争的都是文化不及我、基本势力不及我的外族。到了19世纪,与我抗衡的是几个以科学、机械及民族主义立国的列强"。这个"大变局"的说法后来成为中国史研究中的共识和中国近代史研究的基调,因此发生于19世纪中期的鸦片战争,也被学界当成划分中国"古代史"和"近代史"的分水岭。

然而,如果进行更加深入的分析,那么我们可以看到这个"大变局"实际上早已开始。这个"大变局"的核心是经济全球化。在这个经济全球化的进程中,中国无法置身事外,因此中国的命运也和世界其他地区紧密地交织在一起了,正如我在本书"序言"中引述的史景迁的话:"从1600年以后,中国作为一个国家的命运,就和其他国家交织在一起了,不得不和其他国家一道去搜寻稀有资源,交换货物,扩大知识。"《汉书·天文志》说:"夫天运三十岁一小变,百年中变,五百年大变,三大变一纪,三纪而大备,此其大数也。"从今天前推五百年是1600年左右,因此也正值"五百年大变"的开始。当然术数家之言未必科学,但在"三千年未有之大变局"的开始时间上却与史景迁所说不谋而合,可谓"英雄所见略同",用英语来说就是"Great minds think alike"。

然而,如果说到了1600年左右"大变局"已是不争的事实,那么它的最初出现肯定在此之前很久。近来不少中国学者从不同的方面提出了"晚明历史大变局"的说法,而所谓晚明时期,大致就是16世纪中期至17世纪中期(亦即嘉靖、隆庆、万历、天启、崇祯朝)。因此对于中国来说,早在明代后期,这个"大变局"就已出现了。

对于中国以及世界其他许多地区来说,导致这个大变局的主要外部因素是西方的到来。什么是西方?在今天的语汇中,作为政治概念的西方,指的是西欧以及西欧的延伸——北美和澳洲。在19世纪后期以前,北美在世界上的影响远小于西欧,澳洲更不用说了,因此可以说,在这个"五百年大变"出现之初,西欧的影响是促成"大变局"的主要原因之一。

虽然中国和西欧之间的交流可以追溯到汉代甚至更早,但是在1600年以前,这种交流基本上都是通过中介,直接接触非常有限。因此无论"中"(中国)还是"西"(西欧),彼此对对方情况的了解总是若明若暗。到了元代,中西交流已比过去大为加强,但是中西双方对于对方仍然没有一个清楚的概念。此时的西欧人(如马可·波罗)依然称中国北方为"契丹",南方为"蛮子",而中国人则称西欧为"拂菻""拂朗""富浪"等。这些都是中西交通要道丝绸之路上的不同民族在不同时期对中国和西欧局部地区的称呼。甚至连较晚些时中国人对西欧人的称呼"佛郎机"也是出于"西亚-波斯"语。

到了16世纪,情况发生重大变化。西欧人对中国已有了远比过去更全面和深入的认识。他们已经知道中国作为一个国家的实际存在,并用古代印度人对中国的称呼Cina(支那,异译有脂那、至那、斯那等)来称中国为Sina。中西文化交流史上的著名人物利玛窦在明朝后期来到中国后，明确地表示，以往被称为"丝绸之国"的那个国度，正是他所到达的这个国家，并且第一次确定了以往欧洲人所说的"契丹"（Khitai或Xathai）乃是中国的别名。因此他和其他传教士们在其著作中，都把中国称为Sina。同时期经由陆路来华的葡萄牙传教士鄂本笃（Benoitde Goes，1562~1607）说得更清楚："契丹者非他，乃支那帝国之别名。"与此同时，经传教士的介绍，一个新名词"欧罗巴"也进入了中国的语汇。万历三十年（1602），李之藻刊印《坤舆万国全图》，在原图总论部分中引述利玛窦的话说：地分五大洲，欧罗巴居其一，其地理范围为"南至地中海，北至卧兰的亚及冰海，东至大乃河、墨何的湖大海，西至大西洋"。也是在1600年前后，徐光启、李之藻等人还发明了"泰西"一词，来称呼欧亚大陆另一端的西欧。与此同时，英语和法语里都出现了"远东"（Far East和Extrem Orient）一词来称呼欧亚大陆另外一端的东亚。"泰西"与"远东"两个名词同时出现，表明生活远隔万里的中国人和西欧人，对于对方的了解已经比较深入，因此可以发明出一个合适的名词，来称呼对方居住的地区了。这种对于双方情况的进一步了解，表现了相互交往日益密切，才使得相互了解不仅变得必要，而且也变得可能。这体现出世界的变化已经影响到生活在欧亚大陆两端的人们对这个共同生活的世界的认识了。

要弄清这个"大变局"为何始于晚明，就要从"什么是经济全球化"和"经济全球化始于何时"这两个问题谈起，因为正是经济全球化导致了这个史无前例的"大变局"。

最后，我还要申明一下，本书所谈论的是17世纪中叶以前的历史。从那时至今的三个半世纪中，东亚世界发生了天翻地覆的变化。在本书中谈到17世纪中叶以前的东亚世界的国家、地区和人物时，我将采用当时的名称，而只在涉及今天的情况时采用现在的名称。例如，当时朝鲜半岛是一个统一的国家，正式国名是朝鲜，首都则是汉城；越南在1803年之前的正式名称是安南，到了这一年才由清朝嘉庆皇帝赐名越南；泰国正式名称是暹罗，到了1939年才改名为泰国；今日马来半岛和南洋群岛上则小国林立，兴废无常，到了第二次世界大战后才成为印度尼西亚、马来西亚等国家。为了保持历史的真实，我在本书中都尽量使用它们原来的名称，只是在涉及今天的情况时才用现在的名称，例如在谈到今天朝鲜半岛的国家时，使用韩国/朝鲜（简称韩/朝）的名称。

第 2 章

贸易打造的世界

早期经济全球化时代的世界，就是一个贸易创造的世界。不同于15世纪前由丝绸之路塑造的世界贸易网络，世界从大航海时代起进入了新阶段，贸易网络突破了大洲的限制，把越来越多的地区越来越紧密地联系了起来。商品、商人、白银的快速流动，让东亚地区出现了一个联系日益密切的国际贸易网络，形成了一个某种意义上"没有国界的世界"。

关键词：全球化　大航海　白银　东亚世界

一、全球化、经济全球化与早期经济全球化时代

上面说到"大变局"的早期阶段,它的一个重要特点是在这个时期,西欧国家开始大规模地海外征服与掠夺,即我们的教科书上所说的"资本主义原始积累的过程是充满剑与火、血与泪的过程"。但是从世界历史来看,充满"剑与火""血与泪"的征服和掠夺,并非近代早期西欧海外扩张的独有特征。在此之前,人类历史就已充满这类的征服和掠夺。其中最引人注目的是成吉思汗及其子孙领导的大规模战争。蒙古人通过这些战争征服了欧亚非三大洲的辽阔地域,建立了迄今为止世界上最大的政治单位——蒙古帝国。这种征服是通过"剑与火"进行的,给广大被征服地区的人民带来无尽的"血与泪",改变了中国和欧亚许多地区的历史,从某种意义上来说也造成了世界历史的"大变局"。但是这个大变局并未从根本上改变被征服地区原有的社会和经济结构。不仅如此,就连不可一世的蒙古帝国也未能长期生存下去,征服者本身也在被征服者的汪洋大海中销声匿迹,自身的语言和文化荡然无存。其他的许多"世界帝国"(如更早的波斯帝国、阿拉伯帝国,后来的奥斯曼帝国等)造成了比蒙古帝国更为持久和深远的影响,改变了被征服地区的种族、语言、文化、宗教等,但是也没有把世界引向一个全新的时代。因此我们不能用这种传统的观点去看待本书所说的"大变局",而应当充分认识到:这个"大变局"是一个与之前所有"大变局"在性质和影响方面都全然不同的历史变迁。之所以如此,主要是因为这个"大变局"是经济全球化的开端。那么,什么是经济全球化呢?

在今天的世界,全球化是使用频率最高的词语之一,正如经济学家沃特斯所说的那样:"就像后现代主义是20世纪80年代的概念

一样,全球化是20世纪90年代的概念,是我们赖以理解人类社会向第三个千年过渡的关键概念。"但是这个高频率使用的名词,却是一个出现未久的新词。这个词在英语词典中首次出现是1944年,与之相关的"全球主义"(Globalism)一词也是1943年才问世。因此"全球化"这个名词的问世,至今才不过六十多年而已。不仅如此,问世之后的前半个世纪,这个名词的使用并不普遍,一直要到20世纪90年代才为学界普遍接受,尔后才成为媒体的新宠。因此这个名词成为一个常见的词语,实际上只是最近二三十年的事。能够在短时期内迅速"征服"全世界,可见其威力之大。那么,什么是全球化呢?

要给全球化下一个准确的定义十分困难,因为它的内涵实在太过丰富。洛奇说:"全球化的概念是如此广泛、深奥、模糊而神秘,以致像我这样的学术界人士往往会通过现有的经济学、政治学或社会学等专业来分别探讨它所涵盖的内容。"由于这个原因,直到今天,国际学界仍然没有一个关于全球化的统一定义。不过,对大多数学者而言,他们心目中的全球化主要是指经济全球化,因此哈贝马斯明确地把全球化界定为"世界经济体系的结构转变"。波多(Michael D. Bordo)等人也明确地说:通常说的全球化是经济全球化。本书中所说的全球化也是经济全球化。这里,我们接着要问:什么是经济全球化?

"经济全球化"一词,最早是莱维特(Theodore Levitt)在1985年提出来的。上面所说的"全球化"一词迄今尚无一个统一的定义,但是大多数学者对"经济全球化"的看法倒是相当接近的。国际货币基金组织在1997年发表的《世界经济展望》中给了如下定义:"全球化是指跨国商品与服务交易及国际资本流动规模和形式的增加,以及技术的广泛迅速传播使世界各国经济的相互依赖性增强。"不过,在各种定义中，我认为最简明扼要的是经济学家阿达（Jacques Adda）所下的定义："经济全球化的最终归宿：统一的和唯一的全球市场。"换言之，经济全球化就是全世界形成统一的和唯一的市场。如果全球所有的经济体都进入了这个市场，经济全球化就达到了。

西谚说："罗马不是一天建成的。"像经济全球化这样的历史大事件，当然也是一个漫长的过程。基欧汉（Robert Keohane）与奈（Joseph Nye）说："全球化，不论过去还是现在，都是指全球因素增加的过程。"而所谓全球性因素，则指的是"世界处于洲际层次上的相互依存的网络状态"。这种联系通过资本、商品、信息、观念、人员、军队以及与生态环境相关的物质的流动及其产生的影响而实现。他们还指出"全球性因素是一种古已有之的现象"，这些久已存在的因素，经过长期的数量和种类的积累和创新，到15世纪地理大发现后开始出现质变，以后不断加速，成为势不可当的历史潮流，这就是真正意义上的经济全球化。

经济全球化的过程就是全世界形成统一的和唯一的市场的过程，而这个过程初始阶段的主要表现，就是用贸易的手段把世界主要地区连接起来，形成一个稀疏的全球性市场网络。这种连接采用了各种手段，包括暴力的手段，因此在某种意义上可以说，早期经济全球化乃是用贸易以及"剑与火"一起建立的市场网络。

经济全球化最明显的特征可以用两本书的书名来归纳。一本是彭慕兰和托皮克的《贸易打造的世界》（*The World That Trade Created: Society, Culture, and the World Economy, 1400 to the Present*），另一本则是布朗的《没有国界的世界》（*Man, Land and Food, World Without Borders, and Building a Sustainable Society*）。前一本书是谈论历史的，后一本则是讨论当今问题的，这里只是借用这两个书名来突出经济全球化的基本特征。早期经济全球化时代的世界,就是一个贸易创造的世界,在这个世界中,贸易网络突破了国界的限制,把越来越多的地区越来越紧密地联系了起来。人员和各种生产要素可以在这个贸易网络中跨国流动,因此从某种意义上来说,这个网络创造了一个没有国界的世界。

二、丝绸之路:15世纪以前的世界贸易网络

在15世纪以前,世界上早已存在一些国际贸易的洲际网络,其中最有代表性的就是著名的丝绸之路。这条丝路横跨欧亚大陆,把当时世界上最发达的几个地区——中国、印度、地中海世界——连接了起来,成为当时世界上路程最远、历时最长,同时意义也最重要的国际商道。早在两千年前,罗马地理博物学家老普林尼(Gaius Plinius Secundus)就说:"遥远的东方丝国在森林中收获丝制品,经过浸泡等程序的加工,出口到罗马,使得罗马开始崇尚丝制衣服。"他还说:"保守估计,印度、塞雷斯(中国)和阿拉伯半岛每年可以通过贸易从罗马帝国赚取10000万塞斯特斯(sesterces)的利润,这便是我们罗马帝国的妇女每年用来购买奢侈品的花费。"这段话表明:早在公元之初,丝绸之路已把欧亚大陆两端的汉帝国和罗马帝国以及中间的印度联系了起来。

然而,在很长一段时期中,丝绸之路虽然是最主要的国际商路,但其经济意义却不宜夸大。这条丝绸之路在历史上经历了不少变化。在汉代,它西起罗马帝国首都罗马城,经西亚、中亚,最终到达中国当时的首都长安。到了唐代以后,丝绸之路覆盖范围扩大,西起地

中海东岸与黑海沿岸港口城市（例如亚历山大港、大马士革、阿勒颇、君士坦丁堡等），经过里海南部进入亚洲，穿过巴格达，分为几条支路穿过内陆地区，再汇集于咸海附近，然后在中亚的布哈拉开始分路，一条路南下，前往印度的德里与阿格拉。另一条路东行，经过布哈拉，到达帕米尔北部的撒马尔罕后，再次分路：往北通向阿拉木图，往东穿越中亚，并沿昆仑山脉或天山山脉行进抵达长安。

  无论是哪一条丝绸之路，一路上尽是高山、大漠、草原、荒野，大多数地方人烟稀少，许多地方甚至人迹罕至。唐代高僧玄奘沿着丝绸之路西行，行至莫贺延碛（位于罗布泊和玉门关之间，现称"哈顺戈壁"，唐朝时期此处以西被称为"域西"，也就是常说的"西域"的起点），"长八百余里，古曰沙河，上无飞鸟下无走兽，复无水草"，"惟望骨聚、马粪等渐进"，"四顾茫然人鸟俱绝，夜则妖魑举火，烂若繁星，昼则惊风拥沙，散如时雨。虽遇如是，心无所惧，但苦水尽渴不能前。是时四夜五日无一渧（滴）沾喉，口腹干燋，几将殒绝不复能进"。到了梵衍那国，"在雪山中，涂路艰危，倍于凌碛之地。凝云飞雪曾不暂霁，或逢尤甚之处则平途数丈。故宋王称西方之难，增冰峨峨，飞雪千里，即此也"。又"渡一碛至凌山，即葱岭北隅也。其山险峭峻极于天，自开辟已来冰雪所聚，积而为凌，春夏不解，凝沍污漫与云连属，仰之皝然莫睹其际。其凌峰摧落横路侧者，或高百尺，或广数丈，由是蹊径崎岖登涉艰阻。加以风雪杂飞，虽复屦重裘不免寒战。将欲眠食复无燥处可停，惟知悬釜而炊席冰而寝。七日之后方始出山。徒侣之中冻死者十有三四，牛马逾甚"。数百年后，马可·波罗行经罗布荒原时，从荒原的最窄处穿过也需要一个月时间。倘若要穿过其最宽部分，则几乎需要一年的时间。人们要过此荒原，必须要准备能够支持一个月的食物。在穿越荒原的三十天的路程中，不是经过沙地,就是经过不毛的山峰。特别是帕米尔高原,沿高原走十二日,看不见一个居民。此处群山巍峨,看不见任何鸟雀在山顶上盘旋。因为高原上海拔高,空气稀薄,食物也很难煮熟。直到17世纪初,葡萄牙传教士鄂本笃沿着丝绸之路从印度经中亚来中国,旅程依然非常艰险。在翻越帕米尔高原时,"由于天气寒冷、空气稀薄,人、马几乎不能呼吸,因此而致死者比比皆是,人们只有靠吃蒜、葱或杏干来抵御"。鄂本笃所带的马有六匹都死于冻饿困乏。

这一路上,不仅高山挡道,而且沙漠阻行。沙漠中的旅途极尽艰难,被人视为畏途。元朝初年人周密说:"回回国所经道中,有沙碛数千里,不生草木,亦无水泉,尘沙眯目,凡一月方能过此。每以盐和面作大脔,置橐驼口中,仍系其口,勿令噬嗑,使盐面之气沾濡,庶不致饿死。人则以面作饼,各贮水一槛于腰间,或牛羊浑脱皮盛水置车中。每日略食饵饼,濡之以水。或迷路水竭,太渴,则饮马溺,或压马粪汁而饮之。其国人亦以为如登天之难。"

由于路途如此艰难,沿着丝绸之路来做生意的各国商人,经历千辛万苦来到中国这个富庶之乡后,都乐不思蜀,不想再回去了。周密说:由于回回商人从中亚到中国如登天之难,"今回回皆以中原为家,江南尤多,宜乎不复回首故国也"。这些外来客商不想从原路返回故土,中国本土商人更不愿沿着这条艰辛之路去那个危险世界做生意。在这种情况下,贸易怎么进行呢?

丝绸之路上的主要交通工具是骆驼和马、驴。据马可·波罗在罗布荒原所见,商人们多用骆驼,因为骆驼能载重物,而食量又小,比较合算。他们将食物和商品装在驴子和骆驼背上,如果这些牲畜在走完这个荒原之前就已精疲力竭,不能再使用的话,他们就把它们杀而食之。这样一来,本来就很高的运输成本又大大增加。

这一路上存在着形形色色的大小邦国及游牧部落，它们往往对过往商旅横征暴敛，"雁过拔毛"。更严重的是，这条路上的政治状况很不稳定，正如罗伯特（Jean-Noel Robert）所说的那样，在罗马帝国时代，丝绸之路沿途所经地区政治相对稳定，因此无论怎样困难，东西方之间的道路还是通贯了近两个世纪。但是3世纪以后，世界陷入一片混乱，安全得不到保证，贸易也随之越来越少。因此丝绸之路上盗匪横行，洗劫商旅，杀人劫财，乃是常情。玄奘西行中就多次遇到盗匪，有一次遇到多达二千余骑的"突厥寇贼"。另外一次与商人同行，有一日，"同侣商胡数十，贪先贸易，夜中私发。前去十余里，遇贼劫杀无一脱者。比法师等到，见其遗骸无复财产"。蒙古帝国时期治安情况有所好转，丝路得以重现繁荣。但是从马可·波罗的记述来看，盗匪依然不少。像著名的商业中心忽里模子城附近就因有成群的强盗不断袭击、抢劫商旅，所以极其危险。蒙古帝国瓦解后，中亚地区大多数时期处于混乱状态。鄂本笃于1603年3月从印度启程前往中国，在拉合尔随同商队出发去喀布尔，同行的有五百人，已有相当的自卫能力，但途中遇到盗匪，多人受重伤，鄂本笃和其他几人逃到了树林里才得以脱险。因此，许多商人不得不向沿途各地统治者上贡，请求保护，这样一来又大大增加了贸易成本。

在很长一段时期内，这条丝绸之路是中国和外部世界联系的主要纽带，特别是在早期的文化交流方面，意义尤为重大，但是从贸易的角度来看，它所起的作用却非常有限，不宜夸大。正因为它在贸易方面作用有限，因此在历史上总是开停无常。总的来看，从汉武帝时丝绸之路开通算起，一直到明代建立，除了在唐代前半期和元代外，这条丝路在大多数时期内实际上处于半开半停状态，在东汉和宋代更基本上关闭了。这也证明了它在经济上意义不大。

陆路情况如此,海路成了国际贸易唯一的另外选项。那么海路情况又如何呢?

把中国和印度、欧洲连接在一起的海路交通也出现得很早,这条海路也被称为"海上丝绸之路"。大体而言,这条海上丝绸之路把西太平洋海域(中国东海和南海、马六甲以东的东南亚海域)、印度洋海域和地中海海域三大海域联系了起来,相应也包括了亚洲东部航段、印度洋航段和地中海航段三大航段。其中亚洲东部航段和印度洋航段在马六甲海峡相连,但印度洋航段和地中海航段则在苏伊士地峡中断了,因此这三大航段所构成的海上丝绸之路,实际上并不连贯。海船航行到位于红海北端的苏伊士,商人必须舍船登陆,陆行达到地中海东岸的塞得港,再登船航行。公元前500年,波斯国王大流士一世征服埃及后,修筑了苏伊士运河,把印度洋航段和地中海航段连接了起来。在以后一千年中,这条运河不断地被摧毁和重建。罗马帝国衰落后,这条沟通地中海、印度洋的通道中断了。7世纪阿拉伯人占领了这一地区,地峡通道再度通贯。但是由于基督教欧洲和伊斯兰教中东长期处于对立状态,地中海航段和印度洋航段的连接出现巨大困难。原有的苏伊士运河在640年重开后维持了一个半世纪,最终于8世纪为阿巴斯王朝哈里发曼苏尔废弃。没有了运河,海上丝绸之路的断裂就成了定局。直到1869年法国人开挖的苏伊士运河开通后,这种情况才发生改变。

在苏伊士运河被废弃后的一千年中,穆斯林通过武力将包括东非、波斯、印度、爪哇等在内的印度洋沿岸广大地区纳入伊斯兰世界的版图,使得印度洋贸易出现了繁荣的局面。阿拉伯、波斯商人来到中国和马来半岛购买中国瓷器和丝织品,连同南洋出产的香料一起,经红海运到地中海,卖给意大利商人,再转运到欧洲各地。因为穆斯林在印度洋贸易中起着关键的作用，所以彭慕兰说以亚洲为中心的世界贸易，自 7 世纪伊斯兰教兴起后开始成形。他还举了一个例子说明这种贸易所形成的国际贸易网：在开罗某犹太会所发现了一封犹太商会的信，显示出在阿拉伯帝国兴起几百年后，有个犹太家族的商号在印度、伊朗、突尼斯、埃及都设有分支机构。但是如果我们更深入地看，此时的这种国际贸易网其实是非常局限的，而且深受宗教冲突和地区战争的影响。即使是处于穆斯林的统治下，欧亚海上贸易的连接点苏伊士地峡也是一个大障碍。这个地峡长达一百六十余公里，相当于今天杭州到上海的距离（铁路里程），沿途全是沙漠，食物、住宿非常困难，货物运输只能靠骆驼。适应这里天气和地理情况的阿拉伯骆驼，在最佳状况下能驮运 400 磅（约 180 公斤，1 磅约为 0.45 公斤）重的货物，每天走 40 英里（约 64 公里，1 英里约为 1.6 公里）的路程。走完这段一百六十余公里的路，要连续走三四天。因此海运到苏伊士地峡一端的货物，必须雇用大批骆驼和运输工人，携带食物、饮水和其他生活必需品，在炎热的沙漠中至少艰难跋涉三四天，才能到达另一端。不仅如此，这个地区盗匪充斥，商人还需向这里的阿拉伯部落雇用武装人员护送货物，费用不赀。到了 13 世纪，因为十字军战争的缘故，苏伊士地峡北端的中心城市和苏伊士商路的咽喉科勒祖姆（Kolzum）从此变成废墟，标志着这条纵贯苏伊士地峡的国际贸易中转路段的彻底没落。因此从海运的角度来看，这条海上丝绸之路实际上到了位于苏伊士地峡南端的艾达布（Aidab）港就结束了。

因此我们通常所说的"海上丝绸之路"，实际上指的只是连接西太平洋海域和印度洋海域的海路。这条海路的东段是亚洲东部航段，西段则是印度洋航段，两个航段在马六甲海峡相连，马六甲也因此成为海上丝绸之路两大航段的分界点和连接点。下面，我们就来看看在

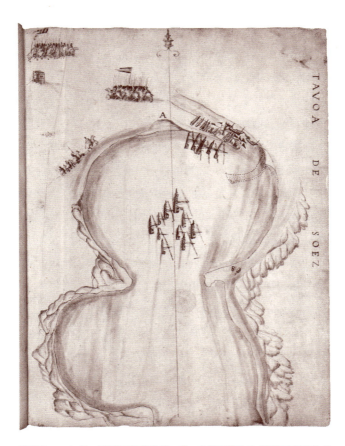

苏伊士，1541年。(葡萄牙贵族若昂·戴·卡斯特罗绘画《苏伊士图板》的一部分，描绘了葡萄牙海军和奥斯曼军队对峙的场景，现藏葡萄牙科英布拉大学图书馆)

这两个航段上的交通情况。

在亚洲东部海域，海上交通很早就已开始，但是由于造船和航海技术落后，海船基本上只能做近岸航行。离岸较远的航行，则困难甚大。在东海海域，中国和日本之间仅隔着黄海，向来称为"一衣带水"。但是直到唐代，中日之间的航行仍然充满风险。高僧鉴真东渡日本，启行六次，失败五次，第六次乘坐日本遣唐使船航行成功，但也备极艰难，海上航行历时两个月，而且同行的船只中，遣唐使藤原清河与中日文化交流史上的名人阿倍仲麻吕（汉名晁衡，是王维、李白的朋友）乘坐的船先触礁，后又遇偏北风暴而漂至安南，全船一百八十余人，死了一百七十余人，仅藤原清河与阿倍仲麻吕等十余人幸免于难。

在南海海域，情况要好一些。早在汉代，中国人的航海活动就已不仅在这一海域，而且还延伸到印度洋海域。根据相关史料记载，从两汉时期开始，中国丝绸就从福建、广东等地的港口装船出发，运到了印度西南部港口进行交易。《汉书·地理志》记载汉武帝派遣使者和应募的商人出海贸易，自日南（今越南中部）或徐闻（今属广东）、合浦（今属广西）乘船出海，顺中南半岛东岸南行，经五个月抵达湄公河三角洲的都元（今越南南部的迪石）；复沿中南半岛的西岸北行，经四个月航抵湄南河口的邑卢（今泰国的佛统）。自此南下沿马来半岛东岸，经二十余日驶抵湛离（今泰国之巴蜀），在此弃船登岸，横越地峡，步行十余日，抵达夫国首都卢（今缅甸之丹那沙林）。由此再登船向西航行于印度洋，经两个多月到达黄支国（今印度东南海岸之康契普腊姆）。返航时，由黄支南下至已不程国（今斯里兰卡），然后向东直航，经八个月驶抵马六甲海峡，泊于皮宗（今新加坡西面之皮散岛），最后再航行两个多月，驶达日南郡的象林县境(治所在今越南维川县南的茶荞)。由此可见,这条航线实际上并不连贯,不仅要多次换船,而且去程还要经由陆路。在此航线上的航行时间也甚为漫长,从南印度到马六甲竟然需要八个月之久。东晋高僧法显在411年自狮子国(今斯里兰卡)归国,走的就是这条路线。他先乘船穿越马六甲海峡,绕行中南半岛,然后北上。他登上一艘返航的中国商船,在海上漂泊九十天,抵达耶婆提国(在今印度尼西亚爪哇岛或苏门答腊岛,或兼称此二岛),停留五个月等候季风,后搭乘另一商人大船,启程返国,在海上颠簸了近三个月,最后才到达了今山东半岛的青州长广郡界。

到了唐代,海上贸易有了长足的发展。中唐地理学家贾耽在所著的《海内华夷图》《古今郡国县道四夷述》《皇华四达记》等著作中,记载了唐代的七条交通要道,其中两条为海路,即"登州海行入高丽、渤海道"和"广州通海夷道"。"广州通海夷道"就是从中国到印度洋的海上航线。航行于这条航线上的海船,从广州起航,沿着中南半岛和马来半岛海岸行驶到新加坡海峡,由此分途,向东南驶往爪哇,向西则出马六甲海峡,抵达斯里兰卡和印度半岛的南端,再从印度西海洋至波斯湾的奥巴拉港和巴士拉港,然后沿阿拉伯半岛海岸,航行到苏伊士地峡。《皇华四达记》不仅记载了这条航线所经三十多个国家或地区的名称、方位、山川、民情风俗等,也记载了航程和航行天数。这些知识当然是源自当时商人经常往来所获得的经验。

尽管如此,但是关于唐代中国与印度洋地区之间的海上交通的具体情况,今天依然知之甚少。从同时代的阿拉伯人记载里可知,唐代后期广州已有大量从海路来的"番客"居住。据当时的阿拉伯人哈桑(Abu Zaid Hassan)说,878年黄巢攻破广州时,"据熟悉中国情形的人说,不计罹难的中国人在内,仅寄居城中经商的伊斯兰教徒、犹太教徒、基督教徒、拜火教徒,就总共有十二万人被他杀害了"。尔后马苏第对黄巢攻占广州也给出如下的描述:"他迅速向广州城进军,该城的居民由伊斯兰教徒、基督徒、犹太人、祆教徒和其他中国人组成,他将该城紧紧围住。在遭到国王军队的袭击时,他把这支军队击溃了,掳掠了些女子。后来,他率领的士兵比任何时候更为众多,用武力强夺该城并屠杀了该城众多的居民。据估计,在逃亡中死于兵器或水难的穆斯林、基督徒、犹太人和祆教徒共达二十万人。"哈桑和马苏第所说的黄巢杀戮的外国侨民人数无疑大为夸大,但是那时已有大量的来自西亚的阿拉伯人、波斯人和欧洲人定居广州则是可以肯定的。但是这些"番客"是怎么来到中国的,史料中并没有记载。考虑到前述鉴真航海的经历,我觉得他们应当是乘坐阿拉伯海船到来的。这种海船是用椰子皮编成的绳子来捆扎船板建造的缝合式木船,船身狭小,船体脆弱,一旦触礁进水,则全船沉没,因此很不安全。同时,当时海船尚未使用罗盘,导航只有靠观察日月星辰的位置确定方向,这使得远程航海非常困难。因此阿拉伯海船到中国也是一路沿岸航行。马苏第说从巴士拉至中国,由西而东要经过七个海,即(1)波斯海(Parsa)(波斯湾),(2)拉尔海(Larwi)(阿拉伯海),(3)哈尔康德海(Harkand)(孟加拉湾),(4)个罗海(Kalah)(安达曼海),(5)军徒弄海(Kundrang)(暹罗湾),(6)占婆海(Champa)(南海西部)和(7)涨海(Cankhay)(南海东部)。由此可见这确是沿岸航行。

中国的航海和造船技术到宋代出现了具有划时代意义的重大进步。在航行技术方面,最重大的进步是使用了罗盘,而在造船技术方面是发明了水密舱。以往海船在航行中如果撞到礁石,船舱进水,会导致全船沉没,但是有了这种水密舱,一个船舱进水,其他舱不会受到影响，全船人员及大部分货物可保全。由于这两项重大技术进步，中国海船成为当时世界上最好的海船。当时的阿拉伯、波斯、印度商人发现中国海船更好，所以从事远洋贸易时都愿意乘坐中国的海船。自此海上丝绸之路的贸易有了重大进展。

在周去非《岭外代答》（成书于1178年）、赵汝适《诸番志》（成书于1225年）两书中，中国宋代与大食（即阿拉伯地区）之间的海上贸易路线已经颇为清楚。阿拉伯商人来中国，先乘小型的阿拉伯单桅船到印度南部港口故临（Koulam Malaya，今称奎隆[Quilon]），然后再换乘大型的中国船到三佛齐（即室利佛逝，以苏门答腊岛巨港为中心）前往中国。中国海船前往大食最便捷的道路是从广州到大食麻离拔国（在阿拉伯半岛南部）港口佐法尔（在今阿曼）之间的航线。《岭外代答》说："广州自中冬以后发船，乘北风行，约四十日，到地名兰里（一名蓝巫里，今苏门答腊西北端的亚齐），博买苏木、白锡、长白藤。住至次冬，再乘东北风，六十日顺风方到此国（指麻离拔国）。"中国舶商倘若前往波斯湾，也必须在故临换乘小船而往。因此，从波斯湾到广州，一次往返通常需要两年："虽以一月南风至之，然往返经二年矣。"

元代已有比较明确的记载说中国海船航行到过东非。著名航海家汪大渊于至顺元年（1330）首次从泉州搭乘商船出海远航，历经海南岛、占城、马六甲、爪哇、苏门答腊、缅甸、印度、波斯、阿拉伯、埃及，横渡地中海到摩洛哥，再回到埃及，出红海到索马里、莫桑比克，横渡印度洋回到斯里兰卡、苏门答腊、爪哇，经澳洲（即麻那里、罗娑斯）到加里曼丹、菲律宾返回泉州，前后历时五年。至元三年（1337），汪大渊再次从泉州出航，历经南洋群岛、阿拉伯海、波斯湾、红海、地中海、非洲的莫桑比克海峡及澳洲各地，至元五年

(1339)返回泉州。他后来把其经历写成《岛夷志略》,所记"皆身所游焉,耳目所亲见,传说之事则不载焉",成为研究全球史以及印度洋地区历史的珍贵文献。此外,从元代的《通制条格》可见,元代已有中国人移居阿拉伯半岛,并有中国商船进入索马里、肯尼亚和坦桑尼亚海域,元朝政府使节也乘坐中国船只出访过摩加迪沙、帕特和泽拉等地。印度洋地区各国商船,也沿着这条航线往来中国和印度洋地区。摩洛哥旅行家伊本·拔图塔(Ibn Battuta)于1342年旅行到印度马拉巴尔(Malabar)海岸时,就在那里看到了中国海船。他写道:进入卡利卡特及奎隆的中国船大若城市,船上种着药草和生姜。船上的中国高官和他们的妻子在船上拥有自己的房间,当时的中国人是世界上最富有的人。他于至正六年(1346)由海道来到中国后总结说:"当时所有印度、中国之交通,皆操之于中国人之手。"

在宋元时代,掌控印度洋海上贸易的仍然还是阿拉伯、波斯、印度商人。在海上丝绸之路中距离最长的一段(印度洋海域)中,虽然在东段(印度南部至中国)有中国海船可用,但是在西段还是传统的阿拉伯海船占有绝对优势。印度洋地区的贸易掌握在穆斯林商人手中,甚至在中国与印度洋地区的贸易中也是如此。像著名的泉州蒲寿庚家族那样的"番客"世家,"以善贾往来海上,致产巨万,家僮数千",在宋元两代都十分显赫,并得到朝廷的恩典,成为海上贸易的管理者,长期"擅市舶利"。他们都拥有大量海船(像蒲寿庚的女婿波斯人佛莲就拥有海舶80艘)。这些海船无疑是中国制造的海船,主要航行于中国与东南亚之间,进行香料贸易,但船主是"番客"。前面说过,海上丝绸之路由多条航段组成,这些航段大都沿海岸或者离海岸不远,容易受到海盗的侵袭,因此不得不以高昂的代价,寻求沿岸邦国或各种地方政权的保护,同时也不得不忍受他们的勒索。因此这条海上丝绸之路不仅路途遥远，交通不便，而且也充满风险，沿途饱受盘剥，商人开销浩大，运输成本高昂。

因此，15世纪之前的海运尚不具备大规模、远距离和安全廉价的运输能力。也是因为如此，在15世纪之前，虽然已经有一些以海上贸易为基础的地区性市场网络建立起来，这些局部网络通过海上丝绸之路和苏伊士地峡相互连接，但是这种连接相当松散，尚未能将世界主要地区紧密联系在一起。甚至是在海上丝绸之路所连贯的地区也是如此。因此阿布-鲁霍德（Janet Abu-Lughod）说：在13世纪及此前很长一段时期，阿拉伯海、印度洋和中国南海已形成三个有连锁关系的海上贸易圈：最西边是穆斯林区域，中间是印度化地区，最东边是中国的"天下"，即朝贡贸易区。这三个贸易圈之间的联系虽然出现很早，而且也不断加强，但是从大规模和经常性的贸易的角度来看，这种联系还不十分紧密。因此在15世纪之前，世界各主要地区之间尚未有紧密的经济联系。

三、大航海时代：经济全球化的开始

进入15世纪后，情况发生了重大变化。在15世纪、16世纪和17世纪，前所未有的远洋航行的壮举相继出现，因此这三个世纪也被称为"大航海时代"。这个大航海时代把世界历史带入了一个新的阶段。

如前所述，西太平洋海域和印度洋海域的海上航运，早在15世纪以前很久就已存在，而且不断加强。但是地中海与印度洋两海域之间的海运，则由于苏伊士地峡的隔绝而未能做到真正的连接。伊斯兰

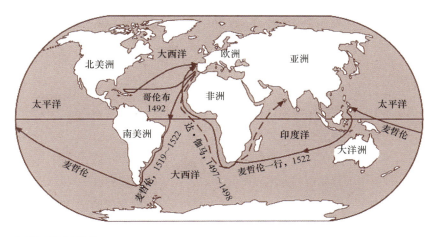

大航海时代主要海路

教的兴起更大大加剧了这种情况，最终把欧洲排除到亚洲的海上贸易之外。

　　欧洲造船技术在15世纪出现了意义重大的进步。14世纪末，欧洲出现了一种新的大型的"卡拉克"（carrack）船，成为后来西欧远洋航船的最初式样。在15世纪，卡拉克船从一桅一帆演变成为三桅多帆的大船，奠定了16～18世纪大帆船时代的海船的基本样式。与此同时，葡萄牙还出现了"卡拉维尔"（cararel）船，用大三角帆，航速很快，船轻巧且易于操纵，逆风时能走"之"字形路线向风曲线前进。卡拉克和卡拉维尔这两种新式船，虽然船型迥然相异，但都适宜航海，能去任何地方。哥伦布航海船队中的"品塔号"（Pinta）和"尼娜号"（Nina），就是轻型平底的卡拉维尔式船，而旗舰"圣玛丽亚号"（Santa Maria）则是装置完善的卡拉克船。达·伽马1497～1499年开辟印度新航路的船只，基本上也是这两种船型。

随着新型海船的出现，欧洲海船的运载能力不断增加。14世纪威尼斯商船吨位通常为100吨，后达300吨。到了16世纪中叶，威尼斯的卡拉克船，有的吨位就达到600～700吨，比14世纪增加了一倍。葡萄牙船只的平均吨位在1450～1550年至少翻了一番。荷兰长形中底的快船的吨位，在15世纪也从250吨增长到500吨左右。与此同时，海船的耐波性和续航能力也都有很大提高。在这几个世纪中，欧洲人在航海（主要是导航）技术方面也取得了重大进步。其中最重要的是罗盘的使用。在1250年左右，欧洲的航海磁罗盘已有很大进步，能连续测量出所有的水平方向，精确度是3°以内，但磁罗盘尚未被普遍接受，一般的水手都不敢使用。罗盘的广泛使用是13世纪后期的事情。这些进步，使得欧洲人可以走出穆斯林称雄五百年、被称为"穆斯林海"的地中海，到广阔的大西洋中去寻找通往东亚之路。他们真的走了出去，这就是后人津津乐道的"大航海"活动。

大航海时代的开端，过去普遍认为始于15世纪末的地理大发现，但是近来越来越多的学者认为应当更早，例如维斯纳-汉克斯（Merry·E. Wiesner-Hanks）就认为这个时代是1350～1600年。不过从经济史、技术史和全球史的角度来看，这个大航海时代的开端应当是15世纪，其标志是15世纪初的郑和下西洋和15世纪末的哥伦布发现美洲和达·伽马发现从西欧绕过好望角到达亚洲的航路。这些伟大的航海活动以及随后在16世纪、17世纪的进一步发展，首次把世界各大洲联系了起来，使得经济全球化进程得以展开。

哥伦布、麦哲伦的航海活动的历史早已是尽人皆知，郑和下西洋近年来也成为世人关注的焦点，人们也大多耳熟能详。因此对于这些伟大的航海活动，这里也不用多说了。我想说的是，虽然郑和下西洋确实是伟大的创举，但从所起的历史作用来说，却无法与哥伦布、

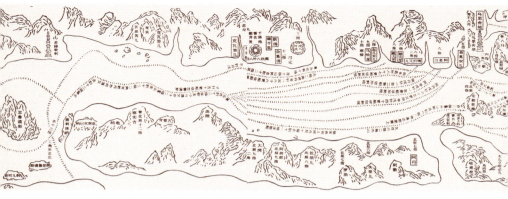
阿拉伯霍尔木兹海峡附近航线（《郑和航海图》局部）

麦哲伦航海相提并论。

　　从技术和规模上来说，郑和下西洋的活动确实是世界史上的大事，正如《剑桥中国明代史》所说，郑和率领的船队在不到二十年的时间内跨越了半个地球，把明帝国的声威最大限度地远播到海外，这是 15 世纪末欧洲地理大发现的航行以前世界历史上规模最大的一系列海上探险。但是在世人惊叹郑和下西洋的规模及技术成就时，也有人对这个壮举的历史意义做出了消极的评价，例如米尔斯（J. V. G. Mills）说："伟大的海上远征给后人留下的，只是若干次孤立的武力游行，单纯的勋绩而已。"国内也有人称之为"一场超级奢华演出"，演出一旦完成，也就永久地落幕了。史学家张彬村更指出郑和下西洋的结果，是加强了中国统治经济、弱化了市场经济，因此经济意义无足轻重，相反甚至于对中国经济、中国海洋经济发展产生了严重的负面影响。

　　与此相反，哥伦布、麦哲伦以及随后的欧洲人的航海活动不仅继续了下去，而且导致了改变世界历史的后果。费尔南德兹-阿梅斯托在其《1492：世界的开端》一书中，对哥伦布航海的意义进行了这样的总结:"1492年那一年,不只基督教国度改头换面,整个世界也脱胎换骨。……我们置身的现代世界绝大部分始于1492年,所以对于研究全球史某一特定年代的历史学家来说,1492年是很显而易见的选择,但实情是这一年却反常地遭到忽略。说到1492年,最常有的联想是哥伦布在这一年发现了前往美洲的路线,这可以说是改变世界的重大事件。从此以后,旧世界得以跟新世界接触,借由将大西洋从屏障转成通道的过程,把过去分立的文明结合在一起,使名副其实的全球历史——真正的'世界体系'——成为可能,各地发生的事件都在一个互相连接的世界里共振共鸣,思想和贸易引发的效应越过重洋,就像蝴蝶拍动翅膀扰动了空气。欧洲长期的帝国主义就此展开,进一步重新打造全世界;美洲加入了西方世界的版图,大幅增加了西方文明的资源,也使得在亚洲称霸已久的帝国和经济体走向衰颓。"

费尔南德兹-阿梅斯托还指出,达·伽马发现绕过非洲到达亚洲的航线,意义也同样重大:"13世纪中期以后,穆斯林中东衰落,三个新兴的中心——欧洲、印度和中国——成为以后二百五十年来世界范围内最富活力和经济繁荣的地区。这三个地区制造并出口工业产品,如纺织品、武器、瓷器、玻璃以及金属器具等。就某些方面来说,穆斯林中东也可以排在第四位,但其实力则相对薄弱。"欧洲、印度和中国这三个地区中,中国和西欧又是最重要的,但彼此却没有直接的贸易。因此"从罗马时代开始,欧洲人就一直想打进世界最富庶的交易市场……15世纪时,尽管欧洲人尚未发觉,但中国和东亚整体的经济情况已经改变并创造了新的机会。由于中国人对纸币和铜币的信心产生动摇,导致中国市场的银价比其他亚洲市场来得高。只要能从印度和日本等银价相对较低的地方把银输入中国,用有利的条件换取中国的黄金或其他商品,就有可能致富。欧洲人若能把船开到东方的港口，就能从差价中获利。……这种全新的状况所创造的条件，让世界历史以过去未见的崭新方式展开。哥伦布前往中国的计划，是一个有可能改变世界的扩张行动，到最后会使东方和西方的经济产生连接，进而整合成一个全球的经济体系"。

由此可见，欧洲人的大航海活动开辟了从欧洲到美洲和到亚洲的海上通道。至此，世界上的主要地区才第一次真正联系了起来。之后，经济全球化就势不可当地发展起来了。以后的故事，正如阿达所归纳的那样："全球化经济诞生于欧洲，开始于15世纪末，是资本主义兴起的原因与结果。近几十年来以一体化体制出现的世界经济，来源于一个欧洲的经济世界，或者说是一个以欧洲为中心的经济世界。倘若没有日本的有影响力的发展，没有中国令人瞠目结舌的苏醒，人们还将今天的世界经济视为欧洲经济世界的延伸。"

在这个全球化的故事中，中国占有一个特殊的地位。由于中国在世界历史上具有特别的重要性，如果把中国排除在外，全球化也就没有戏唱了。因此中国发生的事情，也是早期经济全球化时代最伟大的传奇故事之一。

如果我们把早期经济全球化的历史看成一部气势恢宏、精彩纷呈的大剧，那么上演这场大剧的舞台就是正在形成的国际市场网络，使用的道具是这个市场中流通的主要商品，而剧中的主角则是活跃在这个市场中的商人。下面，我们就一一道来。

四、舞台：早期经济全球化时代的世界

大航海开创了经济全球化，大航海时代的世界是早期经济全球

化时代的世界。在这个世界中,通过国际贸易建立起来的网络突破了国界的限制,把越来越多的地区越来越紧密地联系了起来,世界各地的人员和各种生产要素都可以在这个网络中实行跨国流动,从而推动各种资源的有利配置,促成经济的快速发展。

这个国际贸易网是假欧洲人之手建立起来的。17世纪中期,世界大部分地区已经被欧洲人发现,西班牙、葡萄牙、荷兰、英国、法国等欧洲国家先后建立了幅员广袤的海外殖民帝国,俄国也积极向东扩展,1636年到达鄂霍次克海,征服了西伯利亚全境,建立了疆域辽阔的陆上殖民帝国。欧洲人建立的这些殖民帝国不同于过去阿拉伯人、蒙古人、土耳其人等建立的游牧帝国,也不同于中国的农业帝国,而是一种与国际贸易有密切联系的新型贸易帝国。早期经济全球化很大程度上就是通过这些殖民帝国来进行的。下面,我就以西班牙帝国为例,让读者形象地了解这个帝国是如何把位于欧亚大陆西端的西班牙和位于欧亚大陆东端的中国、菲律宾,以及位于太平洋西岸的南北美洲这些彼此相距万里的地方联系在一起的。

曼恩(Charles Mann)在《1493:物种大交换开创的世界史》一书中,用生动的文字给我们讲述了这段历史。从该书中可以得知,1565年,乌尔达内塔(Andrés de Urdaneta)在海上航行了一百三十天,完成了由西向东跨太平洋的首次航行,开辟了由马尼拉到墨西哥港口城市阿卡普尔科(Acapulco)的航线。就在这一年,亚洲移民也来到了墨西哥。往后数十年,数以千计的亚洲水手来到美洲,从事造船、修筑堡垒与其他公共工程等工作。到了17世纪,在墨西哥的亚洲移民已经有5万~10万人。他们通常被称为"chinos"(中国人),但实际上包括中国福建人、福建裔菲律宾人和菲律宾人。这些"中国人"都是随着跨越太平洋的大帆船贸易而来,在阿卡普尔科登岸,然后散布到西班牙在美洲的各殖民地。当西班牙人愈来愈不愿从事长途跋涉的跨洋航行时,这些亚洲人便取代了他们,成为跨太平洋贸易的主力。在西属美洲,他们沿着运送白银的公路,从阿卡普尔科扩散到墨西哥城、普埃布拉与维拉克鲁斯。不仅如此,甚至连这条路也是由亚洲人(尤其是日本人)负责巡逻和维持治安的。17世纪30年代,日本颁布锁国令,流浪异国的日本人因此陷入困境,数以百计的日本人移往墨西哥。西班牙当局例外地允许日本武士佩带武士刀与短刀,指定由他们负责保护运路,以防脱逃奴隶组成的拦路匪抢劫。

在西属美洲的中心城市墨西哥城,来自不同国家的移民建立了他们自己的社区。其中亚洲移民的社区就是美洲最早的中国城。在墨西哥城,市场里充斥着各国文字的书籍,中国裁缝、鞋匠、肉贩、刺绣工、乐师与书记,与非洲、印第安及西班牙商人竞争生意。中国人的经营颇为成功,甚至在一向由欧洲人把持的金匠行业,中国金匠也抢走了欧洲金匠的生意,引起殖民当局的担心。一名道明会修士在17世纪20年代哀叹说:"中国人成为基督徒,每年不断地涌入,他们在那个行业上完全打败了西班牙人。"

诗人巴尔布埃纳(Bernardo de Balbuena)1604年发布了著名的诗作《墨西哥的伟大》(*Grandeza Mexicana*),诗中写道:

> 在这里,
> 西班牙与中国结合在一起,
> 意大利与日本结合在一起,最后
> 全世界的贸易与秩序也结合在一起。
> 在这里,我们享受着西方一等一的财宝;

在这里，我们获得东方创造的所有光彩的精华。

这些诗句，充分表现了西方殖民帝国在全球化进程中所起的作用。

这里我要强调的是，虽然欧洲在早期经济全球化过程中扮演着主要角色，但中国在此过程中也发挥了重要作用。许多人可能对此感到怀疑，因为多年来，教科书一直告诉我们明清两代实行闭关自守政策，一直到鸦片战争战败，才被迫对外开放。许多人更将这种"闭关自守"上推到明初，认为"郑和去世，明朝皇帝明确否定航海政策，不仅中止远航，而且毁船禁海。这一闭关锁国的政策，到了清朝初期，更加严厉……随后开始了中国近五百年之久闭门自守的漫长岁月"。但是近年来，这种观点受到许多历史学家的强烈质疑和挑战。耶鲁大学教授韩森（Valerie Hansen）干脆将其关于中国历史的专著命名为《开放的帝国：1600年前的中国历史》(*The Open Empire: A History of China Through 1600*)。也就是说，在1600年以前中国其实从未闭关自守。

传统的"明清闭关自守"论，今天已经过时。只有摒弃这种陈说的束缚，才可以实实在在地来看经济全球化的历史。事实上，早在16世纪之前很久，中国就一直在亚洲东部和印度洋东部经济圈中扮演着非常重要的角色。到了16世纪，欧洲人从海路到达中国之后，以中国为中心的亚洲东部地区和以欧美为中心的世界其他地区，开始在经济上紧密地联系在一起，从而掀起了真正意义上的经济全球化的大潮。没有中国的参与，经济全球化虽然可能也会发生，但肯定不会是我们今天看到的那个在历史上真实发生的经济全球化了。

下面，我们接着从商品和商人两方面来看16世纪和17世纪东亚世界的国际贸易以及中国在其中扮演的角色。

古罗马庞培地区的壁画中酒神的女祭司身穿丝绸衣服（1世纪）

风神的形象在丝绸之路上的演变。左图：希腊风神，哈达，2世纪。中图：龟兹风神，塔里木盆地，7世纪。右图：日本风神，17世纪

坤舆万国全图（韩国实学博物馆藏摹本）

鉴真第二次东渡失败（《东征传绘卷》局部）

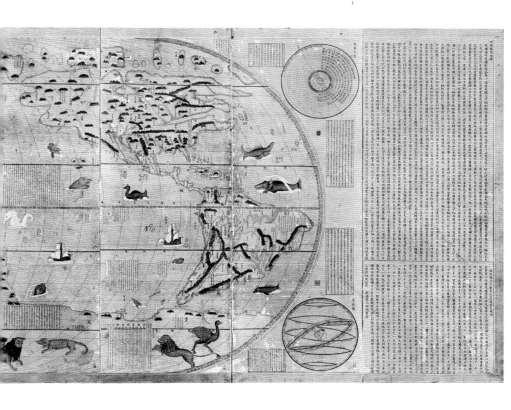

明代的楼船（吴彬《月令图》）

清代康熙乘坐的中式戎克船（王翚《康熙南巡图》）

葡萄牙卡拉克船驶出海港(1540)

阿卡普尔科,大帆船贸易的终点站(1628)

与大英博物馆藏景德镇制作的出口大瓷碗(约1600—1620)同样的碗,出现在1638年创作的一幅荷兰静物画中(Willem Claesz Heda,1594—约1681,汉堡美术馆)

从泉州到马尼拉的贸易线路(《东西洋航海图》局部,
又称《塞尔登地图》,绘于17世纪)

明军与倭寇海战（仇英绘《倭寇图卷》局部，东京大学史料编纂所藏）

五、道具：早期经济全球化时代国际贸易中的商品

波多等人指出，16世纪和17世纪国际贸易的一个重要特征，是贸易的商品种类仍然主要集中于那些非竞争性的商品，特别是那些只有某些特定地区才能生产的地方特产，主要是亚洲生产的丝及丝织品、香料、棉织品、茶叶和蔗糖。如果我们更仔细地看，那么这个时期世界贸易中的大宗商品，除了上述这些商品外还有瓷器、染料，以及武器（特别是火器）、奴隶等。不过就贸易量来说，还是以丝及丝织品、香料、瓷器、棉织品、茶叶和蔗糖为主，这些商品构成了当时国际贸易的主体。因此我们在这里也主要集中讨论它们的贸易情况，看看它们的主要供应者和购买者是谁，由此可以知道当时国际贸易的主要内容。

1．生丝与丝织品

中国向来被欧洲人称为"丝国"。在16世纪、17世纪，世界贸易中丝和丝织品的主要供应者是中国，主要购买者则是日本、葡萄牙、西班牙和荷兰。

日本：日本的丝织业在16世纪有了很大的发展，但生丝生产远远不能满足需要。据西班牙人记载，当时日本每年消耗生丝220500公斤，而本国在收成最好的年份才出产生丝94500～126000公斤，因此有一半左右的生丝需靠进口。明朝嘉靖后期人郑若曾说："丝，所以为织绢纻之用也，盖彼国（日本）自有成式花样，朝会宴享必自织而后用之……若番舶不通，则无丝可织。"进入17世纪后，日本每年进口中国丝及丝制品一般为两千担，有时更达三千担。

葡萄牙：葡萄牙从中国购买生丝，一部分先运往葡萄牙在印度

的殖民地果阿，再运回欧洲销售，一部分则转销日本。二者的数量都很大。据统计，万历八年至十八年（1580～1590），每年由澳门运往果阿的丝货为三千担，成本价值银二十万两，利润达三十六万两。崇祯九年（1636）运送的丝货达六千担，盈利七十二万两。由于中日之间的直接贸易存在障碍，葡萄牙商人便乘机扮演中间商的角色。1637年葡萄牙人从澳门运往日本的商品中，丝货占到81%。

西班牙：1570年西班牙人在菲律宾与中国商人首次接触。两年后，中国海商就为在菲律宾的西班牙殖民当局运来丝货、棉织品和陶瓷等样品，经双方议价成交，商定待来年供货运往墨西哥。1573年7月1日，两艘载着中国货物的西班牙大帆船从马尼拉首航前往美洲，所载货物中就有绸缎712匹，棉布11300匹，瓷器22300件等。到了17世纪初，墨西哥人穿丝织品多于穿棉织品，而所穿丝织品大多是中国丝绸。在1636年以前，每艘大帆船登记运载的丝织品大约为300～500箱，而1636年驶往阿卡普尔科的大帆船运载的丝货都超过了1000箱，有一艘更多至1200箱，每箱装有缎250匹，纱72匹，共重约250磅，因此1000箱即重114吨。马尼拉的一位大主教在1701年说，运往墨西哥的生丝和丝织品，通常约值200万比索，在贸易兴隆时期则多至三百余万比索，甚至高达400万比索。

荷兰：17世纪初，荷兰人每年购买中国丝货约五百担，其中大部分运往日本，余下部分则运往欧洲。

中国丝货经葡萄牙、西班牙和荷兰商人之手运到欧洲后，受到欧洲人的热烈追捧。17世纪初的一个欧洲商人说："从中国运来的各种丝货，以白色最受欢迎。其白如雪，欧洲没有一种出品能够比得上中国的丝货。"

2．陶瓷

陶瓷的主要供应者是中国，主要购买者是日本、葡萄牙、西班牙和荷兰。

日本：日本进口中国瓷器主要通过中国海商之手。在17世纪前期，郑芝龙集团经营中日贸易。1635年8月，郑氏集团从台湾运往日本的中国瓷器达135805件，其中青花碗38865件，红绿彩盘540件，青花盘2050件，饭盅和茶盅94350件。1637年，又运去75万件粗细瓷器。

葡萄牙：1514年，葡萄牙航海家科尔沙利（又译为柯撒里，Andrea Corsali）等到中国时，就买了景德镇的五彩瓷器十万件，运回葡萄牙。1522年葡萄牙国王下令所有从东方回来的商船所载货物，必须有1/3是瓷器。

西班牙：1573年拉开"马尼拉大帆船贸易"序幕的两艘西班牙大帆船上就载有22300件瓷器。

据粗略估计，16世纪西、葡两国运往欧洲的瓷器超过200万件。

荷兰：1636年、1637年、1639年，荷兰人曾分别购买景德镇瓷器数十万件之多。有学者根据荷兰东印度公司残存档案粗略统计，17世纪上半叶，有超过三百万件中国瓷器到达欧洲，其中主要是荷兰人采购的。据荷兰东印度公司记载，1602～1644年，荷兰东印度公司贩运到印尼各岛的瓷器在四十二万件以上。此外，荷兰商船还将中国粗瓷运往加尔各答销售获利。明末清初八十年间，经荷兰东印度公司之手运往国外的瓷器有六千万件以上。

3．茶叶

茶叶的主要供应者是中国，主要购买者是荷兰。

1606～1607年，荷兰商人到广州购买一批茶叶，经澳门运到巴达维亚（今雅加达），后于1610年运回荷兰销售，从而拉开了西欧与中国之间的茶叶贸易的序幕。随后，饮茶之风迅速波及英、法等国，从中国进口的茶叶数量也随着迅速增加。据荷兰人的记载，1648年3月，荷兰船"伯克豪特号"（Berkhaut）从台湾的大员抵达巴达维亚，其所载货物中就包括了中国茶近两千斤。

英国东印度公司也开始大量进口中国茶叶。1664年，该公司首次从中国采购中国茶，价值100英镑。

4．蔗糖

蔗糖的主要供应者是中国，主要购买者是日本、荷兰和英国。

日本：日本是17世纪世界上蔗糖的重要市场之一。早在17世纪初期，葡萄牙人就已经从中国购买蔗糖运销日本了。中国人也较早地参与了对日蔗糖贸易。据日本学者木宫泰彦的研究，1609年7月，有中国商船十艘相接开到萨摩，停泊在鹿儿岛和坊津，船只所载货物中就有白糖和黑糖。这是中国白糖和黑糖首次见于输入日本商品中。其后中国一直是日本蔗糖的最大供货商，中国蔗糖输入日本数量甚大，1641年甚至达到576万斤之多。荷兰也插足中日糖贸易，在日本蔗糖市场占有相当大的份额。

荷兰：17世纪上半叶荷兰人在中国购买的蔗糖，每年通常在二百万斤上下，1639年达到三百多万斤。这些糖并非供荷兰本国单独消费，而是以荷兰为中转站运往其他欧洲国家，因为在17世纪上半期，中国向欧洲出口的糖主要由荷兰人贩运。

此外，崇祯十年（1637）英国东印度公司的商船在广州也前后购买13028担白糖和500担冰糖。

有意思的是，糖和茶叶两种商品在欧洲的风行，彼此有着密切的关系。随着大量茶叶的输入，欧洲渐渐形成了饮茶的习俗，欧洲人饮茶习惯并不同于中国人，喜好在茶中添加一些糖以消除苦味。因此伴随饮茶之风流行的就是蔗糖市场的扩大。

5．香料

香料的主要供应者是东南亚和南亚，主要购买者是中国和欧洲。

世界史上所说的香料，源于拉丁语 species，种类很多，主要有胡椒（pepper）、肉豆蔻（nutmeg）、丁香（clove）、肉桂（cinnamon）和苏木（caesalpinia sappan）等。这些香料的用途也有多种，可以用于食品调味和保存、宗教仪式、社交以及个人享受等。

香料的主要产地在东南亚和南亚。其中胡椒主要产于印度和南洋群岛，肉豆蔻和丁香分别产于南洋群岛中的班达海诸岛和摩鹿加（Moluccas，亦译为马鲁古）群岛，肉桂产于斯里兰卡、缅甸，苏木则产于印度、斯里兰卡、缅甸、越南和马来半岛。中国南方的两广、云南也出产一些香料，但数量有限，质量也稍逊。因此，中国早在唐代就已开始通过海路进口香料。当时中国进口的主要商品统称为"香药犀象"，其中以香料为主。天宝七年（748），鉴真大师第五次东渡日本失败，遇风漂流到海南岛万安州，路途上看到在广州江中"有婆罗门、波斯、昆仑等船，不知其数，并载香药珍宝，积载如山"。中国史籍中所说的南海昆仑是南海诸国的总称，包括爪哇、苏门答腊等地。由此可以推知，这些"香药"来自印度次大陆和东南亚。到了宋元时代，情况比较明确了，从事香料贸易的主要是波斯商人和印度商人，他们运到中国的香料，应当也主要来自印度、锡兰（今斯里兰卡）以及东南亚。

到了明代，世界香料供求情况发生了重大变化。一方面，东南亚的香料生产超过了印度，成为世界香料市场上最重要的供给者；另一方面，西欧对香料的需求急剧增长，成为中国之外的最重要的香料消费者。

在东南亚，摩鹿加群岛成为最重要的香料产地，因此也被称为"香料群岛"。16世纪初葡萄牙人皮雷斯（Tomé Pires）说：香料群岛中的班达岛是肉豆蔻皮和肉豆蔻种子两种香料的主要出产地，每年生产的肉豆蔻皮达100吨，肉豆蔻种子达1200吨；丁香则产自摩鹿加群岛，总产量达1200吨。因此，各国商人都涌向这个地区寻求香料。

在明代以前，中国一向是世界香料贸易中最大的主顾。但是到了明代，经济迅速发展的西欧对香料的需求急剧增加，也成为另一大主顾。欧洲本身香料生产很少，一向依靠从中东、北非和印度洋地区输入香料，其中最重要的供应源是印度洋地区（特别是印度），因此从东方运送香料到欧洲的贸易线路也被称为"香料之路"。然而，这条香料之路不仅漫长，而且充满不确定因素。到了15世纪，情况更变得非常不利。费尔南德兹-阿梅斯托总结说：

> 香料——亚洲最值钱的产物。香料贸易的主角是胡椒，而胡椒大多来自印度西南部，产量占全球市场七成以上。……价值高但产量低的产品也同样重要，比方斯里兰卡的肉桂，班达群岛和摩鹿加群岛由专门制造商生产的丁香、豆蔻和肉豆蔻。
>
> 欧洲在取得香料上一直处于不利位置。中国吸收了大半产量，剩余的香料得经过千山万水才能送到欧洲人手中，中间不知已经转过几手。
>
> 在中世纪（大约700～1000年），香料贸易主要由穆斯林和

古吉拉特邦的商人控制，欧洲商人只能局限在欧洲内部进行贸易。……中世纪的欧洲商人，有人大胆挺进印度洋，但途中不免碰到可能对他们不利的伊斯兰中间商，一路上危机四伏；有人取道土耳其或叙利亚到波斯湾；更常见的是设法拿到埃及当局的通行证上溯尼罗河，再跟沙漠商队到埃塞俄比亚人控制的某个红海港口。很多尝试最终都失败了。

上述情况到了15世纪中期进一步恶化。1453年，奥斯曼帝国军队攻占君士坦丁堡后，切断了这条香料贸易的渠道。于是欧洲人只好转向海洋，寻找到中国和印度的新航线。他们寻找新航线的直接动机就是香料，葡萄牙人海上探险的口号就是"为了基督和香料！"（For Christ and spices.）葡萄牙人1510年占领印度果阿，次年再夺取香料贸易中心马六甲。1522年，葡萄牙人在摩鹿加群岛中盛产丁香的特尔纳特岛（Ternate）建筑城堡，试图控制摩鹿加群岛香料的贸易。在当时，从摩鹿加群岛购买丁香到马六甲贩卖，利润可达7～10倍；从古吉拉特到锡兰只有八天的路程，但是香料的利润可以翻10倍；将肉桂从印度转运到波斯湾的霍尔木兹或者西南印度的第乌可以获得6倍的利润。不仅葡萄牙商人，葡萄牙王室也从中获得了巨额利润。自1510年起，葡萄牙国王每年从香料贸易中大约可获得100万克鲁扎多（cruzado，葡萄牙古货币单位；当时一个有钱人家的佣人每年才挣4克鲁扎多）。就这样，葡萄牙人从摩鹿加群岛-马六甲航道获取香料，供应中国、印度、阿拉伯和欧洲的市场。17世纪中期荷兰人垄断摩鹿加群岛的香料贸易以后，将这里出产的香料以高价出售，在欧洲市场的价格高达原产地价格的17倍、在印度市场的价格也高达14倍。到了1620年，香料和胡椒为荷兰带来的利润占总值的75%。到了17世纪初,西欧列强已在东南亚立住了足。荷兰控制了南洋群岛中的许多贸易港口,稍后英国也控制了印度的一些贸易口岸。他们与中国的贸易中,出售货物中很大一部分是东南亚的香料,以此换得所需的中国的丝、茶、瓷器等产品。

六、演员:早期经济全球化时代国际贸易中的商人

在早期经济全球化时期国际贸易这个大舞台上,有各色各样的演员,分别扮演生旦净末丑等各种角色。这些演员的各自表演,汇总成为这出丰富多彩的大戏。在其中,扮演主要角色的是各国商人。这些商人有许多不同类型,包括普通商人、特许商人、单个商人、商帮、离散商人群体、武装商人、海盗商人等等。

虽然以中国为中心的东亚世界以及穆斯林主导的印度洋世界的海上贸易在宋元时代曾有长足的发展,但是到了明朝建立之后,因为厉行海禁,海上贸易萧条,所以在16世纪以前,传统的陆路贸易一度重新成为亚洲国际贸易的主要方式,而中亚商人也在这种贸易中仍然占有重要地位。例如在15世纪,中亚商人马茂德侍奉瓦剌首领也先,并作为瓦剌官员,时常在中国开展贸易活动。他几乎每隔一年来中国一次,大约在9月或10月到达北京,度过冬季,次年春天返回蒙古高原。然后再到下一年秋季来华。正统十二年(1447)他出现在大同的时候,据说率领超过两千人的大商队,带来貂皮一万两千多张、马匹四千匹,用来交换中国产品。这种贸易是朝贡贸易。明朝与西域各国(或政权)的朝贡贸易持续时间几乎与明朝相始终,朝贡使团人数少则几十人,多则三四百人;进贡的方物数量少则几十、几百

匹马驼，多则三千匹，甚至六千匹马。明朝中央政府回赐的物品数量也很大，赏赐钞锭数有二万、三万至六万余，一次赐绢多达一千余匹。这种贸易主要掌握在一些与西域各国（或地方政权）统治者有密切关系的穆斯林商人家族手里。

到了明代中期，情况发生了很大变化。在陆地贸易方面，诸如马茂德那样具有相关官方背景的穆斯林商人对欧亚跨国贸易的垄断，逐渐被私商打破。犹太人、希腊人和亚美尼亚人三个非穆斯林民族的商人活跃在伊斯兰世界，并建立起了范围广阔的贸易网。到了17世纪早期，亚美尼亚商人开始大举"入侵"印度洋以及从中亚至欧洲的商业世界。前面提到的葡萄牙传教士鄂本笃从印度出发前往中国时，就乔装为亚美尼亚商人，还按照亚美尼亚的习惯易名为伊撒·阿布杜拉。他这样做的原因是在16~17世纪有很多亚美尼亚商人生活在中亚和西亚地区，他们可以在穆斯林地区自由通行，因此扮成亚美尼亚商人可保证沿途安全。到了17世纪后期，即便在拉萨这样一个远离主要贸易中心的地区，亚美尼亚人也建立了一个永久性的社区。

不过这里要指出的是，在明代，由于各方面的原因，陆上丝绸之路的贸易呈现出日渐衰落的趋势。嘉靖初年，都御史陈九畴、御史卢问之向朝廷建议，要求关闭西域的朝贡贸易，"闭关绝贡，永不与通"，理由是"番人之所获利于中国者甚多"，而中国却不仅未从中获利，反而受害。在

坎贝：印度洋贸易的中心

这种情况下，掌控丝绸之路贸易的穆斯林商人，到了15～17世纪中期也不再风光。

在印度洋海上贸易中，先前占据统治地位的阿拉伯和波斯商人逐渐让位于印度商人。15世纪时，古吉拉特人已成为印度洋贸易中最重要的商人，他们主要是印度教教徒，也包括一部分耆那教徒和穆斯林。古吉拉特商人在许多港口建立了贸易社区。特别是印度古吉拉特的坎贝（Cambay或Khambhat，又名肯帕德），更成为印度洋贸易的新的贸易中心。16世纪早期的葡萄牙人皮雷斯说："坎贝张开了双臂，右臂触及亚丁，左臂伸往马六甲，这两地就是航海业最为重要的地方。"印度西部马拉巴尔海岸沿线，奎隆、卡利卡特及科钦都是繁忙的港口。中国人、印度人和犹太人在科钦进行贸易。中国商人早在明初就已定居于此。如今科钦半岛的古老标志还是一张中国渔网，在这个标志旁边有一块石碑，上面刻着："1341年洪水暴发，中国人从格朗格努尔迁居到科钦，并定居于此。大约在1350年至1450年，中国人把这种中国渔网带到了这里。"这里也有为数不少的犹太人，他们的聚集区被称为"犹太人城市"。这些犹太人主要从事香料贸易，从香料贸易中获利甚丰。他们用从香料贸易中获取的财富，建造了犹太会堂，即有名的帕拉德锡犹太会堂。该会堂始建于1568年，1662年被葡萄牙人摧毁，1663年荷兰人占领科钦之后，会堂得以重建，至今犹存，成为旅游名胜。17世纪以后，中国商人已经陆续撤走，但是犹太人留了下来。据当地的犹太人说，听长辈讲这里曾有上千名中国人，葡萄牙人来后才陆续迁走，但不知去了哪里。

位于东亚航线与印度洋航线交汇处的马六甲，更是各国商人集中之处。到1500年时，马六甲居住着大约一千名古吉拉特商人，此外每年还有四五千名古吉拉特水手来到这里。从前面提到过的葡萄

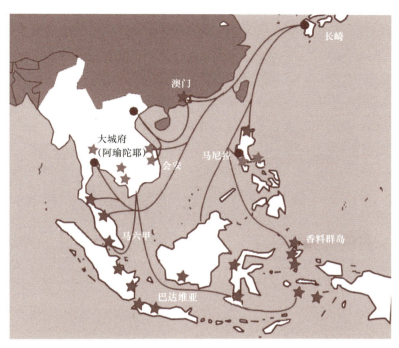

亚洲东部海域贸易网（示意图）

牙人皮雷斯的记述中可以看到：在16世纪时，马六甲已成为一个国际贸易中心，来自各国各地的商人麇集于此，形成了众多的商人社区。住在这些商人社区的商人有来自西亚的摩尔人、阿巴斯人、基尔瓦人、马林蒂人、霍尔木兹人、帕西人、鲁姆人、土耳其人、土库曼人、基督教亚美尼亚人，来自印度次大陆的古吉拉特人、乔尔人、达博尔人、果阿人、德干人、马拉巴尔人、诃陵人、奥里萨人、锡兰人、孟加拉人、阿拉干人、马尔代夫人，来自东南亚的勃固人、暹罗人、吉打人、马来人、彭亨人、北大年人、柬埔寨人、科钦人、占婆人、隶各人、文莱人、鲁寇人、塔拉马西姆人、劳厄人、邦加岛人、

日本前往马尼拉交易的帆船（《交易船图卷》）

林伽人、摩鹿加人、班达人、比马人、帝汶岛人、马都拉人、爪哇人、巽他群岛人、帕芒邦人、占碑人、同卡尔人、英拉纪里人、迦帕塔人、米南加保人、斯亚克人、阿戈阿人、亚路人、巴塔人、托加诺人、巴斯人、皮迪尔人。当然，还有中国人以及葡萄牙人。

在南洋群岛，早已有经商的华人定居。洪武三十年（1397），爪哇的满者伯夷国灭了三佛齐，国中大乱。旅居三佛齐的一千多华人拥戴广东南海人梁道明为三佛齐王。梁道明领兵守卫三佛齐疆土，对抗满者伯夷。十年间，几万军民从广东渡海投奔梁道明。永乐三年（1405），明成祖派梁道明的同乡监察御史谭胜受和千户杨信带敕书前往招安。梁道明和臣子郑伯可一同入朝进贡方物，留下副手施进卿带领众军民。

在马六甲以东的各商业口岸，活跃着中国人、日本人、葡萄牙人、西班牙人和荷兰人。他们沿着主要的国际贸易航线由西向东，在巴达维亚、马尼拉、阿瑜陀耶、会安、澳门、月港、双屿、琉球、长崎等地聚集，从事合法的和不合法的国际贸易，成为东亚国际贸易的主要经营者。在其中，中国人扮演着最重要的角色，是东亚国际贸易中最活跃的商人群体。

这里我们也要强调，16世纪欧洲人到来之前，印度洋海域和东亚海域的海上贸易虽然已经颇为繁荣，各国商人之间通过比较密切的商业交往已经建立起地区性的贸易网络，但是总的来说，这些网络之间的连接还不很紧密，同时也未能把更大的世界包含在内。在印度洋海域和东亚海域的海上贸易中，不仅没有一种大家都遵循的贸易规则，没有安全保障机制和仲裁机制，甚至也没有一种共同的商业语言。在葡萄牙人到来之前，印度洋地区的贸易通用语言是阿拉伯语和古吉拉特语，泰米尔语和孟加拉语则作为辅助和补充。在东亚，汉语（特别是闽南话和广府话）是最重要的商业语言。至于操这些不同语言的商人如何交往做生意，至今尚不得而知。我们只能说，由于没有一种通用的商业语言，各国商人在进行贸易时肯定有很大困难。这个问题，也反映出当时各国商人之间的联系还不是非常密切。

葡萄牙人、西班牙人和荷兰人先后来到印度洋地区和东亚地区后，大大改变了以上情况。首先，他们把果阿、科钦、马六甲、马尼拉、澳门、巴达维亚变成了他们的贸易据点，成为亚洲海上贸易的中心。其次，他们把大西洋贸易和印度洋、太平洋贸易联系了起来，把东亚和印度洋地区纳入了他们建立的全球贸易网之中，从而让这些地区真正进入了经济全球化的进程。为了更好地进行国际贸易，西欧人还引进了国际通用贸易语言。葡萄牙人来到亚洲之后，葡萄牙语成为亚洲海上贸易中占据统治地位的通用语言，一直到18世纪末才逐渐被英语所取代。

关于16世纪、17世纪中国人和西洋人在亚洲的活动，已有大量的专门研究，特别是西方殖民者对亚洲进行侵略的历史，更早已进入中学教科书，一般人也都耳熟能详，因此我就不多说了。这里我将谈三个问题：第一，在这个时期，除了中国人、葡萄牙人、西班牙人和荷兰人，还有什么人活动于东亚国际贸易中；第二，上述这些人在当时的东亚国际贸易中是什么样的关系；第三，这些商人与海盗有何关系。许多人对这些问题可能比较生疏，或者理解不够全面，因此有必要在这里谈谈。

第一，在14世纪中期至17世纪中期以前的三个世纪中，除了中国人、葡萄牙人、西班牙人和荷兰人之外，其他亚洲人如日本人、朝鲜人、琉球人、安南人、暹罗（泰国）人也程度不等地参与了东亚国际贸易。其中最重要的是日本人。日本人的海上活动自13世纪日益活跃，最为人熟知的就是"倭寇"的出现。倭寇事件首次出现于史册是在13世纪的上半叶。到了1350年以后，情况大变，不仅倭寇人数大为膨胀（1351年在朝鲜仁川附近就出现了多达130艘倭船），而且活动范围扩大到几乎整个朝鲜半岛西岸地区，有时还达到半岛东部沿岸地区。从元朝至正十八年（1358）山东出现倭寇起，到至正二十三年（1363），几乎每年都会有倭寇袭击沿海地区。到明代，倭患更甚，这已众所周知，毋庸赘叙。

由于倭寇等问题，明朝政府禁止中国与日本贸易。隆庆元年（1567），明朝部分开放海禁，允许沿海一带的居民驾船到南洋从事贸易，但禁止前往日本。在这种背景下，日本商人与中国商船在中国大陆以外的地方，如琉球、台湾或东南亚各地进行第三地贸易，或通过当地居民购买中国的产品。为了购买中国产品,日本商人纷纷到东南亚各地与中国商船进行贸易,许多人因此侨居东南亚各地。17世纪初德川幕府统一日本后,实行"朱印船"制度以管理日本的海外贸易。自1603年开始,幕府签发朱印状,到1635年共颁发了三百六十道。朱印船贸易范围波及中国大陆东南沿海和台湾以及东南亚各地19个主要贸易港,每船搭载的日本商民数以百计。于是这些地方出现了许多日本人社区,被称为"日本町"。在台湾、澳门、马尼拉、阿瑜陀耶、万丹、马六甲等东亚重要贸易港,都有数以百计乃至千计的日本商人和浪人聚居。例如在澳门,万历三十八年(1610),巡按广东监察御史王以宁奏说:澳门的葡萄牙人"借口防番,收买健斗倭夷以为爪牙,亦不下二三千人"。在暹罗的阿瑜陀耶的日本人有1000～1500人。而在海外最大的日本人侨居地马尼拉,日本人最多时据说达到3000人。1635年,幕府全面禁止日本人出海后,朱印船贸易也宣告结束。幕府实行锁国政策,海外日本人也有家不能回,最后消失在所在地的土著之中。

因此,在东亚国际贸易中,活跃着的不仅是西欧人和中国人,而且还有日本人等。

第二,在东亚的各国商人之间的关系十分复杂,彼此之间有竞争,同时也有合作。以往许多人都从教科书里得到这样一种印象:西方殖民者来到东亚世界后,似乎都是"联手"对这里(特别是东南亚)的人民进行掠夺和侵略,而中国是主要的受害者之一。除了侵扰中国东南沿海地区外,还对中国商人的海外贸易进行打压。这种看法有其道理,但也有偏颇的一面。

西欧殖民者来到东亚后,对活跃在这里的华人海上贸易商业进行打压,这是不争的事实。例如达·伽马航行到科钦后,就在此建立商业代理处,建立木质城堡,收购香料等商品。由于葡萄牙人的排挤,在科钦定居多年的中国人在17世纪后陆续撤走。葡萄牙人1511年占领了原臣服于明朝的马六甲。葡萄牙使者皮雷斯1521年去北京觐见明朝皇帝,明朝要求葡萄牙归还马六甲,葡萄牙拒绝,明朝政府因此拘禁了皮雷斯。自此之后,中国商船就难以航行到马六甲以西了。荷兰东印度公司为了自身的利益,采取各种手段限制中国商人购买胡椒。1615年4月30日,阿姆斯特丹东印度公司总部给东印度公司总督燕·彼得逊·昆(Jan Pieterszoon Coen)的训令中指出:中国人在摩鹿加群岛和安汶岛的贸易活动中赚走了3.5万里亚尔,使荷兰蒙受了巨大的损失,因此他必须采取必要措施,阻止这种现象发生。同年11月30日,荷兰东印度公司发布命令,禁止中国人向摩鹿加群岛、安汶岛及其他各地运送衣料、绸缎和其他中国商品,也不得将白银和沉香、肉豆蔻等香料运出这些地区,违者将没收船只货物。荷兰人还在海上劫掠中国商船,以削弱中国和西班牙的贸易。1616年耶稣会大主教来德斯马(Pedro De Ledesma)向西班牙国王菲利普三世报告说:由于荷兰的掠夺,马尼拉同中国的贸易大幅度地下跌,这一年到马尼拉的帆船仅有7艘,而前些年有50～60艘。一位编年史史家1618年在马尼拉写道:中国人因受到荷兰的抢劫,不敢驾船到马尼拉,这里的商业将停止,每一件东西都将失去,因为这些岛的繁荣唯一依靠的是同中国的贸易。荷兰人将劫掠的商品贩卖到日本、欧洲或者巴达维亚,将船上的中国人送到巴达维亚做奴隶。荷兰人有时候还同英国人一起联手,共同抢劫前往马尼拉进行贸易的中国商船。

西欧殖民者不仅对中国商人进行掠夺,而且对其他商人也都如此。例如1607年,澳门的葡萄牙人击杀前来澳门的日本朱印船船员及其他日本人共计数十人。荷兰人为将日商势力挤出台湾,于1625

年宣布对所有在台湾岛的日商贸易商品征收10%的输出税。1628年，日本商人滨田弥兵卫再度率数百人的船队来台贸易，被荷兰人武力扣留，滨田弥兵卫武力反抗，成为著名的"滨田弥兵卫事件"。此后，日商基本上退出台湾地区贸易。

然而有学者指出，正如同时期的地中海地区一样，16世纪的东亚海上也存在着剧烈的贸易竞争。西欧殖民者来东亚的主要目的是进行贸易，因此竞争就不仅发生在他们与东亚各国商人之间，而且也发生在他们之间。葡萄牙、西班牙和荷兰人来到东亚后，彼此之间存在严重的利益冲突，因此往往爆发战争。西班牙人多次进攻荷兰人控制的香料群岛，并在1606年攻占香料群岛的特尔纳特。西班牙人还在1626年侵入台湾地区北部，在淡水和鸡笼筑堡，以建立对中国大陆与日本贸易的中转站。他们还与葡萄牙人联手，以对付1624年侵入台湾地区的荷兰人。1596年，荷兰远征船队到达爪哇西岸的胡椒交易港万丹，遭到驻扎万丹的葡萄牙人的阻扰。1602年，分属于十几个贸易公司的65艘荷兰商船前往亚洲进行贸易，也受到亚洲各地的葡萄牙商人的全力阻挠。为此荷兰建立了荷兰联合东印度公司（Verenigde Oostindische Compagnie，简称VOC，英文通称Dutch East India Company，以下简称荷印公司）以对抗葡萄牙人在印度洋和东亚的贸易垄断。1605年，荷印公司以武力驱走摩鹿加群岛的葡萄牙人，1623年赶走班达岛的英国人，控制了香料群岛。1609年，荷印公司在日本平户设立商馆，与葡萄牙人竞争对日贸易。1619年，荷印公司在印度洋和南海之间唯一不受葡萄牙人控制的巽他海峡附近，从爪哇人手中夺取了巴达维亚，作为荷印公司的总部。1641年，荷兰人攻克葡萄牙人的据点马六甲，确立了从东南亚香料产地到贸易港的垄断地位。1659年，荷兰人占领锡兰，垄断了肉桂贸易。为了夺取葡萄牙人

荷兰东印度公司总部巴达维亚城堡（安德烈斯·贝克曼绘，1662年）

主导的中日贸易，荷兰人于1622年武力进攻澳门，但在明朝军队与葡萄牙人的联手抗击下铩羽而退。荷兰人还多次进攻马尼拉，并与英国人联手袭击在东亚海域航行的西班牙、葡萄牙船队。英国也积极向东亚扩张。1602年，英国东印度公司在万丹设立了其在东亚的第一个商馆，并试图在香料群岛的安汶岛等地设立商馆，但被荷兰人驱逐，只好转向荷兰势力尚未能掌控的马辰、望加锡、阿瑜陀耶、台湾、平户等地。但面对荷兰强大的海上力量，英国人在17世纪被迫陆续关闭这些商馆，转而集中力量经营印度。

在我们看到上述情况的同时，还应当注意：贸易不同于单纯的掠夺。在贸易中，不仅有竞争，而且也需要合作。因此各国商人在东亚，除了竞争，也有相互合作的一面。例如在菲律宾的西班牙当局力图建立和中国、日本直接贸易的渠道。1567年明朝政府开放海禁后，西班牙当局大力招徕福建商人和日本商人直接到马尼拉进行贸易，于是大批中国商人蜂拥而至。1571~1600年，平均每年季节性到访的中国人达7000人次，而当地的西班牙人还不到1000人。1570~1600年，定居菲律宾的中国人，从不到40人增加到15000人。他们大多数是从事贸易的，因此菲律宾西班牙语中"华人"被称为sangleye，源自福建方言中表示"生意人"一词的发音。西班牙当局因为惧怕中国人的势力过大，周期性地对华人进行大屠杀，其中以1603年和1639年最为严重。然而每次屠杀之后，又招徕华人来经商。在马尼拉，除了数以万计的中国商人外，还有数以千计的日本商人。16世纪初，暹罗的阿瑜陀耶城有华人、日本人和葡萄牙人聚集区。住在这里的葡萄牙人约有300人，日本人1000~1500人，而华人更多，17世纪中叶时达3000~4000人。这些商人一方面彼此展开商业竞争，另一方面也相互合作做生意，总的来说是大致相安无事。

1619年荷兰人在巴达维亚建立统治中心后，也千方百计招徕中国商船到此进行贸易，甚至还使用武力迫使在下港的中国商人迁往巴达维亚。1620年5月3日，荷印公司指示其属下的北大年商馆：你们必须劝诱北大年、宋卡、那空、博他仑等地的中国商船，载运大批生丝、绢绸以及其他中国货物前来雅加达，并向他们保证：我们不缺乏现款，也不缺乏檀木、胡椒，他们可以不必缴纳任何税款，一切捐税全部豁免。

此外，在西方列强的势力范围之外，也出现了一些各国商人集聚的港口城市。例如在17世纪初，安南的宪庸（Ph Hin，今兴安）和会安已是重要的国际贸易港。宪庸的贸易主要由日商和华商经营，葡、英、荷、西商亦间或前来交易。会安更是如此。一个当地日本人

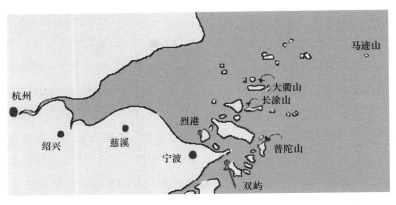

双屿位置图

1642年在写给荷兰东印度公司的报告中说：当时会安的中国人约有4000～5000人，日本人40～50人。荷兰商人也于1633年来到此地，从而形成了一个多国商人和平共处的国际商港。

在中国舟山群岛的双屿港（今舟山六横岛），16世纪20年代葡萄牙人到来之后，特别是著名的以汪直为首的徽州海商集团来到之后，迅速发展成为一个国际贸易中心，被日本学者藤田丰八称为"16世纪之上海"。这里麇集了大批的中国人、日本人和欧洲人，特别是葡萄牙人，因此也被称为葡萄牙人的侨居地，"就好像位于里斯本和圣塔伦（Santare，葡萄牙本土的一个港口）之间"。葡萄牙人平托（Fernam Mendez Pinto）于1541年（嘉靖二十年）随葡萄牙的印度总督法利亚船队游历了双屿港。他后来在其《远游记》中写道："在海上航行六天后，来到了双屿的大门。那里是距葡萄牙人做生意的地方三十里的两个岛屿。双屿是葡萄牙人在陆地上建立的拥有上千户人家的集落，由市参事会员、陪审判员、地方长官和其他六七名共和国法官及官员统治。城镇上有3000人，其中的1200人为葡萄牙人，剩下的是各个国家的基督教徒","这村落中,除来来往往的船上人员外,有城防司令、王室大法官、法官、市政议员及孤儿总管、度量衡及市场物价监视官、巡夜官、收税官及各种各样的手艺人。有两所医院,一所仁慈堂。一般通行的说法是,双屿比印度任何一个葡萄牙人的居留地都更加壮丽富裕。在整个亚洲,其规模也是最大的"。据许多熟悉这里事情的人讲,葡萄牙人的贸易额超过300万葡元,大部分买卖都是两年前发现的日本白银,无论带什么样的商品到日本,都会赚回3~4倍的利润。他说当时葡萄牙人每年在双屿港的贸易额超过300万克鲁扎多。这是个惊人的数字,因为前面已经说过,葡萄牙国王每年从香料贸易中大约可获得100万克鲁扎多,而在葡萄牙一个有钱人家的佣人每年才挣4克鲁扎多。当然,《远游记》是一部游记,像那个时代欧洲人的大多数探险游记一样,所说常有夸大,所以不能过分相信其所言。不过双屿贸易规模很大,应当是无可置疑的。

由于频繁的贸易活动和长期相处,从事大规模贸易的商人往往会使用多种语言。这种情况集中地表现在明末福建海商领袖郑芝龙身上。他不仅会闽南话、广府话和官话,而且也会葡萄牙语、卢西塔尼亚语(一种犹太商人使用的犹太-葡萄牙语)和日语。此外,他也曾在荷兰东印度公司做过"通事"(翻译),或许懂一些荷兰语。

第三,海商与海盗。我在上面已经提到倭寇,亦即东亚海域猖獗的日本海盗。除了倭寇之外,在许多教科书中也谈到葡萄牙、西班牙、荷兰人在东亚海域的海盗行径。这些都是事实。但是我们要问的是:1. 在当时的东亚海域中,除了日本和西方海盗之外,还有没有其他海盗? 2. 这些海盗和当时的海上贸易以及海商之间是什么关系?

如果我们把眼光放开,就不难看到在14~17世纪中叶的东亚海域，海盗绝不止倭寇和西方海盗，来自不同国家的海盗也横行在这一海域。这其中，华人海盗又占有特殊地位。

东南亚的本地海盗，最为有名的是苏拉威西南部的布吉斯私掠船，其活动范围西至新加坡，北至菲律宾。另一恶名昭彰的奥朗劳特海盗，则控制了马六甲海峡上的过往船只以及新加坡周围的海域。马来亚和婆罗洲的海盗，从婆罗洲出发抢掠新加坡和香港之间海域上的商船。不过这些海盗与活跃于东南亚海域的华人海盗相比，又是小巫见大巫了。因为有更好的装备和更好的组织，华人海盗比东南亚本土海盗拥有更强大的力量，所以在东南亚海域的影响力也更大。

东南亚的华人海盗活动始于中国元朝。这些海盗大多数来自中国南方沿海的广东和福建。他们也招募东南亚本地人来修建堡垒。这些海盗大多都在苏门答腊和爪哇附近海域活动。到了明初，在活跃于东南亚地区的各国海盗中，最出名的是以陈祖义为首的华人海盗集团。陈氏是广东潮州人，洪武年间逃到南洋，入海为盗，盘踞马六甲十几年，在其鼎盛时期成员超过万人，战船近百艘，活动在日本、南海、印度洋等地。在当时的世界上，这可能是最大的海盗集团。陈氏自立为渤林邦（位于苏门答腊岛）国王，东南亚一些国家甚至向其纳贡。后来陈氏集团与下西洋的郑和舰队发生冲突，发生激战，陈氏武装被击毙五千余人，被烧毁战船十艘，缴获七艘，陈祖义等首领三人也被生俘，该集团随之瓦解，华人海盗活动暂时消减，但是到了明代中期，华人海盗又活跃了起来。他们与日本有密切关系，成为倭寇的一个重要组成部分。

依照学界较新的看法，倭寇包括前期倭寇和后期倭寇。前期倭寇主要活动在14世纪至嘉靖三十一年（1552），成员基本上是被称为"西日本恶党"的日本人；而后期倭寇（日本通常称为"嘉靖大倭寇")是嘉靖三十一年活动的海盗,成员不仅有日本人,也有中国人。不仅如此,中国人可能还占多数。《明史》说"大抵真倭十之三,从倭者十之七",其中"从倭者"就是中国人。明代小说《喻世明言》第二十四卷《杨八老越国奇逢》里,对这些"从倭者"的情况进行了生动的描写:"原来倭寇逢着中国之人,也不尽数杀戮。……其男子但凡老弱,便加杀害;若是强壮的,就把来剃了头发,抹上油漆,假充倭子。每遇厮杀,便推他去当头阵。……这些剃头的假倭子,自知左右是死,索性靠着倭势,还有捱过几日之理,所以一般行凶出力。那些真倭子,只等假倭挡过头阵,自己都尾其后而出。"小说里说"从倭者"是被胁从的,但事实上有许多是自愿的,甚至是自己主动去当倭寇的。参加过平定东南沿海倭寇战斗的明朝官员郑晓说:"近日东南倭寇类多中国之人,间有膂力胆气谋略可用者,往往为贼。躐路踏白,设伏张疑;陆营水寨,据我险要;声东击西,知我虚实。以故数年之内,地方被其残破,至今未得殄灭。缘此辈皆粗豪勇悍之徒,本无致身之阶,又乏资身之策,苟无恒心,岂甘喙息。欲求快意,必至鸱张,是以忍弃故乡,幡从异类。……小民迫于贪酷,困于饥寒,相率入海从之。凶徒、逸囚、罢吏、黠僧,及衣冠失职、书生不得志、群不逞者,为之奸细,为之乡道。弱者图饱暖旦夕,强者忿臂欲泄其怒。"有一个江苏昆山人被倭寇掳走后逃回来,向官府诉说自己的经历,说船上大概有两百个倭寇,多为福建、温州、台湾、宁波、安徽人,其中福建人最多,占十之六七,而梳着髻的"日本酋"只有十几个。

这些真倭、假倭相互利用,共同作案,正如郑晓所说:"倭奴借华人为耳目,华人借倭奴为爪牙,彼此依附。"另一位抗倭有功的官员宗臣说:"华人狡,善骗夷。福清之陷也,盖华人之先其夷于睥睨间,守埤者睹其夷,遂惊而逸。即陷,华人乃又先之,骗夷以狱此帑藏也,夷遂呼其类数千人劈门以入,而其时华人已群入帑藏中负其万金走矣。夷人不知华人负之矣。及败,其俘皆夷,华无一夫被创者。"万历时福建长乐人谢杰也说:"倭夷之蠢蠢者,自昔鄙之曰奴,其为中国患,皆潮人、漳人、宁绍人主之也。"

倭寇的大头目也往往是中国人,最有名的就是许栋、汪直(亦作王直)、李旦等。其中汪直于嘉靖三十六年(1557)十一月率走私船五百余艘由日本驶抵岑港并踞守该港,以后常据九州的五岛列岛和平户,成为当时东亚最大的海盗集团。据明朝后期文人田汝成写的《汪直传》,汪直"据萨摩洲之松津浦,僭号曰宋,自称曰徽王,部署官属,咸有名号。控制要害,而三十六岛之夷皆其指使"。

对这些人的经历进行仔细分析,可以看到:首先,他们不是单纯的强盗。他们与明朝政府的冲突,主要是因为明朝的海禁政策致使他们的海上贸易难以进行。例如汪直本是徽商,后来参加许栋的海上走私集团。到浙江巡抚朱纨发兵攻剿许栋集团,李光头被捕,许栋兄弟逃亡,汪直收其余众,进而发展成为海商武装集团的首领。其次,他们的活动范围大大超出中日之间,可以说囊括东亚海域。例如许栋(许二)与弟许三先在马六甲建立起自己的交易网,然后与留在国内的许四、许一等合伙进行走私贸易。汪直当初南下广东,造巨舰贩运硝黄、丝绵等抵日本、东南亚各地,他本人也"历市西洋诸国",在暹罗的阿瑜陀耶、马六甲和中国之间往来,由此结识了才到达东南亚不久的葡萄牙人。嘉靖二十年(1541),他和两名葡萄牙人带领着上百名番商从暹罗乘船北航向双屿港进发,结果被暴风雨冲漂到日本种子岛,和日商初步建立起贸易关系。第二年南风汛发时,他又和葡萄牙人一起从日本返航驶抵双屿,并加入许栋集团。此时恰好遇上日本的朝贡使团，于是他们便同当时在双屿的中外商人交易。交易完后，许栋即派汪直率"哨马船随贡使至日本交易"。嘉靖二十四年（1545）汪直到了日本博多津，招诱日本商人来双屿港进行走私贸易，"泊客拥有徒众万余人"，或五艘十艘，或数十艘，分泊各港。不少葡萄牙商人也开始将双屿作为同日本贸易的中转港。双屿一带的许多当地百姓也卷入了这种国际贸易活动，有的为番商充当翻译、向导，有的为之造船、修船，有的竞相贩售酒米、时鲜等食品。福建同安人林希元记述道："（葡萄牙人）与边民交易，其价尤平。其日用饮食之资于吾民者，如米面、猪、鸡之数，其价皆倍于常。故边民乐与为市，未尝侵暴我边疆，杀戮我人民，劫掠我财物。"因为这些百姓"视海贼如衣食父母，视军门如世代仇雠"，所以在官府眼里也是"从番者"或者"倭寇"。由此可见，许多倭寇实际上是一些对国家没有固定归属感的人。郑晓说："昔也夷人入中华，今也华人入外夷也。喜宁、田小儿、宋素卿、莫登瀛皆我华人，云中、闽、浙忧未艾也"；"武健才谞之徒，困无所逞，甘心作贼。非国家广行网罗，使有出身之阶，恐有如孙恩、卢循辈出乎其间，祸兹大矣"。这些人浪迹于国际间，唯利是图。借用一个日语名词来描述这些人的特征，可以说他们是一种"国际浪人"。晚明的郑芝龙就是一个典型的"国际浪人"。他是福建泉州府南安石井乡人，年轻时到过马尼拉，后来在与葡萄牙人打交道中接受了天主教的洗礼，取教名贾斯帕，另名尼古拉，因此外国人称他尼古拉·一官（Nicholas Iquan）。他发迹于日本平户藩，娶平户藩家臣田川翁昱皇之女田川松为妻。田川翁昱皇即翁昱皇，是中国侨民（一说是在日本的泉州海商），在日本改姓为田川氏。还有人说郑芝龙也娶了葡萄牙女子为妻。总之，他是一个非常"国际化"的人。

因为在当时的海上贸易中尚未有国际安全机制，所以商船出海，大多需要配备武器自卫，或者寻求拥有强大武力的海上武装集团的保护，成为这些武装集团控制的商船。不仅如此，在许多情况下，为了打击竞争对手，商人也常常借助武装集团的力量劫掠对方的商船。当然，这些武装集团有各种不同的类型。一些海上武装集团属于国家拥有或支持的武力（例如在东亚海域，葡萄牙、西班牙和荷兰殖民当局的武力），在本国政府的眼里他们不是海盗。另外一些得到当地政权的支持（例如倭寇得到日本沿海诸藩的支持），他们通常只被受害国视为海盗。还有一些完全是私人武装（例如中国的海上武装集团），他们往往被所在国视为海盗。无论如何，在当时的世界上，商船与形形色色的海上武装之间存在一种非常密切的关系。这种关系使得海商和海盗之间很难有一个明确的区分。

到了明末，这种亦盗亦商的海商武装集团发展得愈加强大，以致出现了郑氏集团这样的超级海上强权。郑芝龙集团纵横东亚海域数十年，成为17世纪世界上最强悍的海商/海盗集团。虽然拥有强大的武装力量，但是郑氏集团仍主要从事贸易而非劫掠。据荷兰东印度公司记录，崇祯十二年（1639）驶往长崎的郑氏商船多达数十艘。崇祯十四年（1641）夏，郑氏的22艘商船由晋江县安平港直抵日本长崎，占当年开往日本的中国商船总数的1/5以上，其运载的主要货物有生丝、纺织品、瓷器等。郑芝龙与葡萄牙人、西班牙人也建立了贸易关系。他运往日本的丝织物，有一部分是从葡萄牙人控制下的澳门购进的，日本的货物也由他运到吕宋，转售西班牙人。郑芝龙的船只也经常满载丝绸、瓷器、铁器等货物，驶往柬埔寨、暹罗、占城、交趾、三佛齐、菲律宾、咬留巴（今雅加达）、马六甲等地贸易，换回苏木、胡椒、象牙、犀角等。

因此在当时，海商和海盗之间并没有明确的界限。二者的角色是经常在相互转换着的,正如谢杰所言:"寇与商同是人,市通则寇转为商,市禁则商转为寇。"事实上,在近代早期的国际贸易中,这种亦商亦盗的海商乃是正常角色。

七、主题曲:早期经济全球化时代国际贸易中的白银

如前所述,大航海活动为早期经济全球化这出大戏搭起了舞台,道具(商品)和演员(商人)也已登台,大戏应当可以上演了。然而还缺一件东西:主导戏剧进行的主题曲。没有这个主题曲,这部大戏可以上演,但是可能就缺乏协调,变得杂乱无章。那么这个主题曲是什么呢?

从上面谈到的世界贸易的主要商品的供求状况可见,中国、日本、东南亚和西欧是15~17世纪东亚世界国际贸易的主要参与者。从中国方面来说,主要输出丝、茶、糖、瓷器等产品,而输入产于南洋群岛的香料等产品。在当时的世界上,两方面的产品都属于高价值的产品,但是东南亚地区经济发展水平不高,对中国产品的需求有限,而中国对以香料为主的东南亚产品的需求虽然很大,但香料进口经过长期增长后,进一步增加的余地也很有限。在中国和西欧、日本的贸易中,问题更大。西欧和日本对中国产品有巨大的需求,但却没有多少产品在中国市场上有销路,因此在对华贸易中出现巨大贸易逆差是不可避免的。如果这个问题不解决,贸易就无法长期进行下去。日本人在石见银山等银矿开发前,由于无法解决贸易逆差问题,只好铤而走险,当海盗进行抢劫。葡萄牙人和荷兰人初到东亚时也一样,除了当海盗,主要业务是进行居间贸易,充当中间商牟利。

16 世纪，情况发生巨变。日本和西欧忽然拥有了解决对华贸易中的逆差问题的手段，从而可以大量购买中国产品，成为中国最重要的贸易伙伴。这是什么神奇的手段呢？这是一种特殊的商品，没有它，早期经济全球化是难以想象的。这种特殊的商品就是白银。

白银是一种货币。货币也是商品，但这种商品和其他商品不同，是可以和其他一切商品相交换的商品，因此是一种特殊商品。货币是商品经济不可或缺的要素，正如1820年时一个法国商人所说的那样，货币帮助商品流通，"就像机油使得机器能更好地运转一样"。早期经济全球化是商品经济发展推动的，因此离不开货币的发展。具体来说，白银对早期经济全球化起了什么作用呢？

在人类历史上，用作货币的材料有多种，货币的形式和使用方式也因时因地而异。13 世纪之前，世界上各个主要的文明都拥有自己的货币制度，而在这些货币制度中，白银和黄金并不是普遍使用的货币。到了13 世纪之后，情况才发生改变，黄金和白银成为主要使用的货币。许多人有一种印象，认为在欧洲和印度洋地区，主要使用黄金作为货币，而中国则主要使用白银作为货币。但是这种看法是有问题的。经济史学家黑田明伸指出：在 18 世纪以前，黄金并不像白银那样发挥普遍的作用。在能够普遍流通和较大量供应方面，白银比黄金优越。虽然南印度和地中海地区长期以黄金为货币，17 世纪的日本东部地区和亚齐苏丹国等东南亚地区也曾短暂使用过黄金，但欧亚大陆的其他地区主要的货币是白银。简言之，18 世纪之前，在欧亚大陆，白银是最重要的货币。到了 18 世纪，黄金记账单位在西欧才普遍使用，到 19 世纪的"黄金景气"之后，黄金的重要性才超过白银，成为国际贸易中的主要货币。

在近代早期，随着国际贸易的发展，白银越来越成为世界通用货币，这个现象就是国际货币的白银化。这个白银化具有非常重大的意义，大规模的长途贸易得以在一种相对统一而稳定的货币制度下进行。白银既然如此重要，为什么它没有早些变成国际贸易中的主要货币呢？要回答这个问题，我们首先要了解：作为货币的白银是从何而来的？特别是在16世纪之前和之后，白银的来源和产量有何变化？

在14世纪中期以前，世界上最重要的白银产地在欧洲。到了中世纪后期，欧洲白银主要产于中欧和东欧。在1000~1500年这五个世纪内，欧洲不仅银矿数量增加，而且采矿和加工技术也开始提高。欧洲的白银产量在14世纪中期达到了高峰，平均年产白银达50吨，但是在随后几十年中又出现大幅下降。亚洲在14世纪中期之前也出产一些白银，不过产量很少。主要产银国是中国，元代天历元年（1328）银产量为775610两，约为31吨，而且其中几乎一半（47.42%）是西南边疆省份云南生产的。由此可见中国（特别是内地）的银产量确实很低。广大的伊斯兰世界产银更少，因此在蒙古帝国时代，还依赖从中国输入白银。简言之，在14世纪中期以前，虽然欧洲的白银产量有较大增加，但是未能继续下来；而在世界其他地方，白银产量一直都不高。

到了15世纪，情况依然没有很大改变。在亚洲，中国的白银产量未有增长，反而有所下降。天顺四年（1460）白银产量仅为一个世纪前的天历元年产量的一半多一些，而弘治十七年（1504）的产量，更只有天历元年产量的1/7左右。在欧洲，情况要好一些。随着新的采矿和冶炼技术的发明，到了15世纪中期，欧洲白银产量恢复到14世纪中期的水平。

进入16世纪之后，世界白银生产情况发生了巨变。中国、欧洲、日本和美洲相继出现了开采银矿的热潮。

在中国，在万历二十四年（1596）到万历四十八年（1620），到处都在积极寻找银矿。但是这种努力只在云南取得较好的结果。明代后期旅行家王士性在《广志绎》中说："采矿事惟滇为善。……他省之矿，所谓'走兔在野，人竞逐之'。滇中之矿，所谓'积兔在市，过者不顾'也。"明末大科学家宋应星在《天工开物》对全国的银矿介绍如下："凡银中国所出，浙江、福建旧有坑场，国初或采或闭。江西饶、信、瑞三郡有坑从未开。湖广则出辰州，贵州则出铜仁，河南则宜阳赵保山、永宁秋树坡、卢氏高嘴儿、嵩县马槽山，与四川会川密勒山、甘肃大黄山等，皆称美矿。然生气有限，每逢开采，数不足，则括派以赔偿；法不严，则窃争而酿乱。故禁戒不得不苟。燕、齐诸道，则地气寒而石骨薄，不产金、银……然合八省所生，不敌云南之半。故开矿煎银，惟滇中可行也。凡云南银矿：楚雄、永昌、大理为最盛，曲靖、姚安次之，镇源又次之。"云南的白银年产量大多数年份在20万~30万两，不过这只是明代中期的数字。至于明代全国白银产量，吴承明先生估计为年产20万~30万两。虽然多年累计，总数可能达到数百万两，相对于中国经济的规模而言，这个产量依然太小。

在欧洲，白银产量随着新矿的开发和技术进步（尤其是汞齐化加工方法的发展）而有很大提高，年产量在1530年前达到90吨的历史高位。

在日本，进入16世纪后，发现了多个银矿，在一些年份里开采的银矿多达三十多个。其中著名的石见银山，于1526年（日本大永六年）开掘出银矿脉，当地统治者于1533年（日本天文二年）通过博多的商人神谷寿贞招徕工匠，以从中国学来的精炼技术"灰吹法"大幅提升了白银的产量。石见银山的银产量在17世纪初达到顶峰，据推算,产量达到世界银产量的 1/3。这些银矿的开发,使得日本一跃成为世界最重要的白银产地之一。到 16 世纪末,日本白银产量已占世界总产量的 1/4 到 1/3,鼎盛时年产量高达 200 吨。1560~1644 年,日本生产的白银总计多达 25429 万两。

最重大的变化是美洲白银的生产。著名的波托西银矿从 1545 年开始开采,萨卡特卡斯和瓜纳华托的银矿则分别在 1548 年和 1558 年开始开采。这些银矿的产量迅速增加。1581~1600 年,仅波多西银矿就每年生产白银 254 吨,约占全世界产量的 60%。

由于以上变化,国际贸易中的通用货币白银的供应量在 16 世纪忽然大量增加,极大地推动了早期经济全球化的进程,凯恩斯等学者将这个时期贵金属货币的流通看作近代资本主义的源头。

波西托银矿

石见银山遗址

大量增加的白银，为早期经济全球化注入了强大活力，也从根本上解决了日本和西欧在与中国的贸易中的逆差问题。由于拥有大量的硬通货，日本海外贸易在1615～1625年进入了全盛期。在此期间，经日本船、中国船、荷兰船、葡萄牙船和其他船只运出的日本白银，估计有130～160吨，相当于当时日本以外的世界白银总产量的30%～40%。日本所产的白银，大部分用来购买中国商品，所以日本也成为中国在东亚最重要的贸易伙伴。据估计，葡萄牙人每年将从中国丝绸贩卖于日本的生意中获得235万两白银，作为他们购买回欧洲的中国货物的资本。日本从外贸中获得的财富急剧增加，使得统治者有更大的能力参与国际事务。著名的石见银山为毛利家与丰臣家各派家臣共管，其收入成为丰臣秀吉入侵朝鲜时的主要资金来源。

西欧的一些国家也因拥有大量的美洲白银，可以大量购买中国商品，从而成为中国新的主要贸易伙伴。1565年（嘉靖四十四年），西班牙舰队抵达菲律宾的宿务岛，在东南亚建立了第一个殖民据点，

1571年时又攻占了马尼拉，三年后在该地开始了正式的殖民统治，并展开与中国商人的直接贸易。西班牙在马尼拉的殖民政府开辟了马尼拉-阿卡普尔科航线，通过"大帆船贸易"（Galleon），连接东亚与美洲的贸易市场。西班牙人从墨西哥的阿卡普尔科港运送大量银元到马尼拉，再到葡萄牙人控制的澳门购买以丝绸为主的中国商品，经马尼拉运到墨西哥的阿卡普尔科港。这些丝货约有一半再运往欧洲，其余的在西属美洲销售。由于中国的"银荒"，福建海商携中国商品蜂拥至马尼拉，交换墨西哥白银。于是美洲白银通过菲律宾滚滚流入中国。明代流入中国的美洲白银究竟有多少，因为阿卡普尔科与马尼拉之间的通商大部分是非法经营的，很难得出一个确切的数字，不过从一些记载中还是可以略窥一斑。1602年，西班牙在美洲的新西班牙当局给马德里的一个报告中提到，每年从阿卡普尔科运到马尼拉的白银总计有500万比索，1597年高达1200万比索。在初期的贸易高峰已过的1632年，马尼拉的天主教会向西班牙国王菲利普四世通报，每年从阿卡普尔科运来的白银达240万比索。有人对当时马尼拉的商业活动描写道："中国皇帝能够用从秘鲁运来的银条建一座宫殿，这些白银的运出都没有登记，也未向西班牙国王缴税。"晚近一些学者也对此给出了不同的估计。明史学者万明认为1570～1644年通过马尼拉一线输入中国的白银约7620吨。万志英（Richard Von Glahn）则估计1550～1645年通过菲律宾进入中国的白银约2309吨，其中中国船运送了1204吨；葡萄牙船运送了75吨；走私船运送了1030吨。斯卢伊特尔（Engel Sluiter）则估计，1576～1664年西班牙殖民地生产的白银中，有5620万比索（约合2023吨）经过阿卡普尔科运到了马尼拉，其中绝大部分流入中国。

这样，西欧和日本商人用大量白银来购买中国生丝与丝织品、瓷器、茶叶、蔗糖，西欧商人还把东南亚香料等产品输往中国，成为当时东亚乃至世界上一种主要国际贸易模式。这种情况在1628年郑芝龙与荷兰东印度公司在台湾的大员商馆签订的三年贸易协定中可以清楚看到。根据该协定，郑芝龙每年为该公司提供1400担生丝，定价为140两一担；5000担糖，价为3里耳一担；1000担蜜姜，约4两银一担；4000件白色吉朗绸，约14钱银一件；1000件红色吉朗绸，约19钱一件，价值总计300000里耳。郑芝龙将得到3000担的胡椒供货，价格约为1里耳一担，余下的以现金支付；如果荷兰人率船到漳州湾装运，则将每担价格降低10两。据此，郑氏集团售予荷兰人的货物是中国生产的丝、绸、糖和糖制品；而荷兰人售予郑氏的是东南亚出产的胡椒，贸易逆差则用白银支付。这种模式的出现和发展，深刻地表现了早期经济全球化的进展。

这样，世界主要经济体之间的贸易，就借助白银的注入而急剧扩大起来。因此我们可以说，白银是早期经济全球化的助推剂。

在早期经济全球化的推动下，东亚地区出现了一个联系日益密切的国际贸易网络。借用贡恩（Geoffrey C. Gunn）的《无国界的历史：亚洲世界区域的形成（1000～1800年）》(*History Without Borders: The Making of an Asian World Region*, 1000～1800) 的书名来说，由于早期经济全球化的出现和发展，东亚世界形成了一个从某种意义上来说"没有国界的世界"。在这个"没有国界的东亚世界"里，史无前例的历史大戏上演了。不过，这出大戏并不仅包括莺歌燕舞的文戏，更有刀光剑影的武戏。而武戏的表演者们无不殚精竭虑，寻求杀人利器。这就是下一章要讲的话题——军事。

第 3 章

早期经济全球化时代的军事革命

近代早期中国在管形火器技术上略微领先的优势在 16 世纪欧洲火器技术进步后发生转折，先进火器技术伴随着早期经济全球化而向全球传播，导致早期军事全球化。一直到 17 世纪中叶，中国依然与西欧并驾齐驱，是火器技术进步最大的两个地区，也是世界其他地球获取先进火器技术的主要来源地。

关键词：火药革命　火器　军事革命　军事全球化

一、军事与经济全球化

军事与经济全球化,彼此之间好像没什么关系。但如果仔细来看,它们之间不仅有关系,而且关系还非常密切。要了解这种关系,首先就要从军事的性质说起。

世界上有各种各样的生物,在其种群内部都有争斗。但是这些争斗基本上都是个体的行为,目的是把对手赶走,而不会把对方斩尽杀绝。只有号称"万物之灵"的人类与众不同。在人类这个种群中,存在着众多大大小小的不同的群体,例如国家、民族、阶级、区域社会等。这些群体的领导者,总是把群体中最强壮、最勇敢的那部分人挑选出来,用最先进的科技、最珍贵的资源、最大限度的财力生产出性能最优良的杀人利器,训练这些人学会熟练使用,然后去残杀同类。为什么会这样呢?这是因为不同群体之间总是存在利益冲突。当这种冲突无法使用和平手段解决时,其中一方就力图用暴力迫使另一方接受自己的意志,而对方也以暴力抵抗这种强加意志的行为,于是战争就爆发了。随着人类社会的发展,战争变得越来越复杂,如何打仗变成了一门专门的技术,即军事技术。军事技术有广义和狭义之分。广义的军事技术,指建设武装力量和进行战争的物质基础与技术手段,不仅包括武器装备的研制、使用和维修保养技术以及军事工程技术、后勤保障技术,而且包括军队的组织、训练等技术。而狭义的军事技术,则主要指武器的研制和使用技术。军事技术特别强调武器,是因为作战的目的是消灭敌人,而武器是用来达到这个目的的主要手段。

对于战争胜负来说,军事技术水平的高低至为关键。因此不论在什么时代,面临冲突的政权都无不尽其最大努力,去寻求最佳军事技术。这一点,古人早已清楚地认识到了。西汉初年,政治家晁错为汉文帝分析汉朝和匈奴的军事对抗的形势时指出:"今匈奴地形、技艺与中国异。上下山阪,出入溪涧,中国之马弗与也;险道倾仄,且驰且射,中国之骑弗与也;风雨罢劳,饥渴不困,中国之人弗与也:此匈奴之长技也。若夫平原易地,轻车突骑,则匈奴之众易挠乱也;劲弩长戟,射疏及远,则匈奴之弓弗能格也;坚甲利刃,长短相杂,游弩往来,什伍俱前,则匈奴之兵弗能当也;材官驺发,矢道同的,则匈奴之革笥木荐弗能支也;下马地斗,剑戟相接,去就相薄,则匈奴之足弗能给也:此中国之长技也。以此观之,匈奴之长技三,中国之长技五。"这段话的大意是在汉朝与匈奴的军事冲突中,双方都拥有自己的长处和短处。匈奴的长处是优秀的骑兵,而汉朝则是优良的兵器。因此对于汉朝来说,倘若不能一直保持在武器方面的优势,就无法在与匈奴的战争中取胜。然而在历史上,没有一种先进技术是可以长期保密的。敌对政权在接触中,一方拥有的先进的武器往往会通过各种渠道流入对方并被对方接受,因此任何一方都无法长期拥有武器上的优势。为了保持自己的军事力量,就必须不断研制或者引入新武器技术。这种情况推动了军事技术的不断进步,也导致了战争方式的不断变化。

在 15 世纪之前,军事技术传播的主要渠道是战场接触,通过战争传播。例如,弩是中国的一大发明。在西汉与匈奴的战争中,弩是汉军克敌制胜的利器。西汉以后,中国人一直在对弩进行改进,到宋代发展成了威力强大的床子弩,亦称床弩。这种床弩通常安装有两张弓或三张弓,利用多弓的合力发射箭矢,威力大大胜过一般的弓弩。其中最厉害的叫三弓床弩,又称八牛弩,需百余人或者八头壮牛才能绞轴张弦来发射,箭矢长如标枪,可以穿透马腹。北宋开宝年间,魏丕对床弩进行了改进,射程从七百步提高到一千步(大约 1500

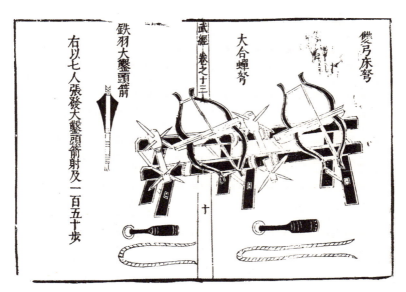

三号床弩前二号后一号,为双弓床弩之改良(曾公亮、丁度《武经总要》)

米),达到了火器时代以前射远武器所达到的射程的最高纪录。在景德元年(1004)澶渊之战中,辽军攻城,宋军在城头安设床弩,射中辽军主将萧挞览,顿时毙命。辽军因主将殒命,无心恋战,遂与宋朝议和。宋朝人不仅使用这种强弩发射箭矢,而且也用来发射燃烧性的火器。当然,这种先进的武器技术无法长期保密。蒙古灭宋后,大力搜罗宋军中的床弩手来为他们服务。蒙古人西征时就大量使用了这种床弩。1256年,成吉思汗之孙、忽必烈之弟旭烈兀率领蒙古军队打到位于今伊朗北部的木剌夷(Mura'i)国时,遇到强烈的抵抗。木剌夷是伊斯兰教什叶派分支阿萨辛派的俗称,以盛产刺客著名,今日英文中的 assassin(刺客、暗杀者)一词就源于此。木剌夷国首都麦门底司城,地势险峻,城墙坚固,城内物藏丰富,易守难攻。蒙古人久攻不下，于是使用一种威力强大的牛弩攻城。波斯著名史家志费尼写道："当无策可施时，契丹（指中国）匠人制造的一种牛弩，其射程为两千五百步，对准那些蠢货，流星似的射弹烧伤了魔鬼般的异教徒的许多士兵。"木剌夷国王鲁克赖丁随即投降。这种牛弩就是床弩，在蒙古人西征中发挥了巨大的作用。另一个更为人所熟知的例子是火器技术的世界传播，我们在后面还要讲到。从这些著名的事例，可以清楚地看到先进的军事技术是如何通过战争接触传播的。

然而，这种通过战争接触传播的方式具有很大的局限性。首先，因为这些先进军事技术的拥有者无不对此严格保密，所以在一个相对较短时期内很难迅速传播。其次，相隔较远的国家之间，由于没有战争接触，这些技术也很难从一方传到另一方。这些局限性使得先进军事技术的传播十分缓慢，传播的范围也很有限。因此像火器这样具有伟大历史意义的重大军事技术进步，从中国传到欧洲并成为普遍使用的武器，就用了几个世纪之久。一直到了早期经济全球化时代，情况才发生根本变化。先进的军事技术出现后，迅速传遍世界许多地区，形成全球性的互动。这种情况，我们称之为"军事技术的全球化"，简称军事全球化。

经济全球化和军事全球化，二者是如何联手进入"近代早期"的世界呢？这就是本章要谈的主题。不过，在谈这个主题之前，还要先讲讲军事全球化的一个基础：近代早期的军事革命。

二、火药革命：16 世纪以前世界火器的发展

军队是一种有组织的暴力，其职能就是消灭敌人。杀敌一定要

用武器，因此军队的基本特征就是使用武器。军队的战斗能力在很大程度上取决于军人所使用的武器。晚明名将戚继光说："孟子曰：'执梃可以挞秦楚之坚甲利兵。'非真言梃之可御坚利也，盖言人心齐一，即梃非可与坚甲利兵敌者，用之亦取胜。"这只是为了鼓舞士气，并非真是如此。只有高昂的士气，没有良好的武器，是不能打败敌人的。

在历史上，武器可以分为冷兵器和火器两大类。在13世纪以前，世界上所有国家或地区的军队基本上都是使用冷兵器。

中国有一句谚语，说"十八般武艺样样精通"。十八般武艺，指的是使用十八种常用武器的方法。《水浒传》第二回说："史进每日求王教头点拨十八般武艺，一一从头指教。哪十八般武艺？矛锤弓弩铳，鞭锏剑链挝，斧钺并戈戟，牌棒与枪杈。"这十八种武器全是冷兵器，其中使用最多的是枪、剑、弓箭等几种。使用这些武器主要靠人的肌肉发挥力量。人的肌肉能力很有限，所以使用冷兵器打仗，基本上是面对面的肉搏。面对面的搏斗，最重要的是体力，其次是使用武器的技能。所以要做到"十八般武艺样样精通"，必须是一个体力强壮的人经过长时期的学习和训练，才能熟练地使用多种武器。

冷兵器时代也有一些威力较大的武器，其中最重要的是抛石机（也叫投石机，中国古代称为炮）。这种机械利用杠杆原理，将巨石抛出，攻击敌人。在欧洲的古典时代，抛石机就已成为重要武器。据波利比阿的《历史》记载，希腊大科学家阿基米德曾设计出了一种巨型投石器，击毁了许多来犯的罗马舰船。罗马人使用的抛石机是一种外观类似弩的扭力投石机，以绞绳的扭力来发射箭弹，有两个扭力装置，可以发射大型箭矢，也可以发射石弹。中国使用抛石机更早，在战国时期就已使用。较之欧洲的抛石机，中国抛石机可以发射更大的石弹，因而威力更大。北周和隋唐时期，中国抛石机从中亚向西传播，先传到阿拉伯地区，后来传入欧洲。中国抛石机与罗马投石机不同，是直接利用人力的机械，其结构是将一个大型长杆式投掷器装在一个固定的杆子或木质支架上。炮梢架在木架上，一端用绳索拴住容纳石弹的皮套，另一端系以许多条绳索用人力拉拽而将石弹抛出，炮梢分单梢和多梢，最多的有七个炮梢装在一个炮架上，需250人施放。使用时，用人力一齐牵拉连在横杆上的炮梢，将巨石抛掷出去。这种大型抛石机的第一次大规模运用是在三国初期的官渡之战中。当时袁绍军队在营中堆土成山，建立高楼，向曹营射箭。曹操造大型抛石机发射巨石攻高楼，将其摧毁。这种抛石机因威力很大，称为"霹雳车"，其后一直用到元代。宋代兵书《武经总要》中说："凡炮，军中利器也，攻守师行皆用之。"书中还详细介绍了八种常用投石机械，其中最大的需要拽手250人，长达8.76米，发射的石弹45公斤，可射九十步（140米）。这种技术很快为女真人、蒙古人学会。1234年，蒙古军攻打金朝首都汴梁（开封），架设炮数百具，昼夜发炮，落下的石弹，几乎与里城相平。其中最大的十三梢炮发射上百斤重的石弹，需要四五百人同时拽放。不过蒙古人也吃了抛石机的大苦头。1259年，蒙古大汗蒙哥率大军进攻南宋的钓鱼城，城头守军发现了城外200米外蒙哥的青罗伞盖，于是用小型抛石机集中发射，蒙哥身受重伤，随即撤退，行至金剑山温汤峡死去，因此西方史学家把钓鱼城称为"上帝折鞭处"。然而抛石机也有很大的局限性。首先是命中率低，发射者想把石头抛到这个位置，但它可能会被抛到另外一个位置；第二是射程短，通常不过百米，最远也一二百米而已，再远命中率就完全谈不上了；第三是威力有限，石弹不会爆炸，只会对弹着点造成破坏，即使落到敌阵中，也是落到谁的身上谁倒霉，旁边的人则安然无恙。所以抛石机虽然是冷兵器时代威力最大的武器之一,但是其攻击能力实际上很有限。

在冷兵器时代,武器的攻击能力有限,因此城墙成为一种非常有效的防守手段。《水浒传》绣像本中有一幅插图,画的是秦明回到青州,想要进城。但是慕容知府下令把吊桥拉起来,于是这位有万夫不当之勇的"霹雳火"就只能徘徊城下,一筹莫展了。在冷兵器时代,攻城是非常艰难的事情。要攻城,就先要制造攻城的云梯和攻城车,由士兵把这些设备推到城下,爬梯上城,和守军肉搏。如果有护城河,要先把护城河填平,然后才能把设备推过去。填河经常是强迫俘虏或者抓当地居民来做,把他们驱赶到城下,冒着城上射来的箭雨和掷下的檑木炮石去填河。在很多情况下,攻城士兵干脆把这些人赶下护城河,用他们的尸体填平护城河,然后踩着尸体,把攻城车、云梯拉到城下,搭到城墙上爬梯上城。城上守军见到攻城士兵爬上来,居高临下,斩杀攻城士兵,或者把梯子推倒,让攻城士兵纷纷落地。所以攻城是一件很困难的事情。南宋末年,所向无敌的蒙古大军围攻襄阳和樊城。蒙古人动用了当时最先进的武器,包括西域色目工匠建造的巨型抛石机——可以把重达 90 公斤的石弹射出的回回炮,但是这场战事延续达三十八年,双方死伤人数超过四十万人,最后才攻下襄樊。之所以如此艰难,一个主要原因就是没有很有效的攻城武器。

冷兵器时代战场上的骄子是骑兵。骑兵对步兵有很大的战术优势,就像晚明名将戚继光所说的那样:"往敌(蒙古人)铁骑数万冲突,势锐难当,我军阵伍未定,辄为其所冲破,乘势蹂躏,致无孑遗;且敌欲战,我军不得不战,敌不欲战,我惟目视而已,势每操之在彼,故常变客为主,我军畏弱,心夺气靡,势不能御……敌惟以弓矢为强,我也是弓矢,况又不如他。使射得他一百人死,他也射得我七八十个官军死。彼近身惟有马上短刀、钩子，我也只有短刀，况不如他。两刀相砍，我砍杀他一百，他也砍杀我七八十。我砍他一百，他不退动，他砍我十个，我军便走了。敌以一人而骑牵三四个马，且马又是经年不骑，喂息膘壮，我马每军一匹，平日差使羸瘦，临时只驮送盔甲与军之本身也不能，若与他马对冲，万无此理。"骑兵不仅有强大的冲击力，还有高度的机动性，统帅可以迅速地把大量兵力从不同的地点调到一个地点，形成一支强大的攻击力量，以优势兵力击败对手。世界历史上最优秀的骑兵是蒙古高原上的骑兵。成吉思汗时，整个蒙古高原具有战斗力的人不过二三十万，但是这区区几十万人，却征服了从中国一直到欧洲中部广大的地区。因此中国的中原王朝对抗北方游牧人南侵，通常只能采取守势，耗费巨资建造长城和其他防御工事。不过，在坚城之下，骑兵往往也无用武之地，就像上面讲到的那样，蒙古人用了几十年时间才攻下战略要地襄阳、樊城，之后才能够彻底击败南宋。

宋代出现了重大变化——发明了火器。明代后期军事专家赵士桢（亦有作祯者）说："上古制人于百步之外，惟恃弓矢，谓之长兵。战国时，始有弩箭、驳石，不过等于弓矢。自置铳用药，以弹射人，则弓弩、驳石失其为利矣。"明末大科学家徐光启也说："古之远器不过弓矢，五代以来变为石炮，胜国以后变为火器，每变而趋于猛烈，则火器者，今日之时务也。"他们所说的意思是，古代武器中射程最远的是弓和箭。到了五代，出现了抛石机（即石炮。不过这个说法是不正确的。因为很早就出现了），元朝以后变为火器（即使用火药的武器）。每次变化，武器性能都变得越来越猛烈。火器出现后，弓箭等就失去其优势了。

火器出现后，人们对其优越性予以高度肯定。意大利文艺复兴时期著名的诗人阿里奥斯托（Ludovico Ariosto）在史诗《疯狂的奥兰多》（*Orlando Furioso*，1516年）中对火器的威力形象地进行了描写：

> 刹那间窜出闪电地动天惊，
> 城堡战栗发出巨响回音。
> 那害物绝不徒然耗费威力，
> 谁敢挡道叫他血肉横飞，
> 听弹丸随风呼啸胆战心惊。

稍后明末大科学家徐光启对此做了更深切的论述："夫用火之精者，能十步而一发，若是速也；能以石出火，无俟宿火，若是巧也；能射鸟二三百步，骑而驰，而击方寸之质。稍大者，能于数百步之外，越壁垒而击人之中坚，若是命中也；小者洞甲数重，稍大者一击杀数百千人，能破艨艟巨舟，若是烈也。此器习，而古来兵器十九为土苴，古来兵法十五为陈言矣。……今攻城必不遽用云梯、钩杆诸物，必置大铳于数十步外，专打城堵，城堵既坏，人难伫立，诸技莫展，然后以攻具乘之。……贼（指后金军）今野战亦不用弓矢远射，骑兵冲突，必置小大火器于前行，抬营而来，度不中不发。"

因为火器对冷兵器具有巨大优势，所以使用冷兵器的军队在许多情况下难以与使用火器的军队匹敌。即使是以往战场的骄子——骑兵，倘若遇到能够有效使用火器的军队，其优势也大打折扣。戚继光在比较蒙古和明朝的军事力量时说："敌马远来，五十步内外，不过弓箭射我；我今有鸟铳、快枪、火箭、虎蹲炮、佛郎机皆远过木箭，狠过木箭，中人多过木箭，以此五种当他箭，诸君思之，孰胜孰败？……敌以数万之众，势如山崩河决，径突我军；我有军营，车有火器,终日打放不乏……诸君思之,孰胜孰败?"徐光启在比较明朝和后金的军事力量时也说:"虏习弓马,情志胶结,三军同力,不别死生,夙号勍敌。若之何战可必胜,守可必固也?则有必胜必固之技于此,火器是也。"

火器与冷兵器在作战能力上的这种巨大差异,使得它们成为完全不同的武器。《大英百科全书》说:"在世界历史上,很少发明像火药发明那样对人类事务产生如此巨大和决定性的冲击。掌握依靠化学反应释放能量以驱动武器击中目标的手段的发展,是掌握能量以满足人类需要的发明,是一个分水岭。在火药出现之前,武器设计受到人类肌肉力量的限制,而火药发明出来后,武器设计就更多地回应技术要求。"军事技术专家梁必骎也说:"一种将火药的化学能转换为军事能的武器出现,首次打破了主要凭借人体力及其运用简单器械能力以赢得战争胜利的传统军事格局,使武器的杀伤力得到了极大的提高,从而使军事能量形式首次得以质的飞跃。"由于这种巨大差异,火器的发明和使用引发了世界战争史上最伟大的变革。这场变革以使用火药为最主要的特征,因此也被称为"火药革命"(Gunpowder Revolution)。这个火药革命是一个长达几个世纪的漫长历史过程,席卷了欧亚许多国家和地区,但是以在欧亚大陆的两端——中国与西欧——成就最为显著。因此,下面在讲火器发展的历史过程时,也主要以中国和西欧为主。中国和西欧以外地区的情况,则在下一节中讲述。

火器有很多种类,大体来说可以分为燃烧性火器、爆炸性火器和管形火器三大类。火器最早出现于中国的北宋时期,那时仅有燃烧性火器。南宋时出现了爆炸性火器和管形火器,以及被称为"火箭"的火器(把箭放在一根管子里,用火药射出来)。在这些火器中,最重要的是管形火器，也称为铳，包括后来的枪和炮。管形火器的重要性超过其他类别的火器，因此我们下面讲火器时，也主要是讲管形火器。

宋代主要的管形火器是突火枪。这种突火枪的制作工艺很简单，把竹子打通，填入火药，从竹管一端的开口里塞进一些小石子（或者碎瓷块），另一端则在竹管的管壁上凿出一个小孔，从这个孔插进一根火药线，然后用一根线香点着，引爆竹管内的火药，对着敌人把小石子"砰"的一声发射出去。竹子的强度很低，如果火药填得太紧，竹子就会爆开，因此不能多装火药，同时那时的火药也比较原始，爆炸力很有限，因此突火枪的射程远远赶不上弓箭，发射出去的小石子杀伤能力也不大。突火枪也没有瞄准装置，命中率非常低。因此突火枪在战场上起的主要作用实际上是吓唬敌人，特别是吓唬敌人的马。宋朝和金朝打仗，金人的骑兵是宋朝的步兵远比不上的，但是马害怕火，在"砰"的一声响的同时，火光也一闪，火焰喷出去，发射出去的小石子打到马的眼睛或身上，马会惊惶后退，敌军的阵势也就乱了。可见突火枪并没有真正的杀伤作用。因此宋朝虽然开始使用火器，但此时的火器还处在初级阶段，实战意义不大。

最早的金属火铳是用铜制作的，这是因为铜比较容易加工的缘故。铜的强度远远超过竹子，所以到了铜火器时代，火铳才变成一种真正具有较大杀伤力的武器。明朝初年，铜火铳变成了铁火铳，铁的强度比铜更高，制成的火铳可以装入更多的火药，从而具有更大的攻击力。同时，铁比铜便宜得多，铁火铳也比铜火铳造价更低，因此铁火铳可以得到更普遍的使用。

下面，我们就看看金属管形火器发展的历史。如下所言，火器技术在16世纪出现重大进步。为了更清楚地看到这个伟大的进步，这里我们先看看15世纪之前的情况。

依照科技史专家潘吉星的说法，1128年中国出现的铳炮和1138年出现的喷火枪，是世界上最早的射击性管形火器，而1259年出现的突火枪则是铳炮和火枪的杂交产物。这三种武器是世界上一切管形火器的鼻祖。世界上现存最早的金属管形火器是20世纪80年代在中国武威和银川出土的西夏火铳。这两种火铳都由前膛、药室、尾銎三部分构成，发射时从前膛依次装入火药及铁砂、碎石、弹丸等，通过点燃火线引发火药爆炸，从而将铁砂等物射出，攻击目标。银川铳体长24厘米，管壁厚达0.8厘米，重1.5公斤，铳尾中空，可能是用以安装木柄，以便手持。武威铳体长100厘米，内径12厘米，重108.5公斤，只能固定使用。其炮尾有对称的方形栓口，可固定炮身，而其前膛应有支架或其他物体架高，方可发射。由此可见，中国火铳技术在13世纪初期取得重大进步，火铳不仅已用金属制造，而且已分化为火枪和火炮。

被发射的火门枪（孔德拉·泽基尔《战争堡垒》，1405）

722年,阿拉伯人使用投石机攻占撒马尔罕(彭吉肯特壁画,现藏于俄罗斯埃尔米塔日博物馆)

蒙古攻占巴格达的绘画中,出现大型投石机的形象(1258,《史集》插图)

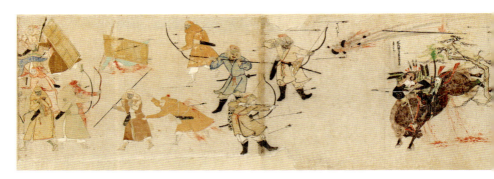

蒙古和高丽联军与日军作战的场景，其中有火药爆炸的描绘（1292，《蒙古袭来绘词》）

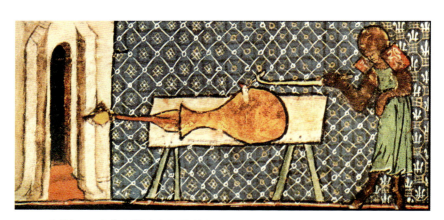

出现在1326年英国手抄本中的早期铁炮

中亚地区的早期火绳枪（16世纪，《巴布尔回忆录》插图）

莫卧儿帝国皇帝沙贾汗用一把火绳枪在猎鹿(1709年左右)

第一次帕尼帕特战役,其中使用了火炮(1526)

明代火炮（北京延庆火神庙壁画）

明代画卷《平番得胜图》中正在使用火铳的明军将士

中国的火器技术经蒙古人传到西亚，又经阿拉伯人之手传到欧洲。14世纪后期，欧洲出现了被称为手炮或手管（handgun/handcannon）的管形火器。这种火器没有扳机、枪托或支撑架，使用时要用两只手握住枪管，另由一名助手通过枪管上的火门来点燃火药，和中国宋代的突火枪一样，主要作用是惊吓敌人。到了14世纪末，西欧出现了火门枪。1400年左右制造的丹麦火门枪（Lodbosse），主体部分与13世纪末中国的阿城铳几乎一模一样。一向被视为14世纪欧洲火门枪的代表的坦能堡手炮（Tannenberg Hand Gun），体长33厘米，由星函、前膛、药室组成，没有准星、照门，也没有扳机和握把、枪托。发射时，左手扶炮身，大略瞄准，然后右手拿火绳或者火炭去火门点火。这种手炮与元代至正十一年（1351）的手铳相差不大。与14世纪末的洪武手铳相比，结构也基本一致。洪武手铳一般长约42~44.5厘米，分为三部分，即发射弹丸的前膛、填充火药的药室以及尾銎，尾銎可插入长木柄，作战时铳手用手握住木柄，将手铳举起来射击，射手通常左手持铳，右手持火绳，点燃药室外面的引信。但洪武手铳不仅铳管较长，且有木柄可手持，因此威力更大，使用也更为方便。此外，直到15世纪初期，欧洲由单个步兵携带到战场上的管形火器一般长60~90厘米，体量大，枪身重，后坐力也大，发射时往往要使用支架支撑或者倚靠墙垛，因此还不是真正可以手持发射的火铳。

大体而言，在15世纪以前，世界各地的火铳技术虽然不断取得进步，但都还处于火门枪（touch hole）的阶段。所谓火门枪，就是将一根金属管的一端封闭，作为发射管，在此管后端的管壁上开一小孔，用来点火，称为火门。发射管尾端，往往接一木棍以便射手握持、瞄准和控制发射。

从突火枪到手炮的各种火门枪，都存在以下严重问题：第一，没有瞄准设备和枪托，瞄准只是依靠射手粗略地进行目测。不仅如此，士兵使用火门枪时，眼睛必须始终盯住火门，才能将火源（烧红的铁棍、线香）捅进火门，无法用眼睛来观察射击的目标。因此射击精度甚低；第二，枪管通常较短，装填火药有限，因此弹丸射程不远，穿透力也不高，一些大型火门枪体大笨重，不便于单兵作战；第三，点火方法存在严重问题。这个问题在西欧尤为严重，因为那里是用燃烧着的火炭（或者烧红的金属丝）点火，不仅保持火种非常不便，而且在点火时，要用一只手持火炭，因此无法双手持枪，所以火枪手往往自己握枪，由一名助手来点火。在中国，早在宋代，突火枪就已使用火绳点火，这比用火炭等方便得多，但火枪发射时依然需要一人持枪，另一人点火；第四，发射过程复杂。除了点火方面的问题外，装弹药的手续也很麻烦。因此火门枪射击精度低，射程短，发射速率慢，更无法连续发射。

火炮的情况也与此相似。中国的火器西传以后，14世纪上半叶欧洲开始制造出发射石弹的火炮。之后不久，出现了种类繁多的重型炮，其中最重要的是一种叫作射石炮（bambard）的巨型炮。这种炮的炮管较短，通常用铜或铁铸成，可以发射重达300磅的石弹。火药性能差，使用时必须使用大量火药，火药常常塞满整个炮管，石弹则突出在炮管外面，因此这种火炮命中率很差，炮弹的初速很低，射程也很短，炮手不得不将炮安放在离城墙很近的地方，才能打到目标。

到了14世纪末，欧洲人在制炮技术上进一步提高。他们将熟铁条焊接起来，再用环套加以固定，制成了更长的射石炮。英国国王理查德二世制造了一些这样的炮来保卫伦敦塔。英国著名的蒙斯梅格炮，则是用螺扣将几段铸铁接起来，再用环套将整个炮管焊接加固而成的。到了15世纪中期，铸铁制的炮弹取代了石弹，因而减少了炮膛内径与弹体之间的空隙（即"游隙"），提高了炮弹的初速，增强了炮弹的冲击力。从1470年起，攻城炮已经能够迅速摧毁城墙防御工事，在战争中发挥了巨大的作用。

但是这个时期的火炮也存在重大缺陷。火炮实际上就是一端封闭了的金属管，发射药和弹丸从前端炮口依次装入炮膛，再由炮尾的火绳引发，故称前膛炮。弹药装填手续十分复杂，每发射一次，炮身都会严重偏离原有射击战位，需要经历复位、再装填，再次设定方向角和仰角的步骤。同时，为了避免炮管过热，发射一次以后必须灌水入炮膛，熄灭火星，以干布绑在棒子上伸入炮膛去擦干，填入火药和炮弹，然后再点放。为了克服这个缺陷，欧洲人在14世纪发明了一种可从后膛装填弹药的火炮，这种火炮用锻铁条拼接而成，炮管不能承受太大压力，所以不能装入大量火药，而且闭气性能太差，炮弹不能获得足够的推进力，所以射程很短，只能把石弹射出100码，没有很大实战价值。

火药方面的问题也很大。黑色火药的威力很大程度上取决于硝的比率。在现代的黑色火药的配方中，硝达到75%，但是在15世纪以前，中国火药配方中硝的比率通常只有60%左右，而西欧更低（例如培根的第一份火药配方中，硝的比率只有41%）。另外，当时使用的是粉末火药，火药的三种成分（硝、硫黄和炭粉）在运输和携带过程中处于不稳定的状态，同时细小的火药粉末颗粒之间缺少足够的空隙，燃烧时受影响，使得爆炸不能充分地进行。因为这些缺点，发射时需要使用大量火药（火药往往要占据枪管3/4的容积）。解决这些问题的一个方法是把火药制成粒状使用，使得构成粒状火药的三种成分处于稳定不变的状态，火药颗粒之间有比较均衡的空隙，这样就可以使火药几乎可以做到即时爆炸。在中国，虽然北宋末年就已制成含硝量高的粒状火药或固体火药，但是直到明代初期，粒状火药才被用为发射药。在西欧，粒状火药一直要到15世纪才出现。

由于这些严重的缺陷，火门枪时期的火铳，在实战中的实际功用还比不上弓弩。例如在西欧，英国长弓的射程可超过200米，而手炮的射程不超过50米。在准确度方面，火门枪更完全无法与弓弩相比，装填发射的速率也大大慢于弓弩。此外，火门枪还只能在良好的气候下才能使用。

尽管如此，火门枪仍有弓弩无法相比的优点。首先，火门枪的制作以铁或者铜为主要原料，而铁矿和铜矿资源广泛分布于世界各地，随着冶炼技术的提高，铁、铜产量不断提高，为制造火门枪提供了充足和廉价的原料来源。而弓弩制作严重依赖于资源日益减少的特定品种的木材，因而制造弓弩的原料来源不仅有限，而且不稳定。其次，火门枪的制作相对来说比较具有近代工业的特点，有可能进行大批量的生产，而弓弩制作则依赖工匠的手艺，无法形成大规模的生产。第三，火枪手的训练只要几个星期，而熟练的弓手和弩手的训练则要数年之久。由于这些优点，火门枪依然得到越来越广泛的使用。

大体而言，到15世纪初，中国与西欧两地的管形火器技术水平大体相似，而中国略微领先。

三、16世纪的历史转折：近代早期西欧的军事革命

有效地使用不断改进的火器这种全新的武器系统，对于军队组织方式、战术、战略、后勤等各方面都是新的挑战。而要成功地解决

这个挑战所提出的各种问题，就必须对原有的军事制度进行变革。这个变革就是历史上的军事革命。上节所说的"火药革命"是这个军事革命的前奏，但还不是军事革命本身。

世界史上的军事革命发生于16世纪、17世纪，主要在西欧。这个时期的西欧，不仅在社会结构、经济、政治、文化等方面发生了深刻的变化，在军事方面也出现了巨大的变化。这个变化改写了欧洲军事史，所以被称为近代早期西欧的军事革命。

早在1955年，军事历史学家罗伯茨（Michael Roberts）就提出了"1560~1660年的军事革命"的观点，认为这是一场"对欧洲未来的历史进程产生了深远的影响，像一座分水岭把现代世界与中世纪社会分隔开来"的军事革命。此观点提出后，在西方军事史学界引起了一场延续了半个多世纪的争论。从这些争论中可以得出一个结论：在近代早期的西欧发生了由火器革命引起的军事革命。这场军事革命发生的时间范围，有人认为是从14世纪前期到18世纪初期，有人则认为仅是16世纪和17世纪。如何来看待这个分歧呢？关键是从什么角度来看近代早期西欧的军事革命。如果仅从武器技术的角度来看，那么第一个时期也可以说是属于军事革命时期，但是如果还考虑到军队组织变化等方面的因素，那么只有第二个时期才是军事革命时期。需要注意的是：第一种意义上的军事革命实际上就是前面说的"火药革命"，不仅出现在西欧，而且也出现在欧亚其他许多地区（如奥斯曼帝国、波斯萨菲帝国等）。正因如此，《大英百科全书》把"火药革命"的时期定为1300~1650年。第二种意义上的军事革命，则不仅包括火药革命，而且还包括军队组织的革命，这种革命仅出现在西欧的一些国家。在这些西欧国家，这两种意义上的革命都出现了，成为其军事革命的不同阶段。而在西欧以外的许多地区，虽然出现了第一种意义上的军事革命,但却未出现第二种意义上的军事革命。这个区别对于我们研究中国军事史特别有意义,因为在中国,"火药革命"涵盖了从宋代到清代的漫长时期,但是第二种意义上的军事革命一直要到晚清时期才开始出现。

火器技术是这个军事革命的基础,因此本节仍然主要集中讲火器技术的变化。

如前所述,在15世纪之前的世界上,中国和西欧是两个火器技术最为领先的地区,而在这两个地区中,中国又比西欧更胜一筹。到了15世纪,西欧在火器技术方面超过了中国,因此本节主要讲西欧火器技术的变化。

15世纪西欧火器技术的进步,首先表现在火门枪的改进方面。15世纪初期,西欧工匠将火门枪的木制握柄加以改进,使士兵在射击时能够把火轮倚靠在肩膀上,而不必再架在支架或者地上。自此火枪才被正式确定为单兵肩射的长管枪械。15世纪中期,火枪的主要改进目标是提高射程和精确度,简化操作手续。具体做法是:1. 加长枪管,从而不仅可以在枪管内多装火药以增加发射力,而且可以增加弹丸的射击精度;2. 改用火绳或烧红的金属丝来代替火炭作为火源。这种火绳燃烧没有火焰,燃烧缓慢,可以保证在相当一段时间内提供火种;3. 发明了控制点火的枪机,作为点火装置。这种枪机是安在枪身侧面的一个金属的蛇形管(亦称蛇杆),将火绳插在管上,下端点燃,并且将火门改为碗状药池(亦称药锅),放入引火药。发射时,将蛇形管压进火门后,便可双手持枪,眼睛盯准目标。通过以上改进,火枪的性能有了很大改进,进入了火绳枪的新时代。

火绳枪包括不同种类的火枪。在15世纪,火绳枪的发展趋势是从明火枪(arquebus)向火绳枪的转化。

初期的火绳枪是明火枪。这种火枪在欧洲各地有不同的名字，最普遍使用的是 arquebus，意为钩状枪。这种枪身重约 10~15 磅，弹丸重不足 1 盎司，初速约为每秒 800 英尺（1 英尺约为 0.3 米），射程大约 100~200 码（1 码约为 0.9 米），发射速率很低。到 15 世纪 70 年代，每三分钟发射两发子弹就是极好的了。明火枪的主要优点是有了枪柄，可以在发射时抵消后坐力。不过，初期的明火枪虽有枪柄，但还只能手持发射。要到了 15 世纪中期，开始装上枪托并加装了护木，火枪才可以抵肩射击。尔后，枪托经过缩短并弯曲成为适于贴近面颊、顶住肩胸的形状，成为第一种可放在肩头上发射的火器。明火枪虽然已有准星，但还没有照门，仍然不能精确瞄准。同时，明火枪没有扳机，发射时要靠右手的大拇指按压杠杆点火。

15 世纪后期，明火枪增加了照门，并且发明了扳机，发射时扣动扳机，使火绳接触药池中的引火药，再点燃用来发射弹丸的火药。此外，还采用 V 形弹簧和齿轮的组合代替了简单的杠杆，可以让火绳夹牢固地保持在待发状态，增加扳机力，降低走火的危险。由于这些改进，明火枪逐渐演化成为扳机击发式火绳枪，即军事史学家切斯（Kenneth Chase）所说的狭义上的 "musket"。关于 musket 这个名称的来源有不同的说法。最有意思的一说，是此词源自意大利语的 moschetto（一种雀鹰的名字），意即此枪像鹰一样威猛精准。不知是巧合还是意译，这种火枪传到东亚后被称为鸟铳。这种 musket 的效能与明火枪相比有明显提高，被恩格斯称为"最早的一种真正适于在战场上为军事目的使用的火枪"。

"musket" 是一个枪系，后来成了几乎所有弹药前装的滑膛长管火枪的统称，包括火绳枪（matchlock，火种式火绳枪）、簧轮枪（wheellock，转轮枪或齿轮式火枪）和燧发枪（flintlock）等。这些火

近代早期的火绳枪手(荷兰画家雅各布·盖因《钩枪、火枪和长枪的武器训练手册》插图,1608)

枪不仅点火方式不同，形态也各异，因此不能说 musket 就是火绳枪。此外，在来复枪（rifle）发明之前，所有的火枪都是滑膛枪，因此也不能说 musket 等同于滑膛枪。在枪械发展史上，musket 是使用时间最长的枪型，它在 16 世纪取代了明火枪，18 世纪逐渐被来复枪取代，到了 19 世纪方消失于历史中。因此在 16～18 世纪，musket 是欧洲步兵最重要的武器。而在 17 世纪以前，火种式火绳枪又是主要使用的 musket，风靡世界达两三个世纪之久。火种式火绳枪的使用时间最长，因此在习惯上也常将 musket 称为火绳枪。这里我们也从众，把 musket 称为火绳枪，不过要说明下面所讲的火绳枪实际上主要只是火种式火绳枪。

火绳枪首次见于 1499 年意大利那不勒斯的一份武器清单，最早使用的记载则在 1521 年意大利的恰拉比战役中。早期的火绳枪十分笨重。16 世纪西班牙的火绳枪口径 23 毫米，全重 11 公斤。由于笨重，搬动很困难，火枪手在战时往往要配有随从来搬运，发射时往往要架在另一名士兵的肩膀上或者支在一根短矛或专门的支架上。同时大型火枪发射时后坐力很大，而且弹药装填不易，因此发射速率很慢。

为克服这些缺陷，西欧工匠进一步改进了这种火枪。在 1580～1630 年，枪长大多已缩小到 62 英寸左右（约 158 厘米，其中枪管长 48 英寸，约 121 厘米；1 英寸约为 2.54 厘米）。到了 17 世纪末，火绳枪变得更加轻巧，大多数枪长只有 46 英寸（约 117 厘米），口径也缩小到 0.75 英寸，其尺寸和现代步枪相差无几。与此相应，火绳枪在发射时的稳定方式也发生了变化。在 17 世纪末以前，火绳枪在发射时可用肩部、肩部上方和胸膛前部作为火枪的稳定点，但自此以后，几乎都统一以肩部为火枪的稳定点。

尽管比以往的火枪优越，火绳枪也有一个致命的缺点，即依靠火绳点火。为此，火枪手需要携带大量的火绳，因此当时法国有"背上一法里长的火绳打一天仗"之说。其次，火绳点燃时很危险，稍不小心，火星就会点燃火枪手身上背着的药囊或者药袋，引起爆炸，伤及射手。再次，在战斗中，为保持备战状态，火绳必须一直点燃。火枪手身上携带着大量的散装火药，战场上也往往有大量火药残留在地面，燃烧的火绳往往导致意外事故发生。最后，发射依靠火绳点火，不仅使得在下雨天或者大风天作战大受影响，而且在夜间行军时，点燃的火绳还会暴露目标，招来敌人的攻击。因此，如何改进火枪的安全性、便携性并且做到随时发射，就成了火绳枪问世后亟须解决的问题。

16世纪初欧洲人发明了簧轮枪，这是在改变火枪点火方式方面进行的首次成功尝试。簧轮枪的设计受钟表弦轴原理的启发，将火绳点火改为用燧石打火，点火部件主要有带锯齿的钢轮、链条、弹簧和击锤等，击锤头上装有燧石，靠钢轮表面的细齿与燧石摩擦而发火点燃火药。因为不需要火绳，所以簧轮枪克服了使用火绳引起的各种问题。然而簧轮枪不仅结构复杂，维修保养麻烦，而且造价昂贵，因此只有少数贵族军官使用。为了解决这些问题，燧发枪应运而生。经历了一系列改进，比较成熟的燧发枪于1620年出现。燧发枪性能优于火绳枪，制作成本则大大低于簧轮枪，自发明以后越来越多地用于实战，成为18世纪欧洲步兵的重要火器。

此时，西欧人在提高火枪的发射速率方面也进行了许多努力。如前所述，火门枪的一个严重缺陷是操作过程复杂，导致发射速率十分缓慢。火绳枪虽然在点火设备方面有很大改进，但是上述问题并未得到根本改变。为了克服这一缺陷，西欧人尝试制造多管火铳（volley-gun）。这种火器能够同时或者连续发射，造成强大的火力。达·芬奇设计的扇形多管火铳就是最具代表性的成果。多管火铳也用到了实战中。据说在15世纪末16世纪初，法国国王路易十二的军队使用了一种50管火铳，可以同时开火，形成密集的火力。稍后这种技术从西欧传到其他地方，16世纪初奥斯曼帝国也仿造出了8管火铳。但是因为点火方面的问题，这些多管火铳在技术上不成熟，所以并未得到广泛使用。不仅如此，西欧发明的多管火铳主要是大中型多管火铳，尚未见到制造和使用小型多管火铳的记载。

在火炮技术方面，15世纪西欧还很落后。当时欧洲人对火炮的评价不高。到了1520年，著名的政治家和战略家马基雅维利还说："大炮经常打不中步兵，因为步兵的目标低，大炮瞄不准。如果炮口高了一点，炮弹就打到步兵后面去了；如果炮口太低，炮弹擦地而过，就打不到步兵跟前。"直到1604年，一位英国作家仍然说，"大炮很少伤人，或者从来没有伤过人"，只要步兵"蹲下来、跪着，直等（炮弹）飞走"。

15世纪西欧火炮技术的主要进步是在后膛装填火炮的改进方面。经过不断改进，这种火炮的性能能有很大提高。16世纪葡萄牙人带到亚洲来的佛郎机炮就是一种改进后的后膛装填火炮。这种炮由母铳和子铳构成，母铳铳身管细长，口径较小，铳身配有准星、照门，能对较远距离的目标进行瞄准射击；火药装填的位置不在炮尾，而在后膛的侧面；铳身两侧有炮耳，可将铳身置于支架上，能俯仰调整射击角度；铳身后部较粗，开有长形孔槽，用以装填子铳。每一母铳备有5～9个子铳，预先装填好弹药备用，作战时轮流装入母铳发射，因而提高了发射速度。不过这种炮未能解决由于后膛装填火炮闭气性能差而导致炮弹不能获得足够推力的根本问题，同时在结构上也存在较大的缺陷，例如炮管较小，炮口径不大，炮身与炮口比例不合理等，导致了火药装载量小，炮弹射程短，杀伤破坏力有限，因此后来逐渐被更先进的前膛炮代替。

15世纪中叶，西欧铸造技术有很大改进，可以把火炮铸造成一个整体，从而解决了膛底密闭问题。在此基础上，16世纪西欧火炮技术出现了重要改进。16世纪前期，意大利数学家塔尔塔利亚（Nicolo Fontana Tartaglia）发现炮弹在真空中以45°射角发射时射程最大的规律，为炮兵学的理论研究奠定了基础。16世纪中叶，欧洲出现了口径较小的青铜长管炮和熟铁锻成的长管炮（即加农炮）。同时还采用了炮车，便于火炮快速行动和通过起伏地带。16世纪末，出现了将子弹或金属碎片装在铁筒内制成的霰弹，用于杀伤人马。但是，虽然有这些进步，与火枪技术相比，16世纪西欧火炮技术的发展显然比较迟滞。例如要使炮射程远、精度高、杀伤力大，炮管最佳长度应是炮口径（即膛径）的20倍或20倍以上，同时炮管的管壁要厚，以承受装药量大的炮弹爆炸所产生的巨大压力。同时，因为火炮沉重，即使是最轻型的炮也很不灵便，移动很困难，需要很长时间才能安放好，做好发射准备工作。由于这些缺陷，17世纪以前的火炮倘若用于攻城问题尚不太大（因为轰击城墙对火炮的射击精度和发射频度要求不高），但是如果是用于战场情况瞬息万变的野战（特别是与行动迅捷的游牧人骑兵作战时），问题就大了。

为了解决这些问题，1600年前后，一些西欧国家开始用药包式发射药，提高了发射速度和射击精度。伽利略的弹道抛物线理论和牛顿对空气阻力的研究，被运用到了火炮技术的改进中。瑞典国王古斯塔夫二世（1611～1632在位）采取减轻火炮重量和使火炮标准化的办法，提高了火炮的机动性。这些改进意义重大，军事史学家杜普伊断言："到了17世纪，炮的生产技术进步如此之大，以致在后来将近两个世纪的时间里，炮的射程、威力以及炮的主要型号基本上没有大的改变。这时炮的改进主要限于机动性的提高，编制的改良，战术以及射击技术等方面。"

17世纪初期荷兰人带到东亚的火炮（中国人称之为"红夷炮"），就是这种新式滑膛大炮。这种火炮具有以下特点：1. 弹药前装；2. 炮身长2～3米，口径多在100毫米以上，前细后粗，口径大，炮身与膛径之比多在20～40之间，药室火孔处的壁厚等于膛径，炮口处的壁厚则约为膛径的一半，因此炮管有足够的强度承受爆炸压力；3. 多为重型炮，炮身自重在2吨以上；4. 尾部较厚，有尾珠，炮身中部有炮耳，炮身上装有准星、照门，使射程和命中率大为提高，并且可用炮车运载；5. 以火炮的口径为基数，按照一定比例设计火炮和炮车，从而提高了火炮的机动性。

综上所述，16世纪、17世纪西欧火器技术的进步是史无前例的。这些进步使得西欧在武器上获得了难以匹敌的优势地位。

在军事史上，技术进步往往引发整个军事领域的变革。马克思说："随着新作战工具即射击火器的发明，军队的整个内部组织就必然改变了，各个人借以组成军队并能作为军队行动的那些关系就改变了，各个军队相互间的关系也发生了变化。"在近代早期的西欧，随着火器技术的不断改进和火器使用的日益普遍，一些国家的军队组织形式和作战方式也发生了重大的改变，由此导致了军事革命的出现。

四、"中学"外传：16世纪之前火器技术的传播

火器技术最早在中国出现后，逐渐在世界其他地区传播开来。

大体来说，火器技术在世界的传播可以分为两个阶段：第一个阶段是在 12～15 世纪，传播方向是由东向西，亦即从中国经丝绸之路，最终传到西欧；第二阶段则是 16 世纪、17 世纪，方向是由西向东，亦即从西欧向东扩散到世界各地。在本节中，我们来看看第一阶段的情况。

在中国和西欧之间，有一个广大的中间地带，即横亘欧亚大陆的内亚、中亚、西亚、南亚以及东欧。欧亚大陆的东部边缘地带（即东北亚和东南亚）也卷入了火器技术的传播版图。在这里，我们姑且把这两个地带分别称为"欧亚大陆中间地带"（简称"中间地带"）和"在欧亚大陆的东部边缘地带"（简称"东边地带"）。

（一）中间地带：火器技术的西传

火器在中国出现后，在中间地带逐渐传播开来，主要传播者是蒙古人。在蒙古兴起之前，女真人、西夏人在与宋朝的战争中学会了制造和使用火器，蒙古人又从金朝人和西夏人那里学到了火器技术。1218～1223 年，成吉思汗发动第一次西征，就使用了中国的弩炮、火箭和飞火枪等武器。这是火器首次出现在中亚。随后，蒙古人发动第二次西征，于 1258 年攻陷巴格达，消灭了伊斯兰世界的中心——阿巴斯哈里发帝国（750～1258）。在这个过程中，火器技术也随蒙古人传入阿拉伯地区。阿拉伯人哈桑·拉曼在 1285～1295 年写的兵书《马术和军械》中说：不但火药起源于中国，就连烟火、火器都是从中国传入的。因为中国当时被称为"契丹"，所以阿拉伯人称火药的主要原料硝为"契丹雪"，火箭为"契丹火箭"。阿拉伯人从蒙古人那里学到火器技术后，后来用来与欧洲人作战。在战争中，欧洲人也从对手那里学到火器技术。

火器也随着蒙古大军传到了印度。成吉思汗消灭中亚强国花剌子模后,乘胜抵达印度河。在这次战争中,印度人第一次领略了火药的威力。到了蒙古帝国时期,元朝与统治北印度的德里苏丹国来往密切,后者也由此获得了火器知识,该国从中国进口的货物中就包括了制造火药的主要原料硝石。印度南部的印度教国家维查耶纳加尔帝国(Vijayanagar,1336~1567)与中国的关系也颇为密切,郑和出使西洋时多次在此登陆。在维查耶纳加尔,1366年就已有火器的记载。后来1443年波斯使者到达这里时,也看到烟火、爆竹的表演,并注意到"各种烟火或在维查耶纳加尔制造,或从外国进口"。由此来看,南印度可能早在14世纪末或者15世纪初就已能够生产用以制作烟花和爆竹的火药了。

(二)东边地带:火器技术的东传

东亚各地的火器技术都源自中国。属于汉字文化圈的朝鲜、安南、日本,以及中南半岛上的缅甸、真腊和暹罗等,先后从中国学会了火器技术。

1. 东北亚

朝鲜:1201年,元朝征服了高丽,设立了征东行省,火器技术由此传入朝鲜。洪武二十五年(1392),高丽大将李成桂自立为王,改国号为朝鲜,与明朝关系亲密。朝鲜屡屡遭受倭寇的侵略,明朝予以大量的军援,包括大量的火药和火器。仅在1374年,明朝政府就向朝鲜一次性调拨焰硝50万斤、硫黄20万斤及各种火器,作为抗击倭寇之用。1380年，配备火器的朝鲜军队以罗世为元帅，崔茂宜为副帅，与500艘来犯的倭寇战船展开激战，取得大捷。在这次水战中立下赫赫战功的罗世是流亡到朝鲜的中国人，崔茂宜是朝鲜火器技术的奠基人，在1352~1374年担任朝鲜李朝军器监判事，深知火器在战争中的作用，极力主张自行制造火器，聘请了中国焰硝工匠李元，学会了煮硝合药之法。1377年，崔茂宜奏设火桶（朝鲜称火铳为火桶）都监，模仿明朝制式制造火药火器，并仿照明朝军队中的神机营，成立了使用火器的部队。朝鲜在世宗年间从日本进口硫黄总量高达78200斤。这些硫黄主要用以制造火器。

日本：中国火器也是由蒙古人传到日本的。1274年（元朝至元十一年，日本文永十一年），元朝尚未征服南宋，就派遣大军东征日本，占领了对马岛和壹岐岛，进兵至博多湾，后因为不熟悉水战，又遇飓风，遂退兵。日本史称这次战争为文永之役。1284年（元朝至元二十一年，日本弘安七年），元朝再派遣大军东征日本，结果再遇飓风，军中疫病流行，无功而返，日本史称弘安之役。在这两次战争中，元军威力强猛的火药火器使日本人受到很大震动。日本的《蒙古袭来绘词》（1292年）中描绘了文永之役的情景，说元军发射出的盛有火药的铁罐，向日本武士飞来，爆炸后冒出黑烟和闪光，伴随震耳欲聋的巨响，日本武士慌乱，人马死伤甚众。日本人也由此接触到中国的火器技术。到了15世纪初，日本军队已经使用火器，在"元寇袭来图"上就已出现了火炮。15世纪中期日本出现了应仁之乱（1467~1477），战斗中使用了飞炮、火枪。随后，日本继续引进中国火器技术。日本永正七年（1494），中国的铜铳传入堺町，尔后又传入关东。日本享禄元年（1528），堺町按照中国火铳的式样，仿制出了长度30~40厘米、重为2公斤的小铜铳，但是这种小型火铳的实战意义有限，因此并未成为日本军队的主要武器。此时的日本尚未掌握制硝技术，但盛产制作火药的另一种重要原料——硫黄。永乐初期，中国与日本之间的贸易得到一定程度的恢复和发展，双方物资交流增加，日本出口货物以硫黄和铜为大宗商品。永乐元年（1403）一次就卸下硫黄一万斤，可见硫黄已成为中日贸易的重要商品。

2．东南亚

两次东征日本失败并未阻止元朝向外扩展的行动。至元十九年（1282），元朝出兵占城，至元二十年、至元二十四年两次征讨缅甸，至元二十二年、至元二十五年两次征讨安南，至元二十九年出兵爪哇。在此过程中，中国火器技术也传到了这些地区。

安南：元朝两征安南，都使用了火器（如喷火筒、火箭、铳炮等），火药技术在此过程中传入安南。明朝初年征讨安南，明军使用火铳神机箭以对付当地的象阵。这种神机箭为金属筒，筒内装置发射火药，将箭或铅弹激发出去，其构造类似火枪。这是明朝火器首次大规模在安南战场使用。到了安南后黎朝时期（1428～1526），安南人已会制造铳炮、火筒等火器。过去有记载说永乐时"征交趾，得火器法"，因此认为明朝火器是从安南传入的。但这是一种误解，因为这时安南使用的火器，中国早已存在和使用了。

柬埔寨：元朝人周达观的《真腊风土记》说，在真腊的京城吴哥，每年新年（中国的十月），王宫都要放烟火："每夜设三四座或五六座（高棚），装烟火、爆竹于其上……点放烟火、爆竹。烟火虽百里之外皆见之，爆竹其大如炮，声震一城。"由此可见，柬埔寨在13世纪末已能生产火药，所以才能大量制造烟花爆竹。

暹罗（泰国）：在素可泰王朝（1238～1438）时期，每年5月也都在王宫前燃放烟花和爆竹。这说明暹罗从13世纪以后也掌握了火药制作技术。柬埔寨和暹罗的火药技术是来此经商的华人带来的。

缅甸： 缅甸的火器技术是通过中国云南陆路传入的。元朝时，缅甸蒲甘王朝兴起，与元朝发生冲突。元朝发动了征缅战争，从至元十四年至大德七年（1277～1303）持续了二十六年，并于至元二十四年（1287）攻占蒲甘，蒲甘王朝灭亡。大德三年（1299），缅甸掸族人发起了反元起义。元军几经征战失利，于大德四年（1300）八月"罢征缅兵"。战争结束后，云南西南边疆的麓川掸族政权兴起，到了元末明初发展成为一个强大的地方政权，与明朝和缅甸都发生了多次战争。从洪武十八年（1385）到正统十三年（1448），明朝发动了五次大规模的军事征讨（包括有名的"三征麓川"之役），大小战事不计其数，"军费所需，万万不可计"，才消灭了麓川政权。在元明与缅甸和麓川的战争中，中国的火器技术也传到了缅甸。到15世纪末，缅甸制造的火器已经出口到其他地方。1511年葡萄牙人占领马六甲时，发现那里有些火器是缅甸生产的。

南洋群岛： 至元二十九年元朝派遣船千艘、军队二万征讨爪哇，占领爪哇一年之久，中国的火器技术也因此传入这里。来此经商的华人也带来了新年燃放烟花爆竹的风俗。1443年时，苏门答腊的烟花已颇为兴盛。16世纪初意大利旅行家瓦泰马（Ludovico di Varthema）来到马六甲和苏门答腊，特别提到这里的人是制造烟花的技术能手。可见他们已经能够制造火药了。

上述中间地带和东边地带的一些国家在学到中国火器技术之后，也进行了一些改进。例如阿拉伯人先前在与拜占庭帝国的战争中，遭到拜占庭人使用抛石机投掷"希腊火"（一种用石油、硫黄和沥青混合制成的易燃物质）予以痛击。阿拉伯人从对手那里学到了这种技术，他们后来从蒙古人那里学到制造燃烧火器的技术后，就用"希腊火"投掷机来投射火器。13世纪末和14世纪初，阿拉伯人将蒙古人传去的火铳和突火枪加以改进，发展成为两种新型的火器，称为"马达发"。其中一种是用一个长筒，装填火药后，再将一个铁饼或铁球装入筒中，筒口插箭，引线点燃后，火药发作，推动铁饼或铁球，将箭射出。其原理出自突火枪，不同之处在于突火枪的子窠是纸制的，阿拉伯人则用铁饼和铁球推动筒口的箭，因此增强了实战效果。

安南从中国学习到火器技术后也加以改进，最重要的是点火装置的改进。永乐朝征安南，明军发现了安南火器的优点，于是引入了安南火器的制造技术。明军俘获了安南的火器专家黎澄，将其送到南京，明朝任命他为行在工部营缮司主事，专门督造兵仗局的铳箭、火药等兵器，此后历任明朝工部郎中、右侍郎、左侍郎，正统十年（1445）升工部尚书，次年去世，享年七十三岁。由于他的贡献，明代军中凡祭兵器，必定要祭拜黎澄，将其奉为"火药之神"。在他主持下，明朝对火铳点火装置进行了改进，在火铳的火门外设置了长方柜形药槽，以火药引发，点火操作简便可靠；药槽上有可活动启闭的盖子，防止风雨吹散淋湿点火药，因此即使在恶劣的气候条件下，火铳也能保持待发状态，从而提高了火铳的作战能力。

总体来说，这一阶段的火器技术传播主要是通过战场接触来达到的，局限性很大。因此火器技术从中国传到西欧，用了几个世纪的时间。同时，在中国与西欧之间的广大"中间地带"和亚洲东部的"东边地带"，火器技术的运用很有限，这些地区对火器技术做出了一些改进，但是都不大。

五、"西学"扩散：16世纪、17世纪火器技术的传播

到了16世纪、17世纪，火器技术的传播出现了非常不同的情况，不仅传播的速度和范围空前扩大，而且许多地区在引进火器技术的过程中也做了重要改进。

（一）"中间地带"：伊斯兰世界火器技术的传播与改进

16世纪、17世纪，伊斯兰教的扩张重新取得咄咄逼人的势态，形成了伊斯兰第二次大扩张，伊斯兰世界也由此进入了"伊斯兰三帝国时代"。这三个帝国都是非阿拉伯人建立的，即土耳其奥斯曼帝国（1299~1922）、波斯萨菲（Safavid，也译为萨法维）帝国（1501~1736）和印度莫卧儿帝国（1526~1858）。它们的扩张都建立在火器运用的基础之上，因此威廉·麦克尼尔（William H. McNeill）将其称为"火药帝国"（Gunpowder empires）。

这三个火药帝国的火器技术都来自西欧。其中奥斯曼帝国与西方接触最多，获得西欧火器技术也最早，使用火器也最为成功。火绳枪在15世纪末出现于欧洲，之后不久传入了奥斯曼帝国。传入后，奥斯曼帝国工匠加以改进，造出了一种被军事史学家称为"亚洲式火绳枪"的火枪。这种火枪与欧洲的火绳枪在结构上差异颇大，一些专家认为在技术上领先于欧式火绳枪。这种火绳枪后来传到伊斯兰世界其他地区，17世纪初传到中国，被称为鲁密铳。

在火炮方面，早在14世纪末15世纪初，奥斯曼土耳其人就已有炮兵了。在1430年土耳其人进攻拜占庭第二大城市萨洛尼卡的战斗中，第一次成功地使用火炮攻城。在15世纪和16世纪，土耳其人使

用的火炮在技术上不如西欧火炮先进，但是体量更大，因此可以发射更大的炮弹。这个优点，在土耳其人攻克拜占庭帝国首都君士坦丁堡的战役中表现得淋漓尽致。

君士坦丁堡的城墙始建于 330 年罗马帝国皇帝君士坦丁一世在此建都之时，后经无数次的加建及修补，成为世界史上最复杂及最精密的要塞体系之一。在以后的拜占庭帝国（即东罗马帝国）时代，这座城墙有效地抵挡住了多个入侵强敌的进攻，被称为坚不可破的防线。但是到了 1453 年，情况发生巨变。这一年，土耳其大军围攻君士坦丁堡。此时拜占庭帝国已衰落不堪，面对超过 10 万之众的奥斯曼大军（包括最精锐的苏丹禁卫军 2 万人），君士坦丁堡的守军仅有 7000 人（其中还有 2000 人是忠诚性可疑的外国雇佣兵），在兵力上处于绝对劣势。但是借助于坚固的城墙，守军顶住了土耳其人的猛烈攻势。土耳其人久攻不下，最后使用了杀手锏——巨炮。这些巨炮是土耳其人重金聘请匈牙利造炮专家乌尔班（Urban，也作 Orban）建造的，其中最大的可以发射 1900 磅重的巨大石弹，土耳其人用了一队由 60 头牛和 200 名壮丁组成的队伍，才把这门巨炮从当时奥斯曼帝国的首都埃迪尔内（Edirne，旧称哈德良堡或阿德里安堡）拖曳到君士坦丁堡城下。除了这门"炮王"外，其他巨炮也很可观。今日在博物馆里还可以看到一门土耳其人 1464 年铸造的达达尼尔巨炮（The Dardanelles Gun），炮膛由长 5.2 米、直径 92 厘米的炮管构成，炮重 16 吨，可以把重 1500 磅的石弹发射到数英里之外。君士坦丁堡城墙经不起这些巨炮的轰击，出现了大缺口，土耳其军队由此蜂拥而入，君士坦丁堡陷落，基督教的千年帝国拜占庭由此画上了句号。这一事件导致连接欧亚两洲的陆上贸易路线中断，最终促成欧洲人发现新大陆。因此这是火器改变历史的典型事例。

奥斯曼帝国的老对头波斯萨菲帝国是中亚游牧民族土库曼人建立的，一向以其优秀的骑兵闻名。但是1514年奥斯曼帝国与萨菲帝国会战于恰尔迪兰（chaldiran）时，奥斯曼军的火器部队加尼萨利军团对萨菲军的精锐部队"红头军"予以猛烈打击，由此在伊斯兰世界引发了"火药革命"的浪潮。此后波斯人也开始引进火器。萨菲帝国皇帝阿巴斯一世不仅引入奥斯曼枪炮技师，而且从格鲁吉亚人、亚美尼亚人等基督教徒中招募通晓使用火器的人，组成火炮和火枪部队。他还聘用英国火炮专家谢利（Robert Sherley）和一批制炮工匠为其制造火炮。他们所造火炮数量很大，使阿巴斯的军队能够在单次战役中使用多达五百门火炮。此后在一个短时期内，阿巴斯创建了自己的炮兵部队（1200人）和火绳枪部队（也有1200人）。军队的主力骑兵（10000～15000人）中，也有许多人配备了火绳枪。萨菲军队由此成为一支强大的武装力量，得以征服和控制中亚广大地区。这些地区本是反复无常的游牧人的天下，如果没有火器，波斯人是很难使之就范的。

成吉思汗西征时，印度人获得了火器技术知识，但是没有广泛使用。1514年的恰尔迪兰战役中土耳其人使用火器大败波斯人，给印度的莫卧儿统治者以深刻的震撼。莫卧儿统治者与奥斯曼帝国关系良好，因此他们聘请土耳其制炮专家库里（Ustad Ali Quli）为他们制造火炮。在1526年的第一次帕尼帕特（Panipat）战役中，莫卧儿军队使用了大批火炮，其中最大的炮可以发射540磅重的炮弹。1647年，中亚乌兹别克人入侵印度，莫卧儿军队用火器打败了强大的乌兹别克骑兵。这次战役被认为是世界历史上最后一次火药帝国与游牧帝国之间的大战。莫卧儿帝国依靠引进的火器技术，征服了印度北部和中部大片土地。16世纪，印度南部的印度教诸王国也引进了葡萄牙的火器技术来对抗莫卧儿人，从而成功地保全了独立。前面提到过的维查耶纳加尔帝国是印度次大陆最早使用远程火炮的国家。他们先前通常从中亚的土库曼人中招募炮手，后来则从葡萄牙人中招募炮手和火绳枪手。在1520年围攻赖久尔（Raichur）堡的战斗中，葡萄牙火绳枪手起了很大作用。维查耶纳加尔军用火炮轰击城堡，最终夺取了该要塞。

由于伊斯兰三帝国的积极提倡，先进火器在伊斯兰世界迅速普及。其中奥斯曼帝国起了特别重要的作用。1542年，奥斯曼帝国苏莱曼大帝（Suleyman I）向中亚的河中地区派出了操作火绳枪和轻炮的加尼萨利军团，官兵可能多达500人。这些军人中有许多后来留了下来，效忠于中亚地区的穆斯林统治者。当时河中地区尚未普及铁制火绳枪的制造技术，奥斯曼火器技术知识传入后，大大促进了中亚火器技术的提高。乌兹别克诸汗国的火器制造业与火器军队的编制都深受奥斯曼帝国影响，他们聘用来自奥斯曼的火器工匠为他们生产火器。这些工匠在中亚文献中被称为鲁密（rumi）或鲁密儒（rumiru），他们用奥斯曼技术制造的火枪也称为鲁密铳。在这些工匠的帮助下，布哈拉汗国在16世纪中叶开始自制火绳枪，最初是用熔点较低的铜，后来从奥斯曼军人处习得铁质火绳枪的制造技术。17世纪时，撒马尔罕、布哈拉、巴尔赫都能制造铁质火绳枪和用熟铁锻造奥斯曼式轻型野炮，塔什干与安集延则成为与俄国和莫卧儿帝国进行火器走私贸易的中心。1609年，奥斯曼苏丹再次向布哈拉汗国输送一批枪炮，以牵制萨菲帝国。中亚诸国引入奥斯曼火器时，也有选择地接纳了相关战术。巴布尔在1526年帕尼帕特之战时采取的火器阵法，就是得益于奥斯曼顾问的指导，几乎是奥斯曼军队在恰尔迪兰战术的翻版。下面我们要谈到的万历时期传入中国的一种先进火枪鲁密铳，可能也是中亚制造的。

大体而言，伊斯兰世界的先进火器技术主要来自西欧。这些技术被引进后得到改进，特别是在火枪方面，创造出了亚洲式火绳枪，在火炮方面，造出了更大的火炮。但是总的来说，技术方面的改进不算太大。

（二）"东边地带"：东亚世界火器技术的传播与改进

与西亚、中亚和南亚相比，东北亚和东南亚的火器技术在16世纪、17世纪传播和改进的情况更为明显。先进火器技术的主要来源地也是西欧，传到东北亚和东南亚后，也得到广泛运用，而且在一些国家得到重要的改进。而中国在火器技术的引进和改进方面成就最为突出。

1．东北亚

日本：欧洲火器传入日本始于1543年（日本天文十二年），极富戏剧性。据日本僧人南浦文之在《铁炮记》中所言，此年八月，后来成为倭寇首领的徽商汪直的船从中国宁波的双屿出海航行，船上乘客中有两个葡萄牙人，日本人音译其名为牟良叔舍和喜利志多佗孟太，其中一人就是历史上有名的平托。启航后遇到逆风，船只迷失了方向，漂到了日本九州鹿儿岛县所属的种子岛，这两个葡萄牙人也成为第一批到达日本的欧洲人。他们带来了两把日本人从未见过的火枪，这种火枪"长二三尺，中通外直，底部有塞，其旁有一穴，为通火之路，入药其中，添以小团铅"，即可进行射击。试射之时，"其发也，如掣电之光；其鸣也，如惊雷之轰。闻者莫不掩其耳矣"。这种火枪的性能远远优于日本人所使用的火铳。日本人将其称为"南蛮铁炮"（即南蛮人带来的铁炮。当时日本人称西洋人为南蛮，称火绳枪为铁炮），日本史家也将此事称为"日本铁炮之始"。当时种子岛的领主惠时、时尧父子见其威力强大，便花费重金购置了两把"南蛮铁炮"作为家藏珍宝，力邀葡萄牙人传授该枪的制造和使用之法，并请著名的工匠八板清定来研究并仿制铁炮，但未成功。1544年，葡萄牙商船来到种子岛，八板向这些"南蛮人"学得了制造的秘诀，造出了火枪。翌年，第一支日本火绳枪诞生了，八板清定也因此被称为"萨摩铁炮锻冶之祖"。时尧购买的两支火枪中的一支被转让给了纪州的津田算长。津田与铁匠芝迁清右卫门一起也仿制出铁炮，成为"津田流铁炮术"的始祖。天文十三年（1544），商人橘屋又三郎从八板清定处学得铁炮制法后回到堺町，由此成为铁炮贸易商，堺町也成为铁炮与火药供给的中心都市。

堺町鸟铳制造场景（《和泉名所图会》）

在仿制和传播的过程中，日本人对火枪不断进行改进。立花道雪设计了一种名为"早入"的装置，射手事先称量好一次发射所需的火药，与弹丸一起封装在一个个竹筒里，随身携带。作战时，就可以依次拆开这些竹筒，迅速完成装填，从而大大提高了火绳枪的射速。经过日本改进的火绳枪，中国人称为鸟铳，性能比葡萄牙人带来的火绳枪好，因此明朝也从日本引进鸟铳技术，于是有了"鸟铳得自倭人"之说。在火枪改进过程中，日本工匠在螺丝技术、硝石人工制造技术方面也取得进步。在火枪使用方面，日本进步巨大，其中最重要的是织田信长发明的"三段击"的方法。他安排士兵三个人一组，让其中射击精度最高的士兵充当射手，其余两个则负责枪弹和火绳的装配工作。在射手射击之后，由第二名士兵接过火枪并从前端装入火药，捣实之后装入枪弹。第三名士兵同时从后方调整火绳的位置，将扳机移至原位，然后把火枪递给射手，从而实现不间断射击。这种方法就是有名的"织田三段击"。这是火绳枪作战最有效的方法。

　　日本人在制造大型火绳枪方面也取得了很大的成就（他们称火绳枪为铁炮，大型火绳枪则称为大铁炮）。大铁炮出现在天正年间（1573~1592），代表作品为国友宗俊制造的"雷破山"，因其威力强大可比迅雷而得名。稻富一梦斋也是制造大铁炮的高手，曾经制造了186厘米长的大铁炮"稻富筒"。大铁炮可以单人持用，装在船上的大铁炮更成为丰臣秀吉侵朝战争中日本水军的主要重型火器。织田信长、丰臣秀吉在讨伐日本各地诸侯的过程中，都使用了大铁炮。

　　但是日本在引进火炮技术方面做得不成功。当时日本铸造工艺不发达，因此不能很好地消化西欧火炮制作技术。在万历时期的中日朝鲜战争中，没有发现有日军使用大炮的记载。日本军队使用的远程武器是大铁炮，这种大铁炮虽然比普通铁炮威力大，但却不能与大炮相比。因此在朝鲜战争中，日军遭到明军的大炮痛击时无招架之功，更无还手之力。

朝鲜：不像日本，朝鲜在引进西欧火器技术方面颇为落后。朝鲜与西欧人接触很晚，对于引进西欧火器技术也不热心。在中日朝鲜战争之前的1589年，日本对马岛主宗义智向朝鲜国王献上两支鸟铳，朝鲜人才知道鸟铳，而在日本和中国，鸟铳早已是军队使用的主要火器。1592年日本入侵，明军入朝，朝鲜大将柳成龙等报告说：明军火器"其中多有我国未有之制"，"诸戎器奇形异制，皆非我国人所能用"。到了此时，朝鲜也开始制造鸟铳，采取优待降倭政策，让他们来制造。但是一直到1598年战争结束，依然未有朝军在战场上使用鸟铳的记载，可见这种火器尚未得到广泛使用。在战争后期，在明朝大力支援下，朝鲜开始建立自己的火器部队。明朝东征经略宋应昌、南兵将领骆尚志等人向朝鲜国王提出了练兵建议，并以明朝援朝部队中的部分兵将和教师作为指导，训练朝鲜军队。到了万历二十五年（1597）六月，总计经练成军的部队已近两万人，其中陆军使用的各样大炮达三百门。自此，朝鲜方拥有了一支能够作战的火器部队。

2．东南亚

在16世纪的东南亚，一些国家积极引进西欧火器技术，主要手段是购买西欧火器，以及强留枪炮铸造工匠来为之制造火器。在东南亚各地，引进西欧火器最成功的是中南半岛上的安南、缅甸和暹罗。在暹罗的首都阿瑜陀耶（Ayutthaya，中国人称为大城府）的中国人和在缅甸的勃固的印度人，首先在东南亚建立了火器制造工厂。

安南：安南在后黎朝（1428～1526）时已经可以生产铳炮、火铳等火器。到了16世纪、17世纪，安南人从与葡萄牙、西班牙和荷兰

越南阮朝时代的炮手

人的接触中得知欧洲火器技术，并从安南沿海的欧洲沉船中打捞到枪炮，当成样品，雇用欧洲工匠为他们制造火器。17世纪后黎朝分裂，南部的阮氏政权已拥有一千两百门左右大小口径不一的铜炮，北部的实际执政者郑氏则拥有五六十门铁炮，从隼铳（falcon）到寇飞宁（culverin）炮一应俱全。郑氏军队中有一支七八千人的部队，装备有1～1.2米长的重火绳枪。这些士兵都携带皮制的弹药箱，里头装有数份刚好供一次发射所需火药量的药包，以便将火药迅速倒入枪管，因此被认为是装填最快的火枪手。在明末，安南人开发出了一种性能优良的火绳枪，中国人称之为"交铳"（意即交趾火铳）。有人认为这种交铳在威力及性能等方面都优于西方和日本的"鸟铳"及"噜嘧铳"（明朝文献中多称为"噜嘧"，即鲁密铳）。明清之际的刘献廷说："交趾……善火攻，交枪为天下最。"屈大均则说："有交枪者，其曰爪哇铳者，形如强弩，以绳悬络肩上，遇敌万铳齐发，贯甲数重。"

缅甸：16世纪初期葡萄牙人来到缅甸。1534～1537年，缅甸东吁王朝三次围攻庇古城。由于守军使用了葡萄牙火器，缅军由此领略了西欧火器的厉害，于是积极学习西欧火器知识。17世纪初，缅甸军队从葡萄牙人手中夺取沙廉（Syriam）后，将俘虏的欧洲人强迁到上缅甸的阿瓦（Ava），随后又把千余名俘获的穆斯林水手和火器手也迁到那里，将这些战俘及其后代编入军队，成为缅军火器部队的骨干。在一些军事行动中，缅甸人还雇用了使用火器的外国雇佣兵，同时也建立了由缅甸人组成的火器部队。16世纪中期缅甸人把枪炮成功地融入步兵和战象的单位中。火绳枪手和炮兵与其他部队的比例达到1∶2或1∶3。借助先进的火器，缅甸成为中印半岛上的超级强国，积极向东扩展，一度灭亡了暹罗。在1564年攻克暹罗首都阿瑜陀耶的战役中，缅甸军队就使用了西式火器。

暹罗：为了对抗缅甸，暹罗也积极寻求先进的火器技术。1538年，暹罗国王巴拉猜王雇用了一百二十名葡萄牙人组成自己的私人卫队，并让他们教暹罗人如何使用欧洲火器。到了16世纪末，暹罗已能制造火药和火枪，质量都很好，连日本的德川家康也央求大城王朝（1350—1766，又称阿瑜陀耶王朝）统治者赠予枪支和火药。但是暹罗无法铸造出能够对抗缅甸人的火炮，因此积极向西欧购买。暹罗人在火器使用上也有改进，火炮的口径和装药量都刻在炮管上，避免过量装药引起炸膛。由于积极引进火器，暹罗也一跃成为中南半岛的军事强国。

南洋群岛的情况颇为不同。除了菲律宾之外，南洋群岛的大部分地区在16世纪、17世纪已接受了伊斯兰教，成为伊斯兰世界的一部分。借助与伊斯兰世界（特别是奥斯曼帝国）的联系，许多南洋土邦也发展起了火器技术。位于苏门答腊岛北部的亚齐苏丹国，在16世纪时就得到奥斯曼帝国的大量援助。亚齐进攻满剌加（马六甲）时，奥斯曼帝国派出五百名土耳其人前去援助，其中有火器手、火器铸造工匠、工兵，并携带着巨炮和充足的弹药。土耳其人也把制造火炮的方法传授给亚齐人。到了17世纪早期，亚齐已有相当数量的火器。苏丹伊斯康达尔·慕达（Sultan Iskandar Muda）自称其武库中拥有大约两千件火器，包括一千二百门中口径的铜炮以及其他八百门回转炮（swivel gun）和明火枪（arquebus）。欧洲人到来后，亚齐人也开始采用更为先进的欧式火器。马来半岛一些土邦也从伊斯兰世界引进了火器。葡萄牙人在1511年攻占满剌加时发现了大量火器，其中火炮多达三千多门，包括小型的锻铁回转炮（esmeril）、小隼铳（falconet）、鹰铳（saker）。葡萄牙人认为火器是在缅甸的庇古与暹罗的阿瑜陀耶铸造的,但许多人认为是马来工匠铸造的,并认为其枪炮铸造工艺可匹敌当时公认的火器制造的龙头——日耳曼工匠。在爪哇,17世纪早期的泗水已经能制造铜炮。到了17世纪中期,龙目岛西海岸的马打兰土邦,能够在三个月之内制造出800支火枪。

总之,在16世纪和17世纪,东南亚的火器制造业能够生产相当数量的火器,所用的技术先是来自伊斯兰世界,后来则来自西欧。其获取西欧火器技术主要是依靠俘虏或者招募欧洲的士兵与海员,让他们来为自己制造欧式火器。通过这样的渠道所获得的技术知识当然十分有限,而东南亚人对这些火器技术做的改进也很有限。同时,他们引进火器,不仅向外国人购买,也主要请外国工匠来制造,甚至由外国雇佣兵组成其火器部队的核心。因此在某种意义上可以说,火器技术依然是一种外来技术,并未真正在本地生根。正因如此,在东南亚(特别是南洋群岛)的战争中火器的使用并不普遍。例如在爪哇,很少有大规模的战役,主要的战斗限于酋长与重要官员组成的前锋,战斗很少持续超过两小时,使用的主要武器是长矛以及匕首,而不是火器。爪哇军队只有1/5为战斗人员,其中持有枪炮的不到10%。在爪哇的战争中,火炮主要用来轰击木寨,很少用于攻城。总而言之,与东北亚的情况不同,火器在东南亚(特别是南洋群岛)往往只是作为传统冷兵器的补充。这也从一个方面解释了为什么人数很少但使用先进火器的西欧殖民者能够轻易征服这一地区并建立殖民统治。

(三)中国:火器技术的传播与改进

明代中国在引进外国军事技术方面从不保守。前面已经说过,明初曾从安南引进火器,到了16世纪、17世纪,引进西欧火器技术成为潮流。大体而言，这种引进可以分为两个阶段：第一阶段（1520~1620）引进的主要是佛郎机和鸟铳，第二阶段（1620~1644）引进的主要是红夷炮。

最早传入中国的西方火器是佛郎机和鸟铳，都来自葡萄牙。1511年，葡萄牙人攻陷满剌加。葡萄牙舰队司令积极与在马六甲经商的中国船主交朋友，请他们帮助向暹罗派遣使者。在与葡萄牙人的接触中，中国海商接触到了他们带来的火器。明人沈德符说："弘治以后，始有佛郎机炮。"又说："正德十五年满剌加为佛郎机所并，遣使请救。御史何鳌言：'佛郎机炮精利，恐为南方之祸。'""佛郎机最凶狡，兵械较诸蕃独精。前岁驾大舶突入广东会城，炮声殷地。"何鳌说"前岁驾大舶"，说明佛郎机炮传入中国应在正德十五年（1520）以前。事实上，中国人使用佛郎机炮还更早。正德五年（1510）有"广东盗"郭芳入犯福建仙游县，当地"义民"魏升协助官府，"以佛郎机炮百余攻之"，将盗匪击败，说明佛郎机炮已在福建沿海得到相当普遍的使用。稍后，正德十四年（1519），王守仁（即王阳明）在平定宁王朱宸濠叛乱的战斗中，家住福建莆田的退休兵部尚书林俊（字见素）用锡制作了佛郎机铳的模型，连同火药方派人一同送给王守仁。王守仁使用佛郎机铳作战，结果"震惊百里贼胆破"，大获全胜。王守仁于次年写了一篇《书佛郎机遗事》，并为之作歌。林俊与福建海商关系十分密切，佛郎机炮应当就是福建商人从南洋引进的。因此大体来说，1520年以前中国就已经知道佛郎机炮了。

中国与葡萄牙的直接交往，始于1517年。这年葡萄牙商船航行到广州港，鸣放大炮，铳声如雷，自称是佛郎机国来进贡。当时广东佥事顾应详正在着手征剿海寇雷振，葡萄牙人"献铳一个，并火药方"，经顾应详在教场中演习，证明它是"海船中之利器也"。他还对火炮的特征进行了详细的描述,但认为这种火炮只能用于海战或守城,"持以征战则无用矣",因此没有进一步推广。到了1522年,五艘葡萄牙船来到广东珠江口,试图以武力迫使广东官员准许其占驻屯门岛。葡船发炮轰击,明军用仿造的西洋火炮去反击,葡船退走,转向广东新会茜草湾,再度发动攻击,又被明军击败。明军俘虏和斩杀葡人七十七名,俘获战舰两艘、大小火炮二十多门以及火枪多支。屯门之战结束后,汪鋐将佛郎机铳送到朝廷并上了一道奏章,说明这种火器的威力,建议朝廷加以推广,说:"佛郎机凶狠无状,惟恃此铳与此船耳。铳之猛烈,自古兵器未有出其右者,用之御虏守城,最为便利。请颁其式于各边,制造御虏。"叶权也说:"余亲见佛郎机人投一小瓶海中,波涛跳跃间击之,无不应手而碎。持此为长技,故诸番舶惟佛郎机敢桀骜。昔刘项相距广武间,羽数令壮士挑战,汉王使楼烦辄射杀之。羽怒,自出。楼烦不敢动。使有此物数支,何惧项羽哉!三国时斗将令有此,虽十吕布可毙也。"因此到了嘉靖九年(1530),明朝政府采纳汪鋐的建议,仿造佛郎机并批量制造。

明军在茜草湾之战中缴获的葡萄牙火绳枪,还是西欧 musket 的初期产品,优越性并不明显,因此明朝也未予重视。到了嘉靖二十七年(1548),明军攻下葡萄牙人占据的双屿,缴获了葡萄牙人和日本人的火枪。这些火枪比先前的火枪有较大的改进,明人立即发现其优点。范景文说:使用这种火枪,"后手不用弃把点火,则不摇动,故十发有八九中,即飞鸟之在林,皆可射落,因是得名",因此称之为鸟铳。前面说过,在西欧,这种火枪也叫隼枪,因此中西对这种火枪都有相似的看法,可谓"英雄所见略同"。赵士桢说:"(火铳)宋、元间方有用之者,至我国初始备。然行军战阵随带便利,亦不过神枪、快枪、夹把、三眼、子母诸器。自鸟铳流传中国,则诸器又失其为利矣。诸器一手持柄,一手燃药,未及审固,弹已先出。高底远近,多不自由。鸟铳后有照门,前有照星,机发弹出,两手不动。对准毫厘,命中方寸,兼之筒长气聚,更能致远摧坚。"戚继光也说:"此器(鸟铳)中国原无传,自倭寇始得之,此与各色火器不同,利能洞甲,射能命中,弓矢弗及也。犹可中金钱眼,不独穿杨而已……此鸟铳之所以较中,虽弓矢弗如也;此鸟铳之所以洞重铠而无坚可御也。马上步下,惟鸟铳为利器。"

佛郎机与鸟铳比中国原有火器优越,因此传入中国之后被明朝政府迅速采纳并予以普及。从它们传入中国到成为明军的主要火器装备,最多不过半个世纪。不过,从传播方式来说,在这个阶段,西方火器技术的传入是被动的,主要传入途径是进贡、战争缴获以及民间流传,往往通过偶然事件获得样品,明朝政府没有主动地去获取西方火器技术。

到了第二个阶段,情况发生很大变化。在此阶段,从西欧传入的主要火器是西洋火炮,主要是荷兰人带来的火炮。因为明人称荷兰人为"红毛夷",所以称这种火炮为"红夷炮"(后来清朝统治者忌讳"夷"字,改称"红衣炮")。明人充分认识到了红夷炮的优点。徐光启说:这种大炮的优点是"及远命中",而"所以及远命中者,为其物料真、制作巧、药性猛、法度精也"。著名的传教士汤若望和明末军事专家焦勖也说:"西洋大铳,其精工坚利,命中致远,猛烈无敌,更胜诸器百千万倍"。红夷炮不仅威力更大,而且命中率也更高。佛郎机和中国炮,都仅设准星、照门,按三点一线射击,命中率不高,而红夷炮"有窥远神镜(即望远镜),量其远近而后发",还有量铳规、炮表等辅助设施的配合,故"对城攻打,准如设的"。

在此阶段,西欧火器技术传入中国是由政府主导的。明朝朝廷和广东、福建地方当局都主动寻求西欧新式火器样品,并积极引进通晓制造火炮技术的西洋人士,让他们参加和指导西洋新式火炮的制造。不同于先前佛郎机、鸟铳的引进,西洋大炮的引进是由技术专家主持的政府行为。在徐光启、李之藻等著名科学家的主持下,明朝朝廷于1620年派人赴澳门向葡萄牙当局购买首批西洋大炮,次年运抵北京后,徐光启又奏请选拔铸炮工匠,聘请精通欧洲炮术的葡萄牙匠师指导制造与使用红夷炮。此外,这种新式火炮具有较高的技术要求,需要数理知识、实验和理论的指导,因此这一时期出现了编译火器论著的高潮。穆尼阁(Johannes Nikolaus Smogulecki)的《西洋火器法》、何汝宾的《西洋火攻神器说》、孙元化的《西法神机》、汤若望与焦勖合作译述的《火攻挈要》就是其中的代表。这种大规模、高层次的技术引进,是中国历史上前所未有的。

由此可见,中国引进西方火器技术,开始是被动引进,后来则是主动引进,不仅引进样品,而且也引进相关的科学知识。引进的过程中,中国也对这些技术进行深入研究,对之加以改进、创新。这一点和日本颇为相似,但是中国对西洋技术的引进比日本更深入、更全面,以致日本也积极从中国取得西洋军事技术著作的中译本和中国人写的军事技术专著,作为他们深化认识西洋技术的知识来源。因此我们说,在16世纪和17世纪世界各国对西欧火器技术的引进和消化方面,中国是最为成功的国家。

简言之,在16世纪、17世纪,国际火器技术的传播方式出现了重大变化。这个变化表现在以下几个方面:

第一,这个时期最重要的技术进步出现在西欧,因此西欧成为先进火器技术的主要来源地,或者说先进技术全球传播的核心。其他地区在接受这些先进技术的时候,部分地区对这些技术进行了程度不同的改进。这些改进了的技术也进入传播过程，因此火器技术的国际传播也是技术不断改进的过程。从这个意义上来说，西欧并非唯一的技术进步来源。狄宇宙（Nicola Di Cosmo）以研究火器的传播为切入点，证实了15世纪中叶以后奥斯曼帝国和葡萄牙先后将火器技术及使用技术向阿拉伯世界、印度和东南亚进行传播。他指出：至少在16世纪20年代，中国已有了佛郎机，并用于抵御北边的蒙古；同时稍早，哈密、吐鲁番等穆斯林势力反明，也使用了奥斯曼帝国传来的火器；而在东南沿海的"倭乱"中，日本的火器也引起了戚继光的注意。因此不能把火器在亚洲的传播，理解为是因航海进步而导致欧洲人流动性增加的线性结果。

第二，在西欧先进火器技术的全球传播中，欧亚诸多地区都卷入了这个浪潮。但是各地区对于这些技术的态度很不相同。一些地区积极引进，而另一些地区则不然。积极引进先进火器技术的各个地区，引进的方式也有很大差别。有的是采用传统方式，通过战场接触或者盟友支援来获得新式火器；有的是通过商人大量购买，或者雇用外国技术人才（工匠和军人）为自己生产和使用新式火器；有的则以不同的手段获得新式火器的知识，加以消化，然后自己生产，自己使用；更有少数地区不仅引进新式火器的具体技术知识（样品、通晓制造和使用技术的人员等），而且引进与此有关的科学知识，从更深的层次上理解先进技术的原理，从而能够主动地改进所获得的先进火器技术，赶上迅速进步中的国际先进水平。

第三，在这个传播过程中，诸多不同的人群都参与其中，并且扮演着不同的角色，包括殖民者、征服者、海盗、雇佣兵、工匠乃至传教士等，但是最重要的是从事国际贸易的商人。正如本书第二章中所说的，这些商人并非今天意义上的商人，其中有许多人与各地政权有密切联系或者得到官方的庇护而成为某种意义上的"官商"（有的还得到本国政府的强力支持），许多人拥有自己的武装，有的更是亦商亦盗。在"中间地带"，穆斯林商人和欧洲商人起了重要作用，而在"东边地带"，西欧和中国的商人扮演了主要角色。通过他们，先进的火器技术迅速传播开来。

六、中国尚未落伍：明代中后期火器技术的进步

人们通常认为，虽然中国发明了火器，但之后一直停滞不前。直到16世纪、17世纪，通过引进西欧火器，中国火器技术才有了进步，但依然落后于西欧。这种看法有一定道理，但也有很大问题。事实上，在16世纪之前，虽然西欧在火器技术上取得了重大进步，但是中国也取得不小的成绩，两个地区的火器技术水平各有千秋。到了16世纪、17世纪，西欧火器技术传入，中国对此积极引进并加以改进和创新，使得中国火器技术水平进一步提高，从而与西欧的水平大体相当，使得中国和西欧成为当时世界上军事技术最发达的两个地区。

（一）16世纪之前中国火器技术的进步

在15世纪之前，中国和西欧是世界上火器技术最为领先的两个地区。而在这两个地区中，中国又更胜一筹。到了15世纪，中国在火器技术方面依然取得了可观的进步。从某些方面来看，这个进步并不逊于同时期西欧所取得的进步。

15世纪中国火器进步首先体现在管形火器的发展方面。在15世

纪，中国管形火器发展很快，从14世纪的简单火铳发展出了各种类型的火枪和火炮，从单管单发发展出了多管连发，同时还创制出了枪炮瞄准装置和击发装置。

15世纪之初，先前使用的手铳出现了明显分化。永乐时的手铳，已分化为轻型与中型两种。轻型手铳长度比洪武手铳小巧，长度一般在35~36厘米，口径在2厘米以下，重量则在2.3公斤以下。中型手铳则长度约44厘米，口径约5.2厘米，重量约8公斤。这个分化显示火枪的实用性有了进一步提高，可以适应战斗的不同需要。

在火铳构造方面，永乐时期出现了如下变化：第一，手铳的前膛不再是简单的直筒形，而是自铳口至药室逐渐增大，从而使得火铳壁能经受更大的膛压；因为铳口处所受膛压小，膛壁因而未随之增厚，也不再以铁箍铳身。第二，前膛占全铳的比例增大，有利于增大弹丸的射程。第三，火门处加上了火门盖，一端连接铳，可拨动旋转，装完火药后关闭活动盖，可使药室内的火药保持干燥洁净。第四，增设定量装填火药的药匙，药匙柄端有小孔，可系绳环，以便士兵系在腰上。使用统一规制的药匙，不仅使得火弹装量有定准，从而保证用药量的准确，而且也说明所用火药是优质粉状或粒状发射火药。第五，在火药与铳弹之间设置了木送子（也称木马子），以增强火药的密闭性，利于更好的爆燃，产生更大的膛压，提高手铳的射速与射程。

尔后，手铳继续改进，药室部分占全铳的比例继续缩小，铳管与尾銎则加长。铳管加长可提高火铳的射程和威力，尾銎加长则更便于手持作战。这种火铳进一步发展为击贼砣铳和独眼神铳。击贼砣铳以铁打造而成，铳管长三尺，柄长二尺，射程达三百步，肉搏时铳管可当铁锤使用。独眼神铳也以熟铁打造而成，短者长二三尺，长者四尺，尾部插入长木柄，可以放在用铁圈制成的铳架中射击。

在此时期，中国还研制出了神枪枪系。明代文献中有三种兵器称为神枪：一为冷兵器中枪类的一种；一为永乐年间从交趾所得者，特点是以铳发箭；一为铳状手持发散弹的神枪。最后一种神枪大约出现在弘治年间，这种神枪铳管长、腹大，可以发射箭矢和弹丸，铳膛内装上火药后，垫上木马子以防止枪管泄气，木马前面再放入箭矢或弹丸，点燃火药之后，箭矢或弹丸被射出，射程可达三百步。神枪后来又衍生出了一系列产品，如神威烈火夜叉铳、单飞神火箭、三只虎钺等，形成了一个枪系。

前面讲过，14世纪的火铳存在许多严重缺陷，如装填及发射缓慢，体形笨重，铳上没有刺刀一类的装置，没有瞄准装置，等等。15世纪火器技术改进的主要目标，就是克服这些缺点。为此，明代设计出了多种多管或多节火铳。这类火铳可以单放、齐放或连放，部分地解决了装填及射击速度慢的问题。正统十四年（1449）造出的两头铳，可旋转连放，后来又创制出夹把铳、二眼铳至十眼铳等多管或多节铳。其中运用最多的是三眼铳，这种多眼铳是将三根铳管相叠成品字状，射击时三管同发，造成强大的火力。十眼铳则是在一根长型铳管上，由前至后塞入十份火药与弹丸，由前至后也有十眼火门，一次点火，逐个发射，因此可以连续射击。与同期西欧发明的多管火铳不同，明代前中期发明的多管火铳大多是小型的，可以单兵使用，因此可以更加广泛地用于实战。

此外，景泰元年（1450），根据辽东戍军的建议，手把铳的木柄增长为七尺，并安上矛头，在火铳施放后，可当成矛与敌人进行格斗，作用相当于现代步枪上的刺刀。这种使火器和冷兵器相结合的设计，加强了士兵在短兵相搏时的主动性和自卫手段。

在火炮技术方面，元末明初中国造出了大口径臼炮，称为碗

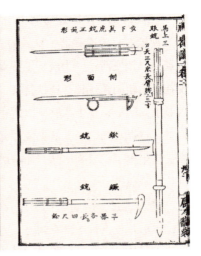

三眼铳（《神器谱》）

口铳。洪武年间铸造的碗口铳，炮身通常长31.5～52厘米，口径10～10.9厘米，重8.35～26.5公斤。1972年在河北宽城出土了一门洪武十八年（1385）河北永平府制造的大碗口铳，全长52厘米，口径10.8厘米，重26.5公斤。

洪武十年（1377）造出了大口径铁炮，口径21厘米，全长100厘米，两侧有双炮耳，用于调整火炮的射击角度，这是迄今所知当时世界上最早带有炮耳的铁铸火炮。这种大口径直筒形火炮，可以增大火炮威力。

到了15世纪，中国的火炮向着更大的体量发展，制造出来以大将军炮为代表的大型火炮。"土木堡之变"后，为加强北京城防，于谦奏请"领大将军炮十六个，并量领火炮、飞枪、手把铳以备冲敌之用"，并说"大将军炮十六个，斤重数多，人力不能背负，合用驰载车辆，亦乞行移工部成造"。这种大型火炮制造数量很大，仅成化三年一年便制造各样大将军炮三百门。弘治以前，制造的火炮有十余种，每三年造大碗口铳三百门。在这十余种火炮中的"无敌大将军"炮，重千斤，装铁子五百个，是一种大威力的远程火炮。正德、嘉靖之际，杨一清在陕西边镇看到"大将军、二将军、三将军诸铳力大而猛，然边城久不用"，于是"在定边营教场，取而试之。……先取二将军试之，乃自装药举火，却立十余步以俟，声如迅雷，远及三百步。营中皆震慑"。这些将军炮射程比过去有明显提高。

总之，在15世纪，中国的火炮技术有新的发展。此时火炮的结构工艺和性能都比第一代火铳更好，种类也更多。从造炮的材质来看，既有铜铸的，也有铁制的；从形制来看，既有轻型的，也有重型的；从功用来看，既有相当于现代迫击炮的短身管大口铳，也有类似现代榴弹炮的身管较长的小口铳。为了防止火炮射击时跳动，发明了固定火炮用的铁爪和铁锚。在精确计算药量方面，采用了装填火药的铜匙，其上刻有每门火炮的装药量，以方便操作。更引人注目的是，在炮身上配有耳轴和垂直轴，使火炮能高低俯仰和左右转动，从而使火炮能任意瞄准射击，提高了火炮火力的机动性。这在结构上与现代火炮很接近，说明此时火炮技术达到了相当高的水平。

（二）16世纪、17世纪中国火器技术的进步

到了16世纪，随着西欧火器的引进，中国出现了一个军事技术进步的新高潮。在积极引进以鸟铳和佛郎机、红夷炮为代表的西欧先进火器的同时，也运用中国的技术对之加以改进和创新，使之成为更好的武器。

如前所述，16世纪初，葡萄牙人把鸟铳带到了东亚。明朝人马上认识到了其优点，并积极采用。但是明人在肯定鸟铳优点的同时，也注意到其不足。晚明大科学家宋应星说：使用鸟铳时，"左手握铳对敌，右手发铁机逼苎火于消上，则一发而去。鸟雀遇于三十步内者，羽肉皆粉碎，五十步外方有完形，若百步则铳力竭矣"。火器专家赵士桢更对来自西欧（大西洋）、东南亚（小西洋）、日本（倭）、土耳其（鲁密）等地区以及中国原有的各种火枪进行了比较，指出："鸟铳能命中于数百步之外者，缘用机发火。即其机以品骘各国之器，则未有合机、轩辕、三长之先，鲁密为最大，西洋次之，小西洋又次之，倭铳实属下品。然鲁密之铳，其品在各国最上者，缘其机之操纵由我，托床前后又有把持，猛烈更倍于各国。大西洋操纵似亦自由，其如夹火不便，力小而床不稳，故远逊鲁密。小西洋与倭铳，其机操纵俱不自由。但小西洋机颇简便，倭机烦琐，所以倭铳机为最下。又有谓先年南方鸟铳，其机与倭铳一般，毕竟不如倭铳之火易发。嗟嗟，此机上毫厘丝忽之差，特造器用器者，不肯究心耳。细观倭机发时，机头磕在火池之边，机煸药起，火星随落，下起之药与上落之火适会，自然举发。中国旧机支离屡弱，发时机头磕在池中，火绳将门堵住，药又不精，士卒未经服习，忙迫之顷，所以不发。"他又说："海南各国鸟铳，喜其初为打鸟而作。床尾稍短，后手不甚定准。打放非极精熟者不能命中。若鲁密、鹰扬、三长、翼虎诸器，床尾颇长，紧挨肩膀。后手定住，望高打鸟，似觉不如床短者转动伶俐。至于平闯打人，前后手俱定，其利实倍之矣。西洋并倭鸟（铳），必须岁月学习方能到家。诸铳不须一月，专心便能打放。向教家人西洋及倭鸟铳，一岁有成；自制诸器，三月之内便能以弹丸为的，命中于二三十步之外。即此一端，足以见诸器与海外鸟铳优劣焉"，"西域鲁密铳,因其筒长故远,药多故狠,机简故便,铳床尽制,前后手俱有着落,故不致动摇。然药必须极精极快,方敢多用。铳筒要沉重,方能压定前手不动。沉重其铁方厚,不怕药多"。经过比较,他得出这样的结论:"(火铳)远而且狠无过鲁密,次则西洋","其机比倭铳更便。试之,其远与毒加倭铳数倍"。

赵士桢在对各国火枪进行深入研究的基础上,以这些火枪中最好的一种——鲁密铳为对象,进一步改良。这些改良包括:加长铳管,使之能够装入更多火药,加强弹丸的推进力,并提高弹丸射击精度;把龙头机规(击发点火装置)安装于铳床内,在安装了机械回弹的枪机,扣规龙头落于火门,火药燃后,又自行昂起,"拨之则前,火燃自回",简化了发射动作;铳床尾安有钢刀,倒转来,近战可作斩马刀用。通过这些改良,他设计出了一种射程更远、射击精度更高的火绳枪,威力比同期欧洲、日本和土耳其的火绳枪更大。

为了对付敌人的重铠坚甲,明朝人设计出了穿透力强大的大型鸟铳。赵士桢对重型鲁密铳进行了改进,成为当时东亚威力最大的火绳枪,大大优于日本的大铁炮。该铳的枪管较普通鸟铳更长,重量更大,射程也更远。明末宋应星说当时有一种不同于鸟铳的鸟枪,形状相似,但枪管长,装药多,射程比鸟铳远一倍,"行远过二百步,制方仿佛鸟铳,而身长药多,亦皆倍此也"。这种鸟枪实际上就是一种改进了的大型鸟铳。到了崇祯初年,徐光启说:"虏(满洲)多明光重铠,而鸟铳之短小者未能洞贯……宜纠工急造大号鸟铳……可用洞透铁甲。"他说的大号鸟铳,应当就是宋应星说的"鸟枪"。这种大号鸟铳也可能是同时期军事技术专家毕懋康说的"追风枪",因为追风枪的特点就是"制方仿佛鸟铳,而身长药多","夫火器透重铠之利,在于腹长。腹长则火气不泄而送出势远有力,射能命中,在于出口,

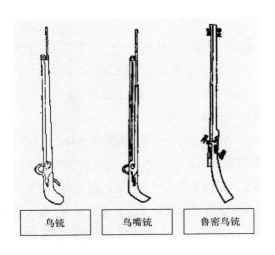

鸟铳　　鸟嘴铳　　鲁密鸟铳

直须用只眼看后照门，对前照星，对所射击之人，故十发有九中"。

针对火绳枪点火受天气影响严重的问题，赵士桢研制出了不怕风雨的合机铳、轩辕铳等火器，说："新制合机、轩辕，风雨尚且不怕，又何须虞火不发哉？"其中的合机铳，"因将《谱》中三长铳增置阴阳机牙，对准之时，火门坚闭，以避惊飚，火到自启，阳机自上而下，专司发火；阴机从下应上，专司启闭；一握总机，上下合发，名曰合机铳。是此制造，任教风伯作祟，雨师为梗，我则举放自如，用塞庸人懦夫之口"。他又将"边方常用三眼铳如造鸟铳之法，更改式样，使火送弹，不蹈旧时火带弹出及铅弹熔软化扁，坐致气弱，不能透甲。再加刚刀，便作短兵，马步可用"，"铳带床共长五尺，筒长三尺三寸，重七斤半。用之城守并车上舟中，长四尺，阴阳二机，阳发火，阴启门，对准之时，即有大风，不怕吹散门药，中国南北将臣若肯究心则海上塞外，自此鸟铳无有临时不发之患矣"。

因此，赵士桢等军事专家设计出来的鸟铳和鸟枪，是当时世界上最先进的火枪。

明末中国发明的"自生火铳",是中国乃至东亚文献中最早的燧发枪。如前所述,燧发枪的出现是火枪技术上的一大飞跃。在西欧,具有实战价值的燧发枪出现于17世纪20年代的法国,几乎在同时,中国也出现了燧发枪。万历三十三年(1605),徐光启就已说火轮"能以石出火,无俟宿火"。崇祯八年(1635),明朝军事专家毕懋康造出了自生火铳。他说:以往的火绳枪的主要缺陷是"铳遇风雨不便,凡铳必先开火门,乃可对敌举放。往往有被风雨飘湿而不能一发者,有未及照星而误发者"。为了克服这个根本性的缺陷,"须将龙头改造消息,令火石触机自击而发药得石火自燃,风雨不及飘湿,缓急可应手"。简单说来,就是以燧石枪机代替火绳枪机,发射时士兵扣

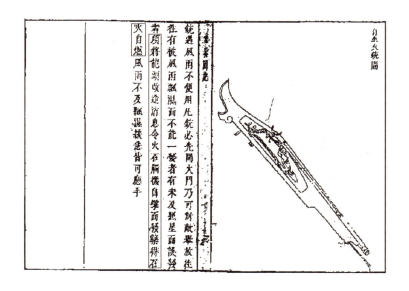

亚洲最早的燧发枪——自生火铳

动扳机，锤击燧石，产生火星，从而引燃火药。这种自生火铳就是燧石枪。由于记载过于简单，难以确知这种自生火铳是毕懋康自己发明的还是受了西方影响研制出来的。但是无论如何，这一重大技术进步确实体现了当时中国火枪技术水平基本上与西欧保持同步。

在火炮方面，16世纪佛郎机炮流入中国。明朝在战场上缴获到了佛郎机炮后，认真研究并加以改进，同时也发现了其局限性。较早接触佛郎机的顾应详指出：这种火炮只能用于海战或守城，"持以征战则无用矣"。在王琼、汪鋐等人的努力下，佛郎机由最初的船炮，被改进为用来守城的流星炮、能够机动使用的架驼佛郎机铳，并结合明代技术开发出来的手把佛郎机铳、铜体铁心的合金炮中样佛郎机铳、装备于战车的熟铁小佛郎机等多种佛郎机铳，还有将两门甚至三

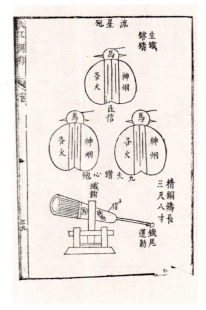

流星炮图解（宋应星《天工开物·下卷》）

门佛郎机铳合到一起以便连续射击的连二佛郎机和连三佛郎机。明朝造出了各种适用的佛郎机,有大中小十多种,最大的长3米、重250公斤,最小的长70厘米、重56公斤,分别用为舰炮、城防炮、战车炮、野战炮、骑兵炮等。

明朝对佛郎机的改进,不仅体现在佛郎机种类的增加方面,而且也在佛郎机体量的加大方面。明代仿制的佛郎机炮以中小型为主,最大者约三百斤,射击的威力有限度。为了克服这种缺陷,明朝人不断进行摸索、创新,从嘉靖时期始至明末,共创造出五种新类型的佛郎机式重火炮。其中一种是名为"神飞炮"的佛郎机类型的大中型火炮。这种火炮兼有西欧新式大炮红夷炮和佛郎机炮的特长,而克服了它们各自的某些缺点。神飞炮吸收了红夷炮射击猛烈、杀伤力强的优点,同时又采用了佛郎机的子铳发射方式,克服了红夷炮运转笨重、装填缓慢的弱点,炮身可以在较长的时间内连续射击而不炸裂,被明政府封为"神威飞电大将军"炮。这种炮威力强大,被称为"火攻中狮子吼"。毕懋康认为这种火炮比其他大炮更加适合实战需要,因此这种火炮达到了当时世界上重型火炮的先进水平。

明朝生产出来的各型佛郎机总数达三四万门,数量超过世界上任何其他国家。

到了万历末期,红夷炮输入,这是当时世界上最先进的火炮。明朝自制铁火铳的最大射程不超过三里,而且要冒炸膛的危险;而三千斤重的红夷大炮可以打到七八里外,最远可达十里。明朝人发现了红夷大炮的优越性后,迅速大量仿制。天启四年(1624),广东虎门白沙巡检何儒铸造了十四门,其中几门被带去宁远战场。徐光启主持制造红夷炮,1630年2月至8月制成四百多门。此后由汤若望主持造炮,先后造了五百多门。因汤若望造炮成绩显著,崇祯帝赏赐两块金属。除朝廷造炮外，一些封疆大吏和统兵大员，如两广总督王尊德、总督卢象升与洪承畴等人，也都在战事紧急之时就地造炮。

明朝制造的红夷炮不仅数量大，而且技术先进。北京八达岭中国长城博物馆藏有崇祯元年（1628）造的一门红夷炮，有准星、照门和炮耳，管壁为铁芯铜体。现藏于辽宁省博物馆的一门吴三桂于崇祯十五年（1642）捐资铸造的"定辽大将军"大炮，炮身长381.8厘米，内口径10.2厘米，外口径29~64厘米，炮体光亮如漆，重约2500公斤，也是铜壳铁芯。刘鸿亮指出：崇祯时期明人首先铸出铁芯铜体的"捷胜飞空灭虏安边发熕神炮"以及"定辽大将军"。与先前的铁炮或铜炮相比，这两种新型火炮不仅管壁较薄、重量较轻、花费较少，且较耐用。明人把中国的冶铸技术和欧洲的火炮设计相结合，造出了世界上最高品质的火炮。黄一农更进一步指出，明朝能如此迅速地量产红夷大炮，与中国当时优秀的铸铁技术有关。在不断仿造中，明代工匠改进了铸炮技术，使用铁芯铜体铸造法，巧妙地利用铜之熔点（1083℃）远低于铁之熔点（1538℃）的物理性质，在铁胎冷却后再以泥型铸造法或失蜡法制模，并浇铸铜壁。在西方，美国军官罗德曼（Thomas. J. Rodman）在南北战争时发明了一种铸炮新法，即采用中空的模型，在其中导入冷却水，可使铁质炮管自内向外凝固，所铸之炮可以更大，耐用程度可达到先前的五倍至数十倍。明朝的铁芯铜体的铸法虽使用两种金属，但原理很接近罗德曼法的雏形，而明朝的"定辽大将军"炮比罗德曼炮早出现了两个多世纪。因此，明末工匠铸出了当时世界上最好的大炮。

在明朝后期还开发出一些新的炮种。例如嘉靖年间制造的虎蹲炮，长一尺九寸（约合0.6米），重36斤（约合21.5公斤），配有铁爪、铁绊，发射前可用大铁钉将炮身固定于地面，形似虎蹲，这种炮克服了发射时后坐力大、跳动厉害的缺点。

军事史学家切斯（Kenneth Chase）把18世纪以前世界各国的火器战术分成两类，一种以西欧及日本为代表，另一种则以奥斯曼帝国、波斯萨菲帝国、中国等为代表，认为前者是在一种以步兵、攻城战为主的战争中发展出来的，后者面对的是具有高度机动性的游牧人骑兵，火器的运用原则与西欧、日本很不一样，因此火器不易得到发展。这种说法很有问题，因为明朝与后金/清的战争也是以步兵、攻城战为主的战争。但是从另外一个角度来看，切斯的说法在一定范围内也可以成立。在明代大部分时期内，主要敌人是蒙古人。对于往来如风的蒙古骑兵，鸟铳和大炮确实有很大缺陷。戚继光在蓟镇练兵时说：在与蒙古人的战斗中，"（鸟）铳尽发则难以更番，分发则数少而不足以却聚队。手枪打造腹口欠圆，铅子失制，发之百无一中，则火器不足以与彼矢敌矣。"军事专家何汝宾也说："鸟嘴（铳）在南多用而北少用，三眼（铳）在北多用在南少。此为何哉？北方地寒风冷，鸟嘴必用手击，常力不易，一旦火门开而风甚猛，信药已先吹去，用辗信易坏火门，一放而房骑如风至，执之拒敌甚为不便。"因此明朝北方边将往往"以边地风大，门药不便为辞"，拒绝使用鸟铳。为了对付蒙古骑兵，明朝军事专家把外来的技术与本土的技术结合在一起，开发出新的适用于对抗蒙古骑兵的火器。

明代后期中国军事技术人员把鸟铳技术和传统的多眼铳技术结合，设计出了三眼铳等新式多管火器。晚明兵书《武备要略》说："三眼铳管约长一尺，铳口如鸟铳大，可容铅弹三钱。铁要炼熟，两筒相包务使合缝密实，眼内大小得宜；亦以钢钻稍车之，使眼内光直，出弹方准。三管攒而为一，用箍三道或只用口箍一道。眼要挨底钻使不后坐。铳后共打一库箍装木柄，柄后用一铁钻或以铁箍。"除了材料不是精铁外，三眼铳的制造几乎与鸟铳的造法一样。这种三眼铳主要用于北方防线与蒙古人作战，比鸟铳有效，但是仍然存在不少问题。赵士桢总结说："马上用三眼铳以御房骑，房颇畏之。然放毕举以搏击，头重起艰，利害相半，兼之甚难讨准，往往虚发。"他进行了改进，创造了名为"翼虎"的骑兵用火器："因变其制，用照星短床，后尾钩着带鞯带，左手执铳对敌，右手悬刀燃火，放毕为盾，举刀迎敌，马上可备出奇摧坚，步下极便伏路急击，名曰翼虎。"

戚继光镇守蓟镇时，结合中国的大将军炮和引进的佛郎机炮两种火炮的优点，创建了名为"无敌大将军"的新式重型火炮。这种火炮重1050斤，母体用大将军炮，但腹部乃至整个体型均若佛郎机。发射时，根据射击目标的上下远近临时安放枕木，因此命中率颇高。运行时，用大车一辆，加上活轴十数道，只需三四人就可上下。无敌大将军装有三门子铳，每门子铳装置了五至七层铁子共500个，配上足够的火药，一发可击宽二十余丈，形成一个强大的火力网。发放后，只需一人之力就可提换另一门子铳，便捷神速又与佛郎机相似，因此可以连续发射。这种火器成为对付大队骑兵冲锋的利器。

明朝人还把鸟铳技术嫁接到传统的多管火铳技术上，设计出了多种多管连装用火绳点火连射的单兵枪。赵士桢设计出的迅雷铳是这种火器的代表。该枪由五支单管火绳枪的枪管组成，成正五棱形平行立于圆盘上，中间有一根中空的木柄，柄内装火球，柄端有铁枪头，柄上安发火机，与单管的火门相对应，枪管的前部有牛皮牌套作为护盾。作战时，射手将枪柄架于叉架上，先以发火机对准一管的火门点火射击，射后将圆盘转72°，对准第二管的火门点火射击，其余依次类推。射毕后即点燃柄内的火球，喷火灼敌。近战时可将铳身倒转过来，当成刺杀武器。但赵氏发现迅雷铳过于笨重，不利于当长枪

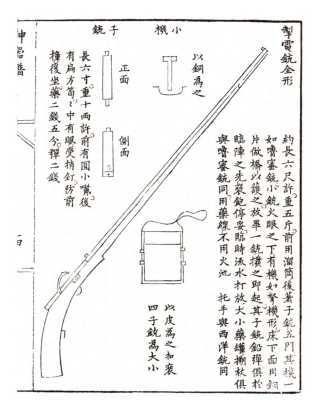

掣电铳（《神器谱》）

刺敌,且装弹速度慢,因此他又缩短枪管,将枪管减为三管,去掉盾牌,用三颈火药罐加快装弹速度。经过这样的改进,新的迅雷铳成为可以有效地对付胡骑的密集冲锋的利器。此外,赵氏还根据子母铳原理,结合鸟铳,开发出后膛装填的大型鸟铳鹰扬炮和掣电铳。

明代火药配方也有很大改进。明代兵书《火龙神器阵法》强调:配制火药时要注意药性的特点和作战的需要,以便"知药性之宜","得火攻之妙"。与宋代兵书《武经总要》的记载相比,《火龙神器阵法》中火炮的火药,成分由14种减为4种,由复杂到简单,配置更趋合理,提高了速燃性,增大了威力。到了明末,鸟铳发射药已经使用粒状火药,而不是以前的粉末状火药。火药配方也有很大改进。在明初,火药配比为硝78.7%,硫黄7.9%,炭13.4%,到了明后期改进为硝75.8%,硫黄10.6%,炭13.6%,已经基本达到黑火药的最佳配比(硝75%,硫黄10%,炭15%)。

明代在火器改进方面的情况,明代兵书里有详细的记载。成书于永乐时的《火龙神器阵法》,将当时使用的火器种类进行了总结:"火攻之法,有战器、有埋器、有攻器、有陆器、有水器,种种不同,用之合宜,无有不胜。"该书列出了多种火器(其中有四十多种是明代出现的新火器)。成于天启元年的《武备志》,收有火器更多达一百八十多种。在所列的火器中,仅管形火器(铳)就有24种。火器种类众多,表现了当时人们对威力更大的新型武器的期盼,力图设计出最有效的火器。当然,这些火器中的许多,在实战中并无很大的使用价值,正如戚继光所言:"今之制火器者,类愈多而愈无实用。用火器者失法,而每以自误","有火砖、一窝锋、地雷、千里炮、神枪等,百十名色,皆不切于守战"。这些不切实用的火器,逐渐被淘汰,留下的都是经过实战检验的利器。毕懋康说得更明白:"火器各

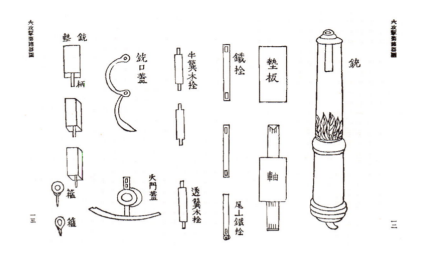

火铳的各种部件（汤若望、焦勖《火攻挈要》）

色约三百余种，一切花法如《火经》所载火人、火马之属，皆止可间设一出而不可常恃者也。军中实实得用，不过数项。"简言之，"今日之计，以与战言之，必须各项器械，各长彼一倍，相持之势，各得便宜数倍，庶可驱胆怯之卒，不坚之阵，而当强悍之敌也。精得火器、火箭、鸟铳、喷筒，则可以长于敌之矢矣"。

这里特别要一提的是，明代兵书数量之多，为中国各朝之冠，其中大部分又出自16世纪、17世纪。其中戚继光的《纪效新书》和《练兵实纪》，俞大猷的《韬钤续编》，唐顺之的《武编》，郑若曾的《筹海图编》《海防图论》《江南经略》，何良臣的《阵纪》，王鸣鹤的《登坛必究》，赵士桢的《神器谱》，何汝宾的《兵录》，茅元仪的《武备志》，孙元化的《西法神机》，汤若望、焦勖的《火攻挈要》，孙承宗的《车营扣答合编》等，都是中国兵书的精品。《神器谱》《西法神机》《火攻挈要》都是以火绳枪与火炮的制造与使用为基础论述兵法和战法的。何汝宾的《兵录》中有"西洋火攻神器说"一章，被认为是中国最早研究西方火炮技术的专著之一。该书介绍了各种西洋火炮的形制尺寸、弹药用量、铸造技术和弹道射程等事，其中还绘有数幅铳规的使用图。"西洋火攻神器说"一章于1799年译成日文，为日本武器专家所取法。

由上可见，一直到17世纪中叶，中国的火器技术并未落后。因此，中国依然与西欧一同成为火器技术进步最大的两个地区，也成为世界其他地区获取先进火器技术的主要来源地。

七、早期军事全球化与早期经济全球化

从本章所论可见，在早期经济全球化时期，出现了先进火器技术的全球传播，从而导致了早期军事全球化。这种早期军事全球化与早期经济全球化之间有什么关系呢？

在16世纪之前，火器技术传播的主要途径是战场接触。这种传播方式的局限性很大，因此火器技术从中国传到西欧用了几个世纪的时间。同时，在中国与西欧之间的广大"中间地带"和亚洲东部的"东边地区"，火器技术的运用很有限。这些地区的人们对传来的火器技术进行了一些改进，但是都不大。到了16世纪、17世纪（亦即早期经济全球化时代），火器技术的传播出现了重大变化，这些变化主要是：

第一，在早期经济全球化时代，各国、各地区之间的联系比以往大为加强，因而彼此之间的利益冲突也随之增加，兵戎相见的概率

也加大了。以往许多风马牛不相及的国家和地区，这时也会成为竞争对手，进一步发展为潜在的和现实的敌人。这就迫使各个国家和地区不得不积极寻求先进的火器技术。

第二，早期经济全球化创造了一个全球性的网络，各种知识和技术都可以通过这个网络传播，因此使得技术传播的时空局限性不断缩小。这使得先进火器技术的传播变得更加容易和快捷。

第三，早期经济全球化的主角是商人，而唯利是图是商人的本性。如果某种有用的知识和技术在某个地方可以带来更好的回报，商人就会把这些知识和技术出售给能够出最高价钱的主顾，而不问他们是何人。这就破除了国家对先进军事技术的垄断。

第四，在早期经济全球化时期，世界一些地区的军事技术出现了革命性的进步。这个革命使得军事技术不断推陈出新，从而迫使陷入冲突的国家和地区必须不懈地追求新的军事技术并加以改进和创新。结果是更新、更先进的军事技术得以更快、更广地传播，形成全球性的互动，亦即我们所说的军事技术的全球化。

最后，还要谈谈火器技术的全球传播与军事革命的关系。

恩格斯曾对欧洲军事史进行过研究，他说：应当特别强调的是，在从装刺刀的枪起到后装枪止的现代作战方法中，决定事态的不是执马刀的人，而是武器。然而军事史学家帕克（Jeremy Parker）指出："单单'技术优势'本身很少能确保作战的胜利，正如瑞士军事作家安托万·亨利·约米尼在19世纪早期所说的那样：'武器装备的先进可能增加作战获胜的机会，但赢得战争的却并非武器本身。'直到20世纪，战争的结局较少决定于技术而更多地由其他因素来决定。"这些技术之外的因素中，最主要的是战斗方式和军队组织方式。如果战斗方式和军队组织方式不相应发生改变，仅拥有先进武器并不能保证可以获得胜利，例如我们在中日甲午战争中所看到的那样。比起先进武器的引进来说，战斗方式和军队组织方式的变革是一项更为复杂和困难的工作。然而，只有通过这些变革，才能导致军事革命，而只有通过军事革命，才能建立一支能够有效使用先进武器、克敌制胜的近代军队（关于这一点，我们还将在后面讨论）。正因如此，在世界军事史上，1300～1650年的"火药革命"与16世纪、17世纪的"军事革命"是两个不同的阶段。

第 **4** 章

大洗牌
早期经济全球化时代
的东亚世界

明代以前东亚世界大体形成的几大文化圈在15世纪发生巨变，伊斯兰教再度东扩，中南半岛形成的佛教文化圈事实上阻挡了伊斯兰教继续向东，东亚诸国儒家独尊，基督教也随欧洲海外扩张在全球广泛传播。伊斯兰教、佛教和基督教的传教士往往与商人同行，随着贸易的发展到各地传教，儒家文化圈的扩张则与相关国家内部商业化所导致的经济整合密切相关。

关键词：文化圈　佛教长城　大洗牌　早期经济全球化

一、文化圈及其演变：15世纪以前文化视野中的东亚世界

要知道早期经济全球化时期的东亚变化，首先要了解明朝以前的东亚世界是什么样。这里，我就从"文化圈"的角度来谈谈。

在今天，"文化圈"是一个很热门的名词，如大家津津乐道的"东亚文化圈""基督教文化圈""伊斯兰文化圈"等。那么，什么是文化圈呢？一般而言，所谓文化圈指的是具有相同文化特征，或包含相同文化要素的地理区域的最大范围。世界上不同的地区可以同属一个文化圈，一个文化圈内也可以包括不同的部族和民族。在一个文化相关的不同地带，只要有相当一部分文化元素是相符的，就可以同属一个文化圈。文化圈是独立持久的，也可以向外迁移。一个文化圈之内的整个文化，包括人类生活所需要的各个部分，如器物、经济、社会、宗教等。向外迁移的，有可能是整体文化的部分，也可能是整个文化模式。

经过诸多变化，明代以前的东亚世界大体上形成了三个文化圈，即位于狭义东亚的儒家文化圈、位于东南亚和南亚的婆罗门教文化圈和位于中亚的伊斯兰教文化圈。此外，在明代中国的西部外围地带（即东南亚的许多地区、锡兰以及今天中国的新疆与西藏等地）还存在一个佛教文化圈，以及历史更为悠久的祆教（琐罗亚斯德教）文化圈等，不过势力都比较微小。

1. 婆罗门/印度教文化圈

东亚世界大多数地区位于中国和印度两大文明的周围，深受两大文明的影响。这两大文明对这些地区的影响颇为不同。中国的影响多在经济方面，而印度的影响主要在文化和宗教方面。相比之下，通

过文化与宗教，印度文明更能深入普及各地。

印度文化比中国文化更早传到东南亚，以宗教影响最大，其他如文字、艺术、建筑等也同时输入，所以古代东南亚各国都受到印度文化和宗教的支配。印度的婆罗门教形成于公元前7世纪，公元前6世纪至4世纪达到鼎盛时期，之后开始衰弱。7世纪中叶，婆罗门教与其他宗派互相融合，诞生了一个新的宗派。在8世纪、9世纪，这个婆罗门新宗派教吸收了佛教和耆那教的一些教义，结合印度民间的信仰，经过商羯罗的改革，逐渐发展成为印度教。印度教与婆罗门教没有本质上的区别，所有的教派都以撰于公元前1500年的《吠陀经》为经典教义，此外各自信奉其他不同的经文。因此前期婆罗门教也被称为古婆罗门教，而印度教则被称为新婆罗门教。这里，我们笼统地称之为婆罗门/印度教。

婆罗门教大约于公元前3世纪或者更早一些传入东南亚，成为最早出现在东南亚地区的主要宗教信仰，尤其是东南亚各地的统治阶层，大多接受了婆罗门教，因此出现了一些"印度化王国"。在中南半岛上，"印度化王国"的早期代表有占婆（即占城）、扶南、刚迦、狼牙修等，后期则有真腊、高棉、古吉打、三佛齐、满者伯夷等国。其中吴哥王国（柬埔寨）在苏耶跋摩一世在位时（1002～1050）步入全盛期，他大力崇信婆罗门教，兴建了大量的寺庙。今天我们看到的吴哥古城的大部分建筑都是婆罗门教建筑，建于苏耶跋摩二世（1113～1150在位）和阇耶跋摩七世（1181～1219在位）两位国王的时代。在南洋群岛，曾相继出现过几个印度教/佛教王国，其中最主要的有7～13世纪建立于南苏门答腊的室利佛逝王国和13世纪初爪哇岛中部和东部兴起的新柯沙里王国。到了14世纪，满者伯夷王国在新柯沙里王国的基础上继续进行大规模扩张，其全盛时期的版图大

苏耶跋摩二世浮雕（位于吴哥窟第一回廊南面西侧）

致相当于今日印度尼西亚和马来西亚的总和。

然而，婆罗门/印度教在东南亚的影响主要限于上层，特别是集中于与统治者和宫廷有关的狭窄范围内，被用来构建礼法制度并巩固统治，因此基本上是一种上层的宗教，未能扎根于广大普通民众之中。今天一些学者已指出：印度文明对广大的东南亚普通人民的影响、对社会深层的影响有限，欧洲学者提出的东南亚"印度化"观点是应该打上一个问号的。

2．佛教文化圈

佛教在印度兴起后，在孔雀王朝时期达到鼎盛。当时的阿育王奉佛教为国教，广建佛塔，刻敕令和教谕于摩崖和石柱，从此传遍南亚次大陆的很多地区。同时他又派传教士到周围地区传教，东至缅甸，南至锡兰（今斯里兰卡），西到叙利亚、埃及等地，使佛教逐渐成为世界性宗教。佛教向亚洲各地传播，大致可分为两条路线：南向最先传入锡兰，又由锡兰传入缅甸、泰国、柬埔寨、老挝等国；北传经帕米尔高原进入中国，再由中国传入朝鲜、日本、越南等国。

在印度本土，佛教在阿育王时代之后逐渐衰落。尔后在大夏王弥兰陀和贵霜王迦腻色伽的护持之下，再度盛行一时，其后又逐渐衰落。到戒日王、佛陀笈多王和嘉增王统治印度的时代，又得复兴，盛极一时。后来到了波罗王朝，佛教一度大兴，以后就一蹶不振。随着印度教的兴盛，佛教日益式微。到了13世纪，佛教基本上在印度消失，但是在印度周围地区，佛教的命运却很不相同。

佛教很早就通过锡兰传入东南亚地区，几乎和婆罗门教同时。但早期佛教在大部分地区的影响力不及婆罗门/印度教，而且也是兴衰起伏，命途多舛。

锡兰是佛教传播的重要基地，阿育王曾派他的儿子摩哂陀去锡兰传授佛教。公元前1世纪，锡兰出现了两个佛教派别：大寺派和无畏山寺派。大寺派被认为是南传佛教的正统派。缅甸、柬埔寨、老挝等国的佛教都承受锡兰大寺派的法统。

锡兰虽是南传佛教的起源地，但是到了11世纪初，南印度的朱罗人入侵，统治锡兰达五十三年之久。统治者大力提倡婆罗门教，打压佛教。到了毗舍取婆诃一世（1055～1114在位）复国时，佛教在锡兰已经衰微。毗舍取婆诃一世遣使缅甸，邀请缅甸孟族僧团前来弘扬佛法及传授比丘戒法。到了12世纪下半叶，波洛罗摩婆诃一世协助佛教推行改革，促使大寺、无畏山寺、祇园寺三派团结，虽未能完全达成，但从此大寺派势力日盛。在波洛罗摩婆诃及其继承人治下，佛教得到极大的繁盛，吸引很多东南亚比丘至锡兰受戒及求学，使锡兰大寺派传到缅甸和泰国等地。后来锡兰佛教再度衰微，又从缅甸和泰国引进教团。

在中南半岛，2世纪时已有小乘佛教出现于泰南。到了5世纪，佛教在缅甸中部旧卑谬（Old Prome）也已存在。6~11世纪，孟族人建立在包括今日泰国及下缅甸大部分地区的堕罗钵底（Dvaravati）国，接受了小乘佛教。尔后通过与孟族人接触，小乘佛教也传入了中南半岛上的一些国家和地区。

佛教由锡兰传入缅甸约在4~5世纪。在此之前已有婆罗门教传入，稍后佛教由孟加拉、奥里萨等地传入。最初传入缅甸的佛教是上座部佛教。10世纪以后，大乘佛教及密教也陆续传入。1044年，阿奴律陀统一全国，建都蒲甘，建立缅甸最早的统一王朝——蒲甘王朝（1044~1287）。他奉大寺派佛教为国教，在蒲甘修建了瑞德宫佛塔，历经两代才完工。1057年，蒲甘王朝征服了打端地区（今缅甸南部），请回比丘、三藏圣典、佛舍利、宝物等，又由高僧阿罗汉（Arhan）领导改革僧团，虔诚信仰上座部佛教，原先的大乘佛教、密教、婆罗门教逐渐消失。在蒲甘佛教的全盛时期，上缅甸共有一万三千多座塔与僧院。12世纪时，缅甸的僧团分裂为锡兰宗派与原有的缅甸宗派。锡兰宗派不久又分为尸婆利、多摩陵陀、阿难陀三个僧团。虽然分裂，各派仍极力弘扬佛法，所以佛教仍十分兴盛。锡兰国王毗舍取婆诃一世曾遣使到缅甸，求赐三藏，请派僧团，一时缅甸成为南传佛教的中心。以后历代王朝都保护佛教。

佛教在5~6世纪时传入扶南（今柬埔寨）。6世纪扶南改称真腊，宗教信仰为大小乘佛教和印度教同时存在，这明显地反映在宗教仪式和9~12世纪吴哥城的许多宫殿建筑上。达朗因陀罗跋摩二世（Dharanindravarman Ⅱ，1150~1160在位）倾向于大乘佛教，转变了王室的宗教信仰。1181年，阇耶跋摩七世（Jayavarman Ⅶ）被拥立为王，为吴哥王朝最强盛时代。阇耶跋摩七世在位四十年，是一位虔诚的佛教徒。他的两位王妃也都是虔诚的佛教徒。他大力建筑佛寺，使大乘佛教普及盛行，佛教获得迅速的发展。阇耶跋摩七世约1219年去世，谥号"伟大的最高佛教徒"。但在他的统治下，婆罗门教并未受到歧视，婆罗门教僧侣依然在宫廷任职。中国旅行家周达观一行在1296年抵达真腊，停留大约十一个月，写了《真腊风土记》一书，是今天研究柬埔寨中古史最珍贵的资料。从这本书的记载可以看到，当时柬埔寨的宗教以婆罗门教及佛教为主，而佛教更为深入民间农村，而且佛教可能已从大乘佛教信仰转变为南传佛教信仰。

佛教传入今泰国地区的过程颇为曲折。8世纪时，南洋群岛的室利佛逝王朝国势强盛，信仰大乘佛教，传教士越海传教至马来半岛、泰国南部、柬埔寨等地。9～12世纪，柬埔寨吴哥王朝兴盛，信仰婆罗门教及大乘佛教，势力伸展至泰境的罗斛、素可泰、披迈等地。到了1044年，缅甸蒲甘王朝兴起，热心推行上座部佛教。泰族人在泰境北方建立兰那和兰沧两个小国，因受蒲甘佛教的影响，信仰上座部佛教。后来兰沧一系向泰境东北发展，就成了以后的老挝。素可泰王朝建立后，大力提倡弘扬锡兰佛教，特别是第三代坤蓝甘亨王（1277～1317），他致力于与锡兰通好，选派比丘或比丘尼前往锡兰求戒和学习，回国后成立僧团，精研三藏。在他的大力推动下，上座部佛教在泰国取得统治地位。

在老挝，明确记载有佛教信仰是在14世纪后期法昂王创建南掌国之后。法昂王幼年曾追随父亲流亡高棉，受到摩诃波沙曼多长老教养。他的王后是高棉王之女，是虔诚的佛教徒，法昂王受她影响，恭请高僧，铸造佛像，建立波沙曼寺，普通民众也逐渐转信佛教。

在南洋群岛，佛教从5世纪起开始传入苏门答腊、爪哇、巴利等地。据中国唐代高僧义净的记述，在7世纪中叶，今印度尼西亚诸岛小乘佛教已盛行，以后诸王朝都信仰大乘佛教与印度教，直至15世纪。

简单说来，在15世纪之前，佛教虽然已经传到东南亚上千年，但是并未取得实质性的进展，仅限于少数地区，也没有像婆罗门/印度教那样成为上层社会普遍接受的宗教，在普通大众中更没有广泛的基础，因此常常兴衰不一，在许多时候成为婆罗门/印度教的附庸。

在北面，佛教的传播顺利得多，也成功得多。公元前3世纪，在阿育王的大力弘扬下，佛教从印度北部传播到犍陀罗和克什米尔。两百年以后，佛教从犍陀罗传入大夏，从克什米尔传入于阗，同时也从克什米尔传到吉尔吉特，从印度北部传到现在巴基斯坦的南部，并穿过伊朗东部传到安息。1世纪时，佛教从大夏向东传到粟特，并沿着塔里木盆地南缘进一步传播，传到喀什、楼兰。2世纪时，佛教势力到达塔里木盆地北缘，传到库车和吐鲁番。在西面，佛教于1世纪传到了中亚大国贵霜帝国，并迅速传播。贵霜国王迦腻色伽一世大力弘扬佛教，修建了富楼沙的大讲经堂，把胁尊者、世友、众护、马鸣等一批出色的佛教学者招到自己身边，并在胁尊者的提议下召开了佛教高僧大会，对经、律、论三藏重新给出了解释。贵霜帝国一时成为佛教中心。贵霜在其鼎盛时期（105～250）疆域从今日的塔吉克绵延至里海、阿富汗及恒河流域，在国王迦腻色伽一世和其承继者统治之下达至鼎盛，被认为是与汉朝、罗马、安息并列的亚欧四大强国之一。由于贵霜帝国国土广大，又扼丝绸之路的要冲，与中国有密切的商业来往，佛教也由此传入中国。

之后，佛教也被中亚和北亚突厥语系诸民族接受。他们建立的柔然汗国，从5世纪初起，统治着以蒙古为中心、从库车到朝鲜边境的辽阔地域。柔然人信仰一种于阗式和吐火罗式混合的佛教。551年，柔然汗国被其统治下的突厥人推翻。新建立的突厥汗国很快又分裂成东西两部分。东突厥汗国统治着蒙古高原，信奉当地流行的柔然佛教，并添加了汉文化的因素。西突厥汗国则信奉中亚的佛教。在西突厥汗国，佛教十分兴盛。唐代高僧玄奘也记述了西突厥统治下的喀什和大夏佛教寺院的兴旺情况。在喀什，寺院成百，僧侣数万；在大夏更有过之而无不及。大夏最大的寺院是位于该国主要城市巴里黑的纳缚僧伽蓝。该寺院是整个中亚的佛学高级研修中心，在大夏和安息都有其附属的寺院，与于阗的关系尤为特殊，向于阗派出众多僧侣。于阗先前信奉小乘佛教，5世纪始传大乘佛教，在5~8世纪成为佛教文化的一大中心，对于佛教的东传影响颇大。中国高僧法显于东晋隆安五年（401）到了于阗，见这里的人民尽都信奉佛教，有僧众数万人，多学大乘。到了唐代，玄奘来到于阗，也说此地人民知礼仪，崇尚佛法，伽蓝百余所，僧徒五千余人，都研习大乘佛教。位于吐鲁番地区的高昌也是一个佛教重镇。9世纪中叶回鹘（即回纥）西迁，有一支进入吐鲁番地区，建立了高昌回鹘国。这些回鹘人原来信仰摩尼教，到了这里后与当地居民融合，改信当地流行已久的佛教，创造了优秀的高昌回鹘佛教文化，历经数百年而未衰。高昌、龟兹和于阗并称我国西域三大佛教重镇。

因此在很长的一个历史时期中，佛教是中亚地区最重要的宗教，特别是在大夏、克什米尔和塔里木盆地。在犍陀罗和蒙古地区，佛教也受到欢迎，但尚未植根于普通民众之中。在中亚、北亚地区，佛教并不是唯一的宗教，佛教之外还有祆教、印度教、聂斯脱里派基督教、犹太教、摩尼教、萨满教以及其他土生土长的信仰体系，各种宗教信仰大体上都和平共处。

佛教也从印度向北传入西藏。佛教未传入前，西藏居民信奉苯教（又称苯波教，俗称黑教），是植根于西藏的一种巫教。4世纪中叶，藏王拉托托日年赞时期，西藏开始出现佛教。到了791年，藏王赤松德赞宣布佛教为国教，禁止苯教流传。但是到了9世纪中叶，佛教受到严重打击。836年，信奉苯教的贵族发动政变，刺杀赤松德赞，拥立其兄朗达磨为王，朗达磨在位期间展开了大规模的灭佛运动，封闭佛寺，涂抹壁画，焚烧经典，迫害僧侣。这次灭佛行动给西藏佛教带来严重的打击，史称"朗达磨法难"，成为西藏地区佛教史中的"黑暗时代"，也结束了西藏佛教的"前弘期"。到了978年，佛教重新传入西藏，进入了西藏佛教的"后弘期"。自此以后，佛教在西藏的统治地位确定了。与此同时，佛教在印度屡遭变乱，特别是1203年穆斯林入侵时，印度佛教各大寺庙都被毁坏，很多印度佛教学者纷纷前往西藏取经，可见此时西藏已成为新的佛教中心。元朝建立后，佛教（尤其是藏传佛教）获得了朝廷的尊重，萨迦派法师八思巴被忽必烈奉为国师（后升为帝师），赐玉印，任中原法王，命统天下佛教，并兼任总制院（后改名为宣政院）使来管理吐蕃事务。这标志着佛教在西藏已经成为主要宗教。

3．伊斯兰教文化圈

伊斯兰教于7世纪兴起于阿拉伯半岛后，迅速掀起了第一次扩张的浪潮，征服中东、北非、西亚广大地区以及欧洲部分地区。这个扩张的浪潮也波及了中亚。715年，阿拉伯人夺取了中亚大国大夏。以后，一些中亚游牧民族（特别是突厥人）逐渐放弃了原来信仰的佛教、摩尼教和拜火教而改宗伊斯兰教。最早皈依伊斯兰教的突厥喀拉汗王朝（992～1212）把伊斯兰教传入于阗、叶尔羌等地。到了13世纪，伊斯兰教推进到了位于天山北麓东端、准噶尔盆地东南缘的昌八喇城（今吉木萨尔）。不仅如此，另外一个信奉伊斯兰教的突厥人王朝——位于阿富汗东南部的伽色尼王朝（962～1212，又称哥疾宁王朝、伽兹尼王朝），经常向印度北部发动圣战。该王朝最著名的君主马哈茂德（998～1030在位），被称为"一位伟大的军事统帅和一位不倦的伊斯兰战士"。他率军进攻印度达17次之多，远达恒河的卡瑙吉，吞并以拉合尔为中心的旁遮普，旁遮普从此成为穆斯林地区。他北上联合喀剌汗朝共同消灭了中亚大国花剌子模。他去世前，向西占领莱伊（今德黑兰南部）及哈马丹，从而建立一个阿巴斯王朝以来版图最大的帝国。1026年，马哈茂德的军队攻占位于阿西阿瓦尔的印度著名神庙——索那斯神庙。这座神庙里的僧侣们向马哈茂德敬献财宝，请求他把庙中的神像保留下来，可是马哈茂德拒绝了这一要求，说："我要打碎偶像，我不想卖钱。"他还先后占领古吉拉特和曲女城。之后的廓尔王朝（1150～1206）进一步把穆斯林的统治扩大到印度北部大部分地区。到了德里苏丹国（1206～1526）时期，印度北部完成了伊斯兰化。德里苏丹国之后又出现了强大的莫卧儿帝国。伊斯兰教势力沿海岸南下，抵达印度河口，征服了印度洋的贸易重镇胡荼辣国（今古吉拉特），从而使得伊斯兰教商人控制了阿拉伯海和印度洋的贸易，伊斯兰教也通过海道传入东南亚。

　　1136年和1267年，信奉伊斯兰教的吉打苏丹王朝和苏木都剌国分别在南洋群岛建立。到了13世纪初，伊斯兰教已广泛传播于苏门答腊西北部和北部沿海地区。1292年马可·波罗自中国归国途中，经过苏门答腊，发现那里的霹雳城是座穆斯林城。著名的摩洛哥旅行家伊本·巴图塔于1345～1346年途经苏门答腊到中国旅行时，也记述了伊斯兰教在苏门答腊兴盛的情况。自此以后，伊斯兰教逐步深入到中部和南部地区，最终成为该地区的主要宗教。与此同时，伊斯兰教也传到了爪哇岛。

在中南半岛，近代学者认为大约在中国的宋代，伊斯兰教传入占城国。但据14世纪埃及作家迪马斯基（Damashqi）记载，甚至早在7世纪中叶阿拉伯第三任哈里发奥斯曼（Uthman）执政时期，伊斯兰教就已经传入占城国。在占城南部的宾瞳龙地区，8世纪中叶以来就已经存在着一个穆斯林社会。9世纪后期占城统治中心北移，宾瞳龙的伊斯兰教势力迅速发展。根据占城的传说，真主安拉于1000～1037年"君临都城"，亦即安拉于1000年从天而降，成为占城的国王，建都于佛逝，统治了三十七年之后返回麦加。这个传说反映了占城曾一度出现了一个穆斯林政权，很可能就是宾瞳龙的穆斯林所建立的。10世纪开始至1471年，伊斯兰教在占城社会广泛传播，占城王族中不乏皈依伊斯兰教者，从而促进了伊斯兰教的政治势力进一步增长。在占城国内一些地方（特别是在南部地区），穆斯林建立了地方政权。

因此在南亚、中亚和东南亚许多地区，15世纪之前，已出现一个伊斯兰教逐渐取代印度教、佛教和其他宗教的趋势。在这些地方，逐渐出现了一个伊斯兰教文化圈。不过，这个文化圈的范围尚有限。史学大师汤因比在其名著《人类与大地母亲》一书中，对西欧人来到东南亚之前这个地区的宗教状况进行了分析："1511年葡萄牙人占领马六甲时，东南亚已经形成四种宗教并存的局面。其中两种宗教即上座部佛教和伊斯兰教，相对来说是较晚传入此地的。上座部征服了几乎整个中南半岛，只有越南、占城的残余部分和马来半岛最南端除外。越南人是中国流派的大乘佛教徒。占（城）人和大陆马来人成了穆斯林。海岛马来人表面上成了穆斯林，但实际上仍然是印度教徒。巴厘岛上的马来人仍然是虔诚的印度教徒。在婆罗洲、沿海地区的马来人成了穆斯林，但在广大的内地，他们仍然是异教徒。"

4．儒家文化圈

随着东亚经济的起飞，"儒家文化圈"（亦称中华文化圈、汉字文化圈、东亚文化圈）是近几十年来的一个热门词汇。在与中国同属这个文化圈的日、韩/朝、越诸国中，越南是最早接受儒家文化的，这是因为在汉朝以来的一千多年中它都是中国的一部分，儒家文化也得以移植到此。在朝鲜半岛，早在公元前1世纪至7世纪间，新罗、百济等政权已先后接受中国的文化。到了高丽时代（918～1392），儒学传入朝鲜半岛，而高丽王朝在政治制度、考试制度、教育制度等方面也模仿中国。在日本，《论语》早在4世纪就已传入，而自6世纪中叶开始推行的"大化改新"的特征就是全面模仿唐代的政治制度。在8～12世纪，日本还模仿唐朝的科举制度，实行以贵族子弟为选拔对象的贡举制度。

关于这个文化圈的情况，我们中国人大体上耳熟能详。这里我只是强调：这个文化圈虽然在唐代已经形成，但是在15世纪之前，还处于初期发展阶段。

在这个阶段，在中国，正如陈来所说，经学在汉代刚刚开始发展，并得到政府的支持，随后到魏晋时代，一流的知识分子都被玄学所吸引去信道家，甚至为道教所吸引，隋唐一流的知识分子，一流的精神和心灵则都被佛教所吸引。当时就有一句话叫"儒门淡薄，收拾不住"，就是说儒学没办法收拾，很多第一流的人才都流失到道教、佛教和其他相关的研究中去了。因此，儒学的核心——内圣之学传统在汉代以后有一个长期的中断。到了宋代，理学兴起，才致力于把这个儒学的内在传统接续起来。不仅如此，汉唐之间几个世纪的战乱和民族迁徙，连儒家文化的发源地中原也已部分地"胡化"了。陈寅恪先生直截了当地说："当日（唐代中期）河北社会全是胡化，非复东汉、魏晋、北朝之旧。"典型的例子如范阳秀才卢霈，"自天宝后三代或仕燕，或仕赵，两地皆多良田畜马，生年二十，未知古有人曰周公、孔夫子者，击球饮酒，马射走兔，语言习尚无非攻守战斗之事"。《新唐书》更加明确地说："天下指河朔若夷狄然。"

到了宋代，儒学发生了重大变化。陈寅恪先生说："佛教经典言：'佛为一大事因缘出现于世。'中国自秦以后，迄于今日，其思想之演变历程，至繁至久。要之，只为一大事因缘，即新儒学之产生及其传衍而已。"这个"新儒学"即两宋理学，其中又以朱子（朱熹）之学为集大成者。其产生是隋唐以来逐渐走向没落的儒学的强有力的复兴。这个复兴是儒学自身变革的结果。在儒、道、释三教思想长期共存、冲突、交流融合的过程中，儒学发生了重大变化。魏晋时期，它被玄学改造，而到了此时，又被佛、道改造。改造后的儒学，既保持了儒学的核心价值观，又吸收了佛、道两教的一些思想，以及这两种宗教的大众接受性。因此，"旧儒学"仅限于部分学者中，而"新儒学"逐渐进入普通中国人的精神生活，从而获得了强大的生命力，形成一场声势浩大、波澜壮阔而又影响久远的儒学运动。然而到了元代，情况发生逆转。蒙古统治者不重视儒家学说，而尊崇各种宗教（特别是佛教），所以《元史》一再说，"元起朔方，固已崇尚释教"，"元兴，崇尚释氏"。元朝皇室带头崇佛，忽必烈"万机之暇，自持数珠、课诵、施食"，并下令给佛教寺院的田产以免税的优待。迄至顺帝时止，元朝历代皇帝都崇信佛教。在他们的带动下，全国各地大建寺宇，"凡天下人迹所到，精蓝、胜观、栋宇相望"。元朝还建立了特有的帝师制度。至元七年（1341），忽必烈晋封西番僧八思巴为帝师，"皇天之下，一人之上"，地位极为尊崇。英宗称元世祖"启沃天衷，克弘王度，实赖帝师之助焉"。从八思巴到辇真吃剌失思，终元一朝，共有十二名西番僧被封为帝师，可见朝廷对佛教的优宠。元朝统治者也希图利用儒家学说以巩固其统治，但元代并不像历史上大多数朝代那样尊崇儒学，伯颜等权臣还曾竭力排汉抑儒。儒士的社会地位很低，以致被郑所南《心史》说是"九儒十丐"。

中国尚且如此，在中国之外的越南、朝鲜和日本等地，情况更可想而知。

越南在宋以前一直是中国的郡县，今天越南史学界称之为郡县时代或北属时期。赵佗建立南越国时，儒学就已传入越南，两汉时期派往越南的地方官吏都以儒家思想为指导，整顿社会秩序，移风易俗，并实施儒学教育，输入儒家经典。影响最大者当推东汉末交趾太守士燮。他精通儒学，对《尚书》《左传》等经典颇有造诣。治理交趾四十年，"习鲁国之风流，学问博洽，谦虚下士，化国俗以诗书，淑人心以礼乐"。士燮因此被称为"南交学祖"，被尊为"士王"，先入越南帝王庙，后又入文庙，越南旧史称之："我国通诗书，习礼乐，为文献之邦，自士王始。其功德岂特施于当时，而有以远及于后代，岂不盛哉！"后经魏晋至隋唐，国家政权的倡导、地方官吏的推行，以及南迁的中原文人学者的宣扬、移民与当地居民的密切交往，这一切都推动了儒学在越南的深入传播。尤其是唐代，国势强盛，在交州设立了安南都护府，地方官吏也注重兴办教育，提倡儒学，以儒学移易风俗。交趾本地士人亦络绎不绝地游学中原，并可以参加唐朝的科举考试，入仕为官。唐朝著名文人杜审言、刘禹锡、韩偓等也都曾流寓安南。然而，此时儒学虽然已在越南具有一定地位，但传播并不如佛教广泛，也不像佛教作为一种信仰为民众接受。越南独立初期的吴朝（939～965）、丁朝（968～980）和前黎朝（980～1009）三朝依然奉佛教为国教，实行崇佛抑儒的政策。直到李朝（1009～1225）建立，局面才开始发生变化。李朝仍然崇尚佛教，但统治者改变了以往唯重佛教的政策，开始重视儒学，推行儒、释、道并尊的政策，并采取了一系列举措，提高儒学的地位，因此虽然佛教也在李朝达到鼎盛，但是儒学也日益发展。到了陈朝（1225～1400）末年，佛教日衰，儒学已形成取佛教而代之的趋势。

在朝鲜半岛，虽然儒学传入已有长久的历史，但是在 14 世纪末以前，尚处于发展的第一阶段。从中国传入的汉唐儒学，仅限于少数知识分子中，也尚未完全确立起主导意识形态的地位。958 年，高丽政府"始制科举"，把儒学经典列为考试科目。992 年又设立最高学府国子监，在地方设立了乡校，并派经学博士教育贵族子弟，儒学教育得到了相当的发展。但是，由于 993 年开始的历时三十年反抗契丹入侵的战争，极大地阻碍了官办儒学教育的正常发展。儒学教育不得不转向民间，出现兴办私学的新倾向。

在日本，幕府时代（1192～1867）以前传入的儒学也主要是以"五经"为核心内容的汉唐儒学。进入幕府时代以后，儒学的传播内容发生了大转向，宋代理学取代了汉唐儒学输入日本。不过即使是到此时，儒学还只是作为佛教的附庸传入的。在镰仓时代（1185～1333）中期，日本与宋朝的文化交流日渐密切，中、日两国的游学僧人逐渐增多，他们为宣传禅学，多持儒佛一致论，理学借禅学得以传播。

由此可见，在 15 世纪之前的越南、朝鲜和日本，儒家文化主要限于上层社会,尚未在普通民众中生根。在普通民众中,儒家影响往往不及佛教或其他宗教的影响。

5．基督教文化圈

基督教传入东亚已有长久的历史。基督教入华的历史,可以追溯到唐代的景教。

明朝天启三年(1623),长安(今西安)附近一户人家在盖房子的时候,无意中发现了很大一块碑石,刻着"大秦景教流行中国碑"几个大字,碑身则刻满了叙事文字。经过考证,发觉这竟是记述唐太宗时景教传入中国事迹的碑!后来在1908年,考古学者在甘肃省的敦煌石室中,又发现了一些景教的文献,为景教传入中国提供了进一步的佐证。对照西方教会的历史以及中国唐朝的历史记载,终于确定"景教"就是当时基督教在中国的名称,进入中国的年代是635年。这块景教碑也成为基督教传入中国的最早历史记录。

景教是中国人对基督教聂斯脱里派的称呼。聂斯脱里派基督教,又称波斯经教或大秦教。这是一个什么样的教派呢?原来,在5世纪早期的西方基督教社会,因为教义上的争执,原任君士坦丁堡主教长的聂斯脱里(Nestorius)被打成异端,因而迁往波斯一带,另行建立教会。这个以波斯一带为基地的聂斯脱里派教会怀抱强烈的宣教愿望,派遣传教士前往东方,循着古代丝绸之路到了中国,传播基督教。景教受到唐朝上层社会的关注。唐玄宗本人就对景教颇感兴趣,但似乎是出于他对音律的嗜好,而非景教的教义。景教教士受到唐朝政府的优待,容许他们在中国传教,于是他们在中国建立了以长安为中心的主教区。为适应中国的国情,景教也进行了一些变革。例如景教教会虽然自称"克恭缵祖",但推出独立的人事制度,即"式封法主"之制，使得景教不再拘泥于聂斯脱里派基督教会的辙迹，而能兼容其他东方教会的特色。由于朝廷的支持和自身的变革，景教在中国有一定的发展。景教碑写到：景教当时在中国"法流十道"，"寺满百城"，可见颇为兴盛。景教在中国流传了约两百年，到了会昌五年（845），唐武宗下令灭佛，景教和祆教等宗教也受到牵连，结果导致景教在中国从此一蹶不振，后来甚至从中原完全消失。

但是景教并没有消失。退出中原之后，其活动转到了中国的边境地区。考古学家在吐鲁番及内蒙古地区发现了许多景教教徒的墓碑，西伯利亚也出土了许多刻有十字架与叙利亚文墓志铭的墓地，年代都在武宗会昌灭佛之后四百年左右。这些发现证实了景教教徒依然滞留在塞外地区。有学者指出，一些蒙古部族在11世纪已接受了景教，元朝君主忽必烈的母亲就是景教教徒。元朝入主中原之后，景教教徒随着蒙古人再度返回中国。元朝优待色目人，信奉景教的又多是色目人，因此景教教徒在中国获得很多特权，如无需服兵役、免缴赋税等。有研究指出，镇江地区的景教寺竟然有八十多所，镇江外来的人口中，每一百六十七户即有一户为基督徒（主要为景教徒）。

蒙古帝国兴起之后，基督教欧洲极力与这个超级强权建立关系。罗马天主教教廷听说蒙古军中有基督徒，派遣使者出访蒙古，从此展开了交往。1289年，教皇尼古拉四世派遣方济各会会士孟高维诺的约翰（John of Montecorvino）为钦使，携国书前往元朝。1294年，孟高维诺的约翰抵达大都，觐见元成宗，获准居留大都。1307年，教皇克莱蒙五世设立汗八里（北京）总教区，任孟高维诺的约翰为总主教，统理中国及远东教务。天主教在他的努力下发展很快。1328年，享年八十二岁的孟高维诺的约翰在大都去世，此时大都的天主教徒人数已达到六万之多。

除了景教和天主教两大教派之外，基督教的其他教派也进入了中国。1275年，在中国有三万名来自高加索北部山地信奉东正教的阿兰人在忽必烈手下服务，他们也把东正教带到了中国。

元朝统治者将基督教各教派的信徒统称为也里可温。也里可温的总数，最多时当在十万人以上。这是基督教在中国的一个黄金时代。

然而，与唐朝景教的情况颇为相似，元朝基督教的传教活动也是依附朝廷的势力进行的，信众也主要是外来民族，未能在中国社会中生根。当朝廷的支持消失后，教会也就无法立足了。同时基督教内部的教派斗争也削弱了基督教的发展，例如孟高维诺的约翰初到北京时，一直被景教教徒排斥，几乎无法立足。更为重要的是，处于民族压迫政策下的汉人，大多对享有特权的蒙古人、色目人及其所热衷的外来宗教信仰没有好感。1368年，明朝军队攻占大都。1375年，因为中国的天主教徒在兵祸中死伤殆尽或者逃离了中国，汗八里总教区也随之撤销。因此，元朝在中国的统治瓦解后，基督教也就随之而去。

到了15世纪，情况开始发生巨变。这个变化表现为伊斯兰教的扩张、印度教和佛教的衰落和有限复兴、基督教文化圈的出现以及儒家文化圈的纵深发展几个方面。

二、伊斯兰教第二波东扩浪潮

15～17世纪中期，亚洲宗教文化版图的最大变化是伊斯兰教的第二次扩张。这次大扩张的主要力量不是阿拉伯人，而是皈依了伊斯兰教的突厥人；扩张的主要方向是中亚、南亚和东南亚。这次扩张的结果，就是今天亚洲的伊斯兰世界。

伊斯兰教的第二次扩张彻底改变了中亚、南亚和东南亚的宗教文化版图。在这些地区，先前流行的宗教差不多都受到毁灭性的打击。印度教仅在南印度保住了统治宗教的地位，而在南亚其他地区和东南亚则遭到了灭顶之灾。佛教在印度本土和中亚、南洋群岛基本消失，而摩尼教、袄教等中亚千年宗教也被连根拔除。伊斯兰教在这些地区（除了印度南部和锡兰）都取得了统治地位。

由于佛教与中国有特殊的关系，这里我稍微多说几句佛教的命运。佛教兴起之后，一度成为南亚、中亚以及中国最重要的宗教。但是佛教后来却命途多舛。在印度的大部分地区，印度教复兴后，逐渐将佛教融合于其中，不仅在广大民众中扎下了根，而且也得到统治者的支持。佛教只在孟加拉等地还留有一席之地，得到统治者的推崇。当伊斯兰教第二次扩张到印度时，在穆斯林军队咄咄逼人的攻势面前，印度教统治者和民众奋起反抗，不仅保住了南印度的半壁江山，而且在北印度，印度教民众此起彼伏的起义也使得穆斯林统治者不得不适当放宽宗教政策。然而佛教徒却没有组织起任何像样的反抗。一个原因是佛教的"非暴力"信条，使得佛教徒不能拿起武器进行反抗。著名佛教史专家渥德尔（A. K. Warder）说："佛教教义，尤其是它反暴力的社会纲领……对伊斯兰教……做不出直接的回答。"这一说法有些偏颇，但也不失为一个有道理的解释。对印度佛教的最后一击，发生在12世纪和13世纪之交。德里苏丹国将领巴克提亚·契吉（Bakhtiar Khilji）率领穆斯林大军入侵印度，攻入比哈尔和孟加拉，印度佛教最高学府那烂陀寺以及佛教大寺飞行寺、超岩寺等都被摧毁。在印度传承一千七百余年的佛教，至此消亡。

在中亚，伊斯兰教于10世纪通过和平的方式传到喀什。佛教在中亚已有千年的历史，成为当地民众的主要宗教信仰，因此在很长一段时期中，伊斯兰教势力没有出过喀什一带。伊斯兰教于10世纪中叶首先由中亚传入喀什噶尔，建立了以喀什噶尔为中心的喀喇汗王朝。之后积极由西向东发展。喀喇汗国贵族出身的11世纪的著名语言学家马赫木德·喀什噶里编了一部《突厥语大词典》，其中收录了许多突厥民歌。有一首《战歌》描写了伊斯兰教东扩的波涛汹涌之势。著名中亚史专家巴尔托里德（V. V. Barthold）指出："当时伊斯兰教往东传播比较困难，那里有文化的回鹘人像一堵墙似的挡住了该教的传播。"喀喇汗王朝向信奉佛教的于阗国发动了历时数十年的圣战，于1006年消灭了于阗汉人统治的李氏王朝，千年佛教古国于阗至此灭亡。到12世纪初，伊斯兰教已在塔里木盆地西部和南部绿洲居民区传播开来，到达阿克苏至且末、若羌一线。喀什噶尔派兵攻打和田，打了四十年，消灭了这个千年佛教王国，转向下一个目标吐鲁番。喀喇汗王朝和高昌回鹘虽然出自于同一族源并且操基本相同的突厥语，但由于宗教信仰不同，彼此长期对峙，经常处于交战状态。《突厥语大词典》中也多处描述了喀喇汗王朝与高昌回鹘之间的战争。他将高昌回鹘人称为"塔特"，意思是不信仰伊斯兰教的回鹘人，并说他们是"最凶恶的异教徒"。喀喇汗王朝军队曾多次攻入回鹘地区，试图以武力强迫居民放弃佛教信仰，但遭到回鹘人的有力抗击。回鹘人不仅成功地保持了自己的宗教信仰和文化传统，而且还几次攻入喀喇汗王朝的辖地，使喀喇汗王朝统治者感到畏惧。

14世纪中叶，蒙古察合台后王秃黑鲁·帖木儿汗在伊斯兰教苏非派阿訇贾拉里丁和其子额什丁和卓的劝谕下，率领属下十六万蒙古人皈依伊斯兰教。这是一个重大的历史事件，揭开了新疆境内伊斯兰教大规模传播的序幕。额什丁和卓在帖木儿汗的支持下，率领传教队伍进入库车展开宣教活动。他们以可汗的名义号召居民皈依伊斯兰教，对于自愿加入者，给予布施、撒乃孜尔等奖励，并承诺减免赋税，保护人身财产安全等；不愿放弃佛教信仰的僧侣则遭到迫害。这里佛教寺庙被捣毁，经书被焚烧，有些佛教徒逃往吐鲁番等地避难。在这种形势下，库车居民不久改宗伊斯兰教。库车这道屏障一旦失去，高昌的佛教王国也势必难保。帖木儿汗死后，其子黑的儿火者汗继位，也大力推行伊斯兰教。畏兀儿（维吾尔人的祖先）史学家米儿咱·马黑麻·海答儿记述说："黑的儿火者汗在位时，曾举行过圣战进攻契丹（指中国）。他亲自攻占了契丹的两个边陲镇哈剌和卓和吐鲁番，强迫当地居民皈依伊斯兰教。因此，这两个地方现在被称为'达尔·阿勒·伊斯兰'。"吐鲁番成为伊斯兰地区后，佛教遭到沉重打击。僧侣被杀被迫害，一般信徒改宗伊斯兰教，佛教建筑、文物、典籍也遭到大破坏。回鹘人的佛教信仰一直延续到18世纪。传说当时哈密王很生气，说全世界都已经归顺安拉了，怎么这些人还在拜佛？于是下令派毛拉（伊斯兰教教士）上山修建清真寺，让他们皈依伊斯兰教。

吐鲁番地区被伊斯兰教势力统治后，佛教并没有很快消失。在几十年的时间内，佛教还和伊斯兰教并存。1420年中亚撒马尔罕王沙哈鲁派往明朝的使臣路经吐鲁番时，还看到该城居民大部分仍是佛教徒。但是到了16世纪，伊斯兰教已成为吐鲁番居民普遍信仰的宗教，佛教则在这一地区逐渐消失。

伊斯兰教在中亚的扩张，到了明代更加咄咄逼人。差不多就在明太祖建立明朝的同时，中亚兴起了一个极富侵略性的游牧人帝国——帖木儿帝国。这个帝国的创始人是帖木儿（Timur，1335~1405），历史上也称"跛子帖木儿"（Tamerlane）。他自称是成吉思汗的嫡系后裔,并以成吉思汗的继承人自居。帖木儿的势力兴起于中亚的河中地区,迅速成为中亚最强大的军事力量。这个人以残暴著称,对一切敢于抗拒的敌国进行大屠杀,并用被杀者的头颅建立人头金字塔,以警告他人不得反抗。他一生都在征战:三征花剌子模,六次或者七次征伊犁,两征东波斯,三征西波斯,打败了奥斯曼帝国、东欧的金帐汗国、中亚的东察合台汗国和印度的德里苏丹国等伊斯兰强国,并对俄罗斯发动了两次战争。中亚、中东、印度的重要城市报达(今巴格达)、布鲁萨、萨莱、焉耆和德里等著名城市都遭到过他的洗劫。经过三十多年的征战,他建立了从德里到大马士革、从咸海到波斯湾的帖木儿帝国,定都于撒马尔罕。到了晚年他打算要征服中国。此时明太祖建立了明朝,于1385年派使者傅安、刘惟等到中亚,要求原察合台汗国的首领对新朝效忠。使者到达哈密、吐鲁番和亦力把里后,当地的察合台家族可汗们表示效忠。但是使者来到撒马尔罕后,被帖木儿王朝逮捕,经过长时期的谈判后才获释。尔后,帖木儿于洪武二十年(1387)、二十五年、二十七年三次派使者携带礼物到明朝,呈上了措辞谦卑的称臣书信,以刺探明朝的虚实和麻痹明朝。1395年,朱元璋派傅安携带一封向帖木儿表达感谢的信到撒马尔罕。但在此时帖木儿已经宣布他要征服中国以迫使中国人皈依伊斯兰教,并且开始在位于今哈萨克斯坦南部的讹答剌(Otrar)城聚集大军。傅安尚未返回,明成祖已即位。成祖得到帖木儿准备入侵的消息,立即命令甘肃总兵宋晟进行戒备。永乐二年(1404),帖木儿兴兵二十万远征中国,途中突然于1405年1月19日在讹答剌城病逝,终年六十九岁。在他壮丽的蓝色圆顶的陵墓内绿玉色的棺材上,写着他的豪言:"只要我仍然活在人间,全人类都会发抖!"著名作家柏杨在《中国人史纲》中对此事评论说:"仅比明王朝晚一年,在中亚兴起的帖木儿汗国，正决心恢复蒙古帝国东方的故有版图。1404年，靖难结束之后第二年，帖木儿大汗从他的首都撒马尔罕出发东征，进攻中国。不料在中途逝世，军事行动中止。如果帖木儿不适时地死，根据已知的资料推断，以明王朝那残破的力量，势将无力抵抗。一个新的异族统治可能再现。"柏杨仅提到"新的异族统治"，然而与以前对各种宗教都持宽容态度的成吉思汗、忽必烈不同，明朝面对的是一位狂热的穆斯林征服者，力图用武力迫使中国人改宗伊斯兰教。

帖木儿死后，他的后裔展开了争权夺位的血战，他的帝国也因此四分五裂。最后他的四子沙哈鲁取得了胜利，但是其控制区域只限于河中、阿富汗和伊朗东部，实力已非其父时代。尽管如此，沙哈鲁在1412年给明成祖的表文中，仍然以帖木儿诏令全国奉伊斯兰教为名，要求明朝也尊奉伊斯兰教："我皇考帖木儿驸马受大统，君临国内，皆昭令全国谨守谟罕默德（穆罕默德）教律。……望贵国亦崇奉谟罕默德先知教律，借增圣教之力量，以沟通'暂今世界之帝国'与'未来世界之帝国'。"诚如邵循正先生所指出的那样："沙哈鲁自命为回教之保护者，欲以宗教与中国抗衡，不容其干涉内政，用意固甚深也。"西方的亚洲历史研究泰斗格鲁塞（René Grousset）说：帖木儿帝国之后，中亚突厥化的蒙古人建立的察合台汗国的统治者，依然试图把帖木儿王朝的穆斯林突厥-伊朗文化带到明朝中国边境地区。《明史》和《拉失德史》都记载了满速儿汗对中国的战争。《拉失德史》指出这是一次反异教的圣战。1513年，哈密王公拜牙即臣服于满速儿汗。1517年满速儿汗驻在哈密，并由此向甘肃的敦煌、肃州和甘州方向攻击中国本土。与此同时，他的弟弟、喀什噶尔的统治者赛德汗把圣战引入了吐蕃人的拉达克地区。明初设立哈密卫等"关西七卫"，到了15世纪遭遇了来自吐鲁番的强烈冲击，最后被迫东撤入关，嘉峪关以西地区各族人民大多皈依了伊斯兰教。

在南面，伊斯兰教东扩的浪潮也势不可挡。来自中亚的突厥穆斯林征服印度北部后，继续东进。与孟加拉接壤的缅甸西部地区，早已有由海道而来的伊斯兰教商人定居，在他们的影响下，不少人接受了伊斯兰教的信仰。缅甸西部阿拉干地方本来流行佛教，但1430年阿拉干王那罗弥迦罗（Narameihkla）从印度流亡返国时，带有穆斯林军队，因此伊斯兰教也传入了这里。后来的国王虽大多还信仰佛教，但伊斯兰教的势力也在迅速发展。在中南半岛的东部，千年古国占城也接受了伊斯兰教，许多居民在17世纪变为穆斯林。

从14世纪开始，伊斯兰教在马来半岛大规模传播开来。不久，海上强国马六甲兴起，控制了马六甲海峡贸易。15世纪中叶，马六甲王国征服海峡两侧地区，到1480年，控制了马来半岛南部所有人口稠密区和苏门答腊沿海地区。马六甲的统治者，原来信奉佛教、印度教，这时纷纷改宗伊斯兰教。国王帕拉米斯瓦拉（1390～1413在位）便是其中之一。他改奉伊斯兰教以后，取名伊斯坎达尔·赛亚赫。国王的改宗，带动了大批的臣民，他的继承人均为穆斯林。至此，马来半岛基本上实现了伊斯兰化。与此同时，伊斯兰教在爪哇岛也迅速扩张。伊斯兰教首先在港口城镇立住了脚，进而在爪哇岛内地迅速传播开来。早在14世纪下半叶，信奉印度教/佛教的满者伯夷帝国的一些王室成员和爪哇贵族就已改宗伊斯兰教。穆斯林的力量日益壮大，相继建立了独立的政权。其中沿海的穆斯林王国淡目国势力日益强大，1478年已夺取了满者伯夷帝国的部分领土。到15世纪末，满者伯夷帝国更加衰落，国内信奉伊斯兰教的地方长官一个个宣告独立，大约1513～1528年被皈依了伊斯兰教的一些爪哇小国联合推翻。1575年，苏托威吉约统一这一地区，建立伊斯兰教的马打兰王国

（1582～1755），满者伯夷的残余势力最终被肃清。马打兰王国统治着东爪哇和中爪哇，于1639年灭亡东爪哇最东端信奉印度教的巴兰巴安。在此之前，信奉伊斯兰教的万丹王国已灭亡了西爪哇的印度教国家巴查查兰。至此，爪哇岛已基本上实现伊斯兰化。

东南亚许多地区之所以迅速伊斯兰化，一个原因是当地的穆斯林统治者得到了当时伊斯兰世界的领袖奥斯曼帝国及其同盟者印度莫卧儿帝国的大力支持。他们皈依伊斯兰教后，即可从这两大伊斯兰强国获得支持和资源（特别是军事技术）。这使得他们在与原有的印度教/佛教统治者的斗争中处于优势地位，从而节节取胜。

三、"佛教长城"的形成

伊斯兰教的东扩不仅改变了东亚世界的文化版图，也使中国有史以来第一次暴露在一个强有力的异文化的咄咄逼人的攻势面前。如果不是出现另外一个变化的话，中国乃至东亚世界的历史可能就会是另外一个样子。这个变化就是佛教的复兴，或者用约翰·麦克尼尔的话来说，就是"在16世纪、17世纪，佛教也经历了有限的扩张的过程"。这个复兴（或有限的扩张），也分为南北两部分。

早在7世纪，随着印度教的复兴，印度的佛教修行者吸收了印度教的一些修行方式（例如念咒语、比手印等简单易学的方式）形成了密宗。密宗在佛教教义方面也略有改变，自认比大小乘佛学更进步，自称真言乘。这是印度佛教的最后一种重要形态。

密宗兴起后，很快进入了西藏。在8世纪，赤松德赞把密宗上师洛本贝玛从印度请到西藏来。洛本贝玛后来被尊为莲花生大士，成了西藏佛教的开宗教主，其宗派为宁玛派，由于该派的僧人都戴红色僧帽，所以也被称为红教。到了11世纪，密勒日巴大师创建了一个新的宗派——噶玛噶举派，被称为白教，成为势力最强、影响最大的一个派别，也是藏传佛教中第一个采取活佛转世制度的宗派。到了14世纪，宗喀巴大师发起了宗教改革，认为先前的做法有失佛教宗旨，生活易于胡作乱为。于是他建立新宗派——格鲁派，即黄教。他强调戒律，提倡苦行：不娶妻，禁饮酒，戒杀生；在教义上必先学习显宗，尤其是大乘各法，然后才能进入密宗的学习。明永乐七年（1409）藏历正月，宗喀巴在拉萨发起大祈愿法会，参加的各宗派僧人一万余人。法会后，宗喀巴又在拉萨东北四十余公里的旺古尔山建起了甘丹寺。甘丹寺的建造，标志该教派的正式形成。由于宗喀巴的改革，格鲁派发展成为最重要的藏传佛教教派。今天所说的藏传佛教，主要就是指这个教派。

明朝永乐五年（1407），明成祖册封噶玛噶举派第五世法王得银协巴（哈立麻）为大宝法王。噶举派势力逐渐抬头，"大宝法王"这个封号至今一直被噶玛噶举派历代法王所专用。明嘉靖二十五年（1546），哲蚌寺的索南嘉措正式称活佛，成为格鲁派的领袖。万历六年（1578），索南嘉措应蒙古土默特部俺答汗之请，到青海传教，受俺答汗赠予达赖喇嘛的称号，是为达赖名号的开端。索南嘉措被认为是达赖三世。崇祯十五年（1642）蒙古和硕特部固始汗受此派领袖人物达赖五世罗桑嘉措和罗桑确吉坚赞之请，出兵击败该派各敌对势力集团，格鲁派也由此而位居其他宗派之上，成为藏传佛教最大的宗派。

蒙古人先前信奉萨满教，到成吉思汗统一蒙古诸部建立蒙古汗国时，萨满教发展到兴盛的顶峰。忽必烈统一中国建立元朝后，藏传佛教进入蒙古宫廷，从忽必烈的个人信仰很快变成蒙古王室的共同信仰。1260年,忽必烈当了蒙古大汗,封八思巴为国师。1264年,忽必烈迁都北京,设置总制院管辖全国佛教和藏族地区事务,任命八思巴以国师身份兼管总制院,八思巴成为元朝中央政府的高级官员。

然而佛教传入蒙古后,广大的蒙古百姓并没有皈依佛门。佛教在普通蒙古人的宗教生活中影响有限,他们主要还是遵循当地习俗与萨满规范。元朝覆亡,蒙古汗廷北撤塞外后,在蒙古民间具有深厚传统的萨满教复兴,佛教一度在蒙古社会中销声匿迹。到了16世纪后期,经过宗喀巴改革过的藏传佛教再度传入蒙古,开始了第二次弘传。在这次弘传中,两个人起了关键性作用,即库图克台彻辰洪台吉和俺答汗。库图克台彻辰洪台吉(1540~1586)是成吉思汗第十九代孙,也是俺答汗的侄孙。明嘉靖四十五年(1566),库图克台彻辰洪台吉率兵远征土伯特,在锡里木济三河交汇处派使者致信藏族宗教首领,说:"你们要是归降于我,我们就共同信仰你们的宗教,不然的话,我就加兵于你们。"藏族宗教首领归降他后,他把其中三位带回蒙古,并奉他们为师,学习藏、汉文佛经,在藏族宗师的教习下,他掌握了藏文,成为通晓蒙古、畏兀儿、藏、汉多种文字的人才。他与俺答汗关系密切,多次劝说俺答汗接受藏传佛教。因此清初成书的《蒙古源流》说库图克台彻辰洪台吉是第一位信仰藏传佛教的蒙古皇族。

俺答汗(1507~1582),亦称阿勒坦汗、索多汗,他皈依藏传佛教后又称格根汗,明人称为阿不孩、俺滩、谙达等。他是蒙古土默特部首领,皈依藏传佛教后,在他的影响下,蒙古各部汗王相继皈依藏传佛教,促使藏传佛教再次传入蒙古地区。万历六年(1578),俺答汗以高规格礼节与索南嘉措在青海湖畔察卜齐雅勒会晤,史称"仰华寺会晤"。俺答汗亲自主持了这次会晤,蒙、藏、维、汉等各族十万多人与会。在会见仪式上,库图克台彻辰洪台吉代表蒙古向索南嘉措一行发表了热情洋溢的欢迎词，并在大会上接受了索南嘉措给予的封号。宴会上，俺答汗烧毁其供养的"翁衮"像，并从此取缔了蒙古人长期信仰的"翁衮"偶像。他还下令在蒙古地区传播藏传佛教格鲁派，修建召庙，翻译佛经，颁行戒律，取缔殉葬制度，采取行政手段禁绝萨满教，使得萨满教急剧衰落。到了万历八年（1580），在俺答汗病重弥留之际，土默特部分贵族对藏传佛教产生了怀疑，甚至要毁经灭教。库图克台彻辰洪台吉得到消息后，从鄂尔多斯赶来，协助俺答汗把诸首领和官员召集起来，给他们讲经教的好处，制定法规，让他们发誓遵守法规，不毁经灭教。在库图克台彻辰洪台吉的大力协助下，这场风波最终得以平息。到了17世纪中期，大漠南北的大部分蒙古人已信仰藏传佛教。

俺答汗接受藏传佛教的决定，对中国意义非常重大。范文澜先生在谈到唐代吐蕃兴起、占领西域时说："这个新形势，从长远处看，吐蕃阻止武力传教的大食东侵，使汉族文化免于大破坏，又为后来回纥西迁、定居在天山南北做了准备，对中国历史是一个巨大的贡献。"他的这个论断，对于明代中国更是贴切。

在南方，佛教也取得了重大进展。

在缅甸，蒲甘王朝没落后，政权转移到掸族手中，此后缅甸陷于分裂达二百余年。不论北方的阿瓦王朝，还是南方的庇古王朝，都重视弘扬佛教。但是由于孟族僧团和锡兰系僧团互相对立，影响了佛教的传播。到了达磨悉提王（1473～1492在位）当政时，进行佛教改革，选派僧众至锡兰在大寺重受比丘戒，回国后依锡兰大寺制度，规定比丘重新受戒，不合法的命令舍戒还俗，至此缅甸分裂了三百多年的僧团重归统一。到了16世纪，东吁王朝（1531～1752）兴起，成为东南亚强国，佛教也得到更大发展。

在今日的泰国地区,在大城王朝以前处于堕罗钵底、室利佛逝、罗斛国的势力范围之内。堕罗钵底人民信仰的是最早传入的小乘上座部佛教;室利佛逝因受到爪哇的势力影响,人民大多信仰大乘佛教,但也有少数人信仰原有上座部佛教和婆罗门教;罗斛国则信奉印度教,采用佛教礼仪中的一些习俗。1350年,拉玛铁波底(乌通王)建立大城王朝后,进行了佛教改革,派遣使节到锡兰迎来僧人,整顿僧伽组织。自此,大城王朝、吞武里王朝(1767~1783)、曼谷王朝(1782年至今)都以南传上座部佛教为唯一的信仰。1408年,郑和第二次下西洋时,到达暹罗国。随从马欢在《瀛涯胜览》中说,暹罗国"崇信释教,国人为僧为尼者极多,僧尼服色与中国颇同,亦住庵观,持斋受戒"。14世纪中叶后,柬埔寨成为泰国的属国,上座部佛教随之传入。以后,老挝又从柬埔寨传入上座部佛教。

由于缅甸和暹罗都是中南半岛上的强国,在它们的扩张中,佛教也得到发展,形成了中南半岛的佛教文化圈,从而在中国的南方遏制了伊斯兰教的东进。

这样,从蒙古、新疆北部、青藏高原,到中南半岛的缅甸、暹罗、柬埔寨和老挝,佛教取得了支配性地位,形成了一道环绕中国西、北、南三面的"佛教长城"。这道"长城"遏止了伊斯兰教的东扩,从而使得中国避免了印度的命运。因此对于中国以及东亚世界来说,这道"佛教长城"的出现,具有非常重大的意义。

四、儒家独尊

在东亚世界文化圈大洗牌的同时,儒家也正在经历着一个复兴和深化的过程。作为结果，自15世纪起，儒家文化圈在东亚世界取得实质性的进展。

儒家文化的核心是儒学，儒学在其长期的发展过程中经历了不同的阶段，并以不同的形态存在。在早期阶段，儒学主要以一种学术或思想的形态存在，只限于少数学者之中，尚未得到官方重视，也与普通民众的生活无关。在第二阶段，儒学以官学的形态存在，已经上升为官方意识形态，但尚未深入民间。到了第三阶段，儒学出现民间形态，即儒家伦理渗透到了普通民众之中。儒家学说要发展成为民间形态，本身必须发生改变，以适应这一任务。

钱穆先生指出：宋明之儒从以往注重吏治技术与王权统治合理性论证的"官学之儒"中分离出来，重新强调"以教化为先"的世俗人文传统，逐渐完成了向"教化之儒"的角色转换。他们通过举办各种社会事业，如义庄、社仓、保甲、书院、乡约等，投身于广阔的基层社会。宋、明以下，世族门第消减、社会日趋平等且散漫无组织，社会的一切公共事业，必须有"主持领导之人"；若读书人不管社会事，专应科举、做官、谋身家富贵，势必日趋腐败。因此，"宋明理学精神乃是由士人集团，上面影响政治，下面注意农村社会，而成为自宋以下一千年来中国历史一种安定与指导之力量"。

明朝建立后，大力复兴儒学。明太祖早在洪武元年（1368）便诏谕群臣，"天下甫定，朕愿与诸儒讲明治道"，科举试士也"专取四子书及《易》《书》《诗》《春秋》《礼记》五经命题试士"，并下令在乡试、会试中，一律采用程朱一派的理学家对儒家经典的标准注本，提高程朱理学在官方学说中的地位。到了永乐十三年（1415），在明成祖的指示下，以程朱思想为典范，编成《五经大全》《四书大全》《性理大全》，确立了朱子学独尊的地位。三部"大全"颁布后，国家以强制的方式将其作为学校教育和科举考试的内容，使得程朱理学成为国家意识形态，以此规定士人的阅读与理解的取向，进而用官学化的理学来统一人民的思想。这些举措，导致儒学成为中国社会的支配性意识形态。自此以后，通过政府和地方士绅的各种"教化"活动，儒学所倡导的社会理想和伦理道德规范向基层社会渗透。明代儒学教化网络的广阔和严密程度大大超过了前代。儒家思想由此深入民间，对民间社会产生了深远影响。

无独有偶，正是在明代，以程朱理学为主的儒家思想也在安南、朝鲜、日本取得重大发展，成为支配性的意识形态。

在安南，胡季犛建立胡朝（1400～1407）后，实行限佛尊儒政策，积极倡导儒学，为儒学从后黎朝开始居于正统地位奠定了基础。在后黎朝（1428～1789）和阮朝独立时期（1802～1858），经过统治者的大力提倡，儒学（特别是宋明理学）在越南的传播与发展进入鼎盛时期。后黎朝的黎圣宗将僧道排斥于国家政治生活之外，全面实行以儒学为中心的政治、法律及文化教育政策，从政治、经济、文化教育到规范民风民俗，均实施贯彻儒家思想。由后黎朝至阮朝中期的四百余年是越南独尊儒教的时期，儒学成为越南居于主导地位的意识形态。

14世纪末以后是儒学在朝鲜半岛传播的第二阶段，传播的内容是程朱理学。朱子学传入朝鲜半岛的时间可追溯到高丽王朝末期。14世纪末，高丽王朝开始衰落，一批文人为了挽救国家的危亡，维系人心，开始引进朱子学。14世纪末李朝王朝建立，学者郑道远、权近等人以朱子学为理论武器批驳佛教，从而为朱子学取代佛教以及儒学在15世纪、16世纪的兴盛奠定了理论基础。随着李朝"崇儒排佛"政策的确立，儒家思想开始在朝鲜半岛占有绝对的统治地位，确立了其在官方哲学及正统学术思想上的地位。儒学也完成了在朝鲜本土化的演变过程。

在日本，室町时代（1338～1573）的禅僧中出现了以五山禅僧为代表的一批倡导宋学的人。宋学逐渐深入宫廷，公卿贵族学者开始研习宋学。室町末期，一些尊宋学的学者为避战乱，寄身于地方豪族，宋学随之扩展到地方，逐渐打破了禅僧独占宋学的局面，并形成博士公卿、萨南、海南三个研究宋学的学派。在镰仓、室町时代，朱子学虽已传入日本，但只是佛教的附庸。到了16世纪中叶，朱子学成为显学，在幕府政权的保护下，高居官学地位，统治日本思想界二百六十多年。其中，京师朱子学派以藤原惺窝、林罗山等人为代表，简称京学。藤原惺窝（1561～1619）是日本朱子学最早的开创者。他原为禅僧，后来脱离佛门，转向儒学并蓄发还俗，这是日本儒学走向独立的象征性事件。他大力倡导朱子学，使日本儒学结束了依附禅宗的历史，走向独立发展的路程。继藤原惺窝之后，林罗山（1583～1657）继续致力于儒学的独立，进一步发展了朱子学，并使之官学化。他终生仕奉幕府，历四代将军，受到幕府厚遇，深得德川家康的重用，掌握幕府的学政，并直接参与幕府政事，起朝仪，定律令，还依据朱子学理论规范幕藩体制的等级秩序以及道德准则。他更为坚决地批判佛教，力排基督教，同时也批评陆王心学。到了室町时代末期，在关西、土佐等地方，儒学思想逐渐占了主要地位，并且成为该地区统治的思想基础。这一切，为江户时代（1603～1867）儒学的发展创造了条件。此时执政的德川幕府在国家意识形态方面，由佛儒并用转向独尊儒家思想学说，把儒学定为官学，不遗余力地加以奖励、提倡，同时强行禁止"异学"，使日本儒学进入鼎盛期。有些学者认为在明代，由于倭寇问题导致中日交恶，日本与中国在文化上渐行渐远。但事实上，正是在明代，由于日本"独尊儒术"，以儒家文化为核心的中国文化才真正深入到日本社会。景泰四年（1453），日本派遣9艘遣明船来到中国进行朝贡贸易。其中有一僧人笑云瑞訢，将此过程进行了简单记录，这就是《笑云入明记》。其中谈到一位明朝中书舍人对笑云说："外域朝贡于大明者凡五百余国，唯日本人独读书。"

五、基督教到来

15世纪末16世纪初的地理大发现，带来欧洲国家的海外扩张，也带来了基督教在全球范围内的广泛传播。

基督教是促成欧洲海外扩张的重要因素之一。作为海外探险先锋的葡萄牙和西班牙，有着长期与伊斯兰教战斗的记忆。他们不仅在精神上受这种记忆激励，而且在战斗中积累了很多航海术和地理学方面的知识和技能，因此他们在宗教义务与利益诱惑的驱使下，率先投身海外冒险事业。传教士紧随殖民者，在欧洲以外的广大地区热忱地传教。亚洲是一个重要的传教区域。早在1494年，教皇亚历山大六世就颁布了划分葡萄牙和西班牙势力范围的第一道训谕。该训谕规定以大西洋为界，在佛得角群岛以西370里格（1里格约合6公里）处，自北至南划出一条分界线，该线以西所发现的非基督教国土归西班牙所有，以东地区归葡萄牙所有。这条线后来被称为"教皇子午线"。此后经过多方调停，印度、马六甲、摩鹿加群岛乃至中国、日本被划归葡萄牙，同时西班牙对拉丁美洲和菲律宾的控制得到默许。

起初，基督教在亚洲的传教活动并不成功。达·伽马到达印度西海岸之后，第一批包括圣芳济会、多明我会、耶稣会的欧洲传教士紧随其后。1541年，葡萄牙传教士先在果阿成立了隶属于罗马天主教会的耶稣会，在1580～1595年的十五年间，耶稣会先后派遣三个布道团进驻莫卧儿帝国。葡萄牙人对伊斯兰教采取敌视政策。1560年葡萄牙人在果阿成立一个宗教法庭，开始残酷的宗教迫害，甚至对穆斯林中那些表示忏悔的皈依者也施以拷问和焚烧。这种偏执的宗教态度，激起了印度民众的强烈反感，这也是导致葡萄牙人传教活动难以成功的一个重要原因。此外印度种族语言复杂，社会等级森严，伊斯兰教和印度教深入民间，实力强大。因此，无论是葡萄牙人还是后来的英国人，在印度的传教活动都收效甚微。

1540年，葡萄牙国王约翰三世向教皇保罗三世申请委派传教士与葡萄牙新任果阿总督同行去印度。教皇派教士方济各·沙勿略作为教廷远东使节，于1541年7月从里斯本出发，翌年5月6日抵达果阿。1543年，沙勿略去马六甲，后在日本逃犯安日禄陪同下，于8月间到达日本鹿儿岛商埠传教。他看到日本很多人信仰佛教，认为"在日本传教最好的法子就是先到中国传教，因为它是日本的文化和思想的策源地"。回到果阿后，他向葡王提出到中国传教的报告，获准后于1553年4月14日离开果阿前往中国，8月到达广东台山县的上川岛，谋求入广州传教未成。后患疟疾于12月10日死去，被耶稣会士称为"远东开教之元勋"。

耶稣会士未能进入内地，于是在澳门开始了传教。据统计，嘉靖四十四年（1565），全澳门已有天主教信徒5000人。有鉴于此，教皇庇护五世于1566年任命卡内罗（Melchior Carneiro）为澳门主教，于1568年5月抵澳门任职，成为以公开的主教身份到澳门传教的首任主持人。卡内罗到澳门后，曾两次赴广州向广东当局请求入广州建立会所传教，均未获批准。他旋即回澳门于1569年建立慈善堂与医院，收容弃婴孤儿，为人治病，以吸引澳门的中国居民皈依天主教。同时。他建立了澳门第一个正式的天主教教堂——望德堂进行传教，澳门从此变成了天主教在远东的驻地。当卡内罗在澳门取得进展的情况下，教皇额尔略第十三世于1576年颁布召令，成立澳门教区，管理中国、日本和安南的传教事务，隶辖于果阿总主教。由于澳门教区的建立，耶稣会传教进展加快。至1640年，澳门的天主教徒已发展到4万人之多。澳门也成为天主教在中国传教的基地和在远东活动的中枢。

耶稣会吸收罗明坚、利玛窦在中国传教活动的成功经验，规定凡入华传教的耶稣会士，一律先在澳门集中学习中国语言文字和礼仪。为此，于1594年12月1日将澳门原来只有小学规格的圣保禄学院（Coligio de San Paulo）扩大和升格为大学，按传教的需要设置中文、拉丁文、神学、哲学、数学、医学、物理、音乐、修辞等多门课程。其中以中文课程为最重要的必修课，人人必学，学时也最多。招生对象是欧洲的耶稣会士及中、日的进修生。曾先后在该学院任教的耶稣会士有三十多人，其中著名的有教数学的艾儒略、毕方济、汤若望，教哲学的孟儒望、安文思，教神学的王丰肃、李若望、阳玛诺等。曾在学院攻读毕业的会士达到二百多人，占1583～1770年入华传教的467名会士的26%左右。因此圣保禄学院成了耶稣会入华传教的训练基地。耶稣会士经过培训后进入中国内地传教，传教活动在全国的南北直隶、山东、山西、陕西、河南、四川、浙江、江西、广东、广西等12个省区迅速发展起来。中国天主教信徒不断增加，据不完全统计，从1555年的20人，增加到1615年的5000人，1636年的38200人和1644年的15万人。信徒中包括明朝的宗室内臣、皇亲眷属。崇祯末年，宗室亲王信教者达到140人，内宫信教者40人，皇帝赐封的诰命夫人信教者80人。地方政府的"许多重要的官员，如督宪、县知事、总兵等，为好奇心所冲动，公然到小圣堂里参加弥撒祭礼"。可见到了明代末期，天主教在中国已发展到了一定规模。

基督教在日本的传播比在中国取得更大的成功。1542年葡萄牙人首次来到日本。1561年，领主大村纯忠答应了葡萄牙人在横濑浦的开港要求，并为他们提供了相当优厚的条件，例如将港口周围三里范围之内的土地和农民交给天主教会使用，凡不愿信教的佛教徒一律迁走，同时在当地进行贸易的商人可免除十年赋税，等等。1563年3月至6月，大村纯忠与25名家臣一起在横濑浦接受了洗礼，正式皈依天主教，并取教名为堂·巴尔特罗密欧，成为日本历史上的第一位天主教大名（领主）。在他的带动下，横濑浦和大村附近在短期内便出现了一千二百余名天主教徒。由于不断受到其他不信奉天主教的大名的袭击，大村纯忠遂向罗马教廷的使者瓦利格纳诺·亚历山德罗请求，将长崎以及附近的茂木完全献给教会，其目的在于利用教会的力量，维护长崎的安全。瓦利格纳诺于1580年同意了这个要求，随后有马晴信亦将辖内的浦上献给教会。尔后，大批日本人皈依了天主教，其中包括不少日本大名（例如丰臣秀吉的大将小西行长和加藤清正等）。但是西班牙人于1571年征服了菲律宾群岛，使丰臣秀吉和后来的德川幕府感到威胁，害怕西班牙人会把皈依天主教的日本人作为他们企图征服日本的"第五纵队"。1587年，丰臣秀吉下令驱逐天主教传教士。1614年，德川幕府发布敕令，禁止天主教在日本活动，之后基督徒在日本受到残酷迫害。1637~1638年，日本基督徒举行起义并遭镇压。接着，1638年，日本驱逐了在日本的葡萄牙人。在1603年获准进入日本的荷兰人被允许留在日本，因为荷兰人使日本人相信：他们的兴趣仅在贸易，并不想使日本人皈依基督教。即便如此，荷兰人仍然被限制在长崎港口的一个人工岛——出岛上，不得外出。

在东南亚，基督教传播取得了一定程度的成功。1512年，葡萄牙人在摩鹿加群岛的特尔纳特建立据点，开始传播天主教；17世纪，他们又在越南和泰国传教。1521年，西班牙开始在菲律宾中部传播天主教。1571年，西班牙占领马尼拉，在菲律宾全境传教。西班牙在菲律宾实行天主教会与殖民政权相结合的政教合一统治，使得菲律宾社会天主教化，菲律宾也成为今天东亚唯一的天主教国家。1605年，荷兰占领安汶，1619年占领雅加达，开始传播基督教新教。1588年，西班牙无敌舰队被英国海军击败，英国和法国逐渐取代葡萄牙和西班牙在东南亚的地位，获得该地区基督教传播的控制权。法国传教士1615年在越南成立耶稣会，1668年取得在越南的传教权，17世纪中叶成为在泰国传教的主力。不过，信奉基督教新教的英国和荷兰更关心的是商业，对传教活动并不热心。成立于1602年、旨在开拓殖民事业的荷兰东印度公司，将天主教徒视为西班牙和葡萄牙的潜在支持者，明令天主教徒不得担任高级雇员，也不允许在当地开展传教活动。因此在荷兰和英国的殖民地，天主教传播并未取得多大成功。

简言之，16世纪以来，基督教在东南亚迅速传播开来，但只有在菲律宾群岛获得真正的成功。然而，虽然基督教在东亚世界只赢得了菲律宾这一个较大的地区，但是以澳门等地为据点，形成了网状的基督教文化圈。通过这个文化圈，东亚世界得以与西方基督教世界形成更为紧密的文化、经济、技术交流。不仅如此，因为这时的西欧正处于科学技术迅速发展的时期，所以这个文化圈也成为东亚世界科学

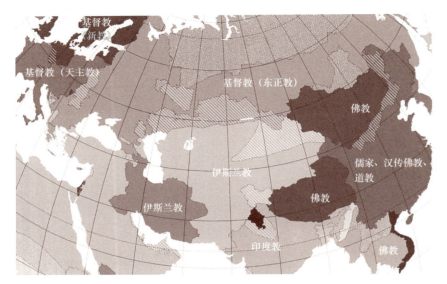

今日亚洲主要宗教文化区

技术知识的重要来源。正如汤因比所言:"由西方商人和帝国的创建者们掀起的层层浪潮所带来的西方文明,是形态各异的。以西班牙人和葡萄牙人为代表的第一个浪潮,力图完整地输出西方文明,包括他们本民族的宗教。而在任何文明中,本民族的宗教都是该文明整体的核心。所有具有力量的非西欧民族都成功地抵抗了西班牙和葡萄牙人的这一企图。所以,荷兰人——法国人——英国人掀起的,在不信基督的异教地区传播西欧文明的第二个浪潮,输出的仅是经过筛选的西欧文明。荷兰和英国的私商和官方都对传教士的活动皱眉蹙额,表示不满。从17世纪开始在人类文明世界中渗透的、这种删节了的西方文明中最重要的因素,不是宗教,而是技术。其中,第一位的也是最重要的是为战争服务的技术。"

六、文化圈大洗牌与早期经济全球化

15~17世纪中期东亚世界的文化版图的大洗牌与本书所说的早期经济全球化这两大历史事件之间有什么关联呢?

首先,我想强调:这两大历史事件之间有着非常重要的联系。在这四大文化圈中,三个都与宗教有关,而在宗教的传播中,商人往往扮演着重要的角色。伊斯兰教的传播与商人有密切关系,特别是到了"伊斯兰黄金时代",穆斯林商人掌控非洲与阿拉伯、阿拉伯与亚洲之间的贸易路线,影响力很大。因此,伊斯兰文化通过商人传播到中国、印度、东南亚及西非广大地域。佛教和基督教的传教士也往往与商人同行,随着贸易的发展传播到各地。只有儒家文化的传播方式颇为不同,这是因为儒家学说不是宗教的缘故。但是儒家文化圈的发展,与相关国家内部商业化所导致的经济整合有密切关系。这种商业化即经济区域化,因此可以视为经济全球化的一个方面。正如我在本书第二章中所说,早期经济全球化的动力是贸易,因此早期经济全球化对于东亚世界文化圈的大洗牌,当然是至关重要的。

瑞德(Anthony Reid)在《东南亚的贸易时代:1450—1680年》中说:经济的变化促进了社会的变化,而这又为文化和政治力量的渗透、传播铺平了道路。伊斯兰教和基督教在东南亚海岛地区的长驱直入,基本都遵循了同样的道路。而在大陆地区,缅甸南部活跃的孟族商人也成为小乘佛教改革的急先锋。很久以来,通过控制市场和贸易流通所获得的财富一直是东南亚国家的根本资源。为了应对接踵而来的挑战,这些财富和宗教思想最终都逐渐演变为加强王权的强大武器,用以削弱国内敌人的势力。这本书的书评者维舟写道:"这是一个令人眼花缭乱的分水岭时代,各种力量交替兴起,相互矛盾的趋势同时并存。一方面地方自治更加强化,另一方面外国富商成分更加多元化;既是一个经济空前繁荣的时代,又是政治力量的束缚日益加强的时代。其结果,由于经济、军事和政治等各方面因素的合力,产生了一种复杂的化学反应:15~16世纪与世界经济紧密互动,到17世纪中叶起却又决定性地将东南亚推离了国际贸易的轨道。"

当然,我们也要注意到:东亚世界地域广大,各地情况差别很大,因此上述两大历史事件之间的关系也颇为复杂。大体而言,在东亚世界的北部和西部的大陆地区(即中亚、北亚、青藏高原和中南半岛),伊斯兰教文化圈和佛教文化圈的发展和扩张,更多是借助政治和军事力量,而在东亚世界的东部和南部(即东北亚、中国和南洋群岛),伊斯兰教、基督教文化圈的发展和扩张则更多地依靠商业贸易。至于儒家文化圈的发展,则主要依靠相关国家内部的商业化,因此较少依靠外力。

其次,这些文化圈的发展对于早期经济全球化也有着重大意义。由于文化上的共同性,处于同一文化圈中的各地人民,不仅获取知识、技术和其他资源更加容易,而且进行贸易活动也更加方便。这种情况在儒家文化圈、南方伊斯兰教文化圈和基督教文化圈表现得最为明显。在儒家文化圈内,中文成了共同的书面沟通手段。不仅中、日、朝、越各国人民可以无障碍地从中文文献中获取知识和技术,而且在相互贸易中也使用中文作为工作语言。在南洋群岛,各穆斯林土邦通过伊斯兰教,从南亚莫卧儿帝国和西亚奥斯曼帝国获得军事技术知识及伊斯兰教世界的贸易方式,与东亚世界其他部分进行商业往来。基督教文化圈更将西方的商业习惯、技术知识引入东亚世界,葡萄牙语也成为跨越东亚世界各文化圈的商业通用语言,从而在东亚世界的国际贸易中发挥了重要作用。

最后，在这些文化圈的扩大和深化过程中，商人起了重要的作用。我在本书第二章中，已经谈到在早期经济全球化时代各国商人活跃于亚洲各地（特别是海域）的情况，在第三章中又谈到在早期经济全球化时代、军事技术在全球的传播中，商人也扮演了重要角色。这些情况对于15世纪开始的东亚世界文化大洗牌都具有重大意义。本来西方的两大宗教——基督教和伊斯兰教，就有武力传教的传统。14世纪时，拜占庭皇帝曼努埃尔二世批评伊斯兰教先知穆罕默德，说他是"一手拿剑，一手拿《古兰经》宣扬教义"。但早在12世纪，基督教已变得日益激进，西班牙天主教徒在与穆斯林的战斗中，使用了著名的卡勒多拉巴（Calatrava）十字架作为标志。这种标志由骑士的剑和牧师的十字架组合而成，因此可以说是"一手拿剑，一手拿十字架"。到了地理大发现之后，欧洲人在征服殖民地的过程中，也是"一手拿剑，一手拿十字架"。因此这种传统的武力传教方式，在15世纪以来亚洲文化圈大洗牌过程中仍然扮演着重要角色。不过，在这一时期，传统的武力传教方式之外又出现了新的文化传播方式。这些新方式包括使用武力或者以武力为后盾的商业化文化传播，以及和平的商业化文化传播。前者的典型例子是17世纪世界上最成功的企业——荷兰东印度公司，其典型的形象是"左手拿着账册，右手拿着刀剑"。荷兰人为了商业目的，在亚洲建立了广大的殖民地和贸易网络，通过这个网络，先进的军事技术（如红夷炮）传到了东亚世界。荷兰人虽然是基督教徒，但是他们对传教并不热衷，关心的只是商业利益。和平的商业化文化传播，则是通过为数众多的各国商人来进行的。例如伊斯兰教是以和平的方式传入南洋群岛的，一方面是通过穆斯林商人的经商活动，吸引当地人民皈依伊斯兰教，另一方面则是通过这些商人把奥斯曼帝国的火器技术传到马六甲等地，使得掌握了这些技术的地方政权变得强大起来,从而对伊斯兰在南洋群岛的扩张起了重要作用。又例如西欧商人把火器技术带到缅甸、暹罗,大大提高了他们的军事实力,在南传佛教的复兴中功不可没。这些例子都说明,在15世纪以来亚洲文化圈大洗牌过程中,商人的确扮演了非常重要的角色。

第 5 章

角力海陆

早期经济全球化时代的
东亚国际纷争

早期经济全球化使中国与周边邻国关系更为紧密，利益冲突也更加明显。东亚世界出现了中南半岛、日本等新兴地区强权，与传统强权蒙古和外来西方强权共同将明代中国置于包围之中。中华朝贡体系逐渐失效，明王朝不仅要和旧"北狄"与新"南蛮"等陆上强权展开斗争，还面临着东洋和南洋的新战场，中国的国家安全面临着前所未有的挑战。

~~~~~~~~~~~~~~~~~~~~~~~~~~~~~~~

关键词：国家　东洋　南洋　中华朝贡体系

一、爱恨交织与恩怨并存：经济全球化与国际关系

以往我国学界研究中国与邻国关系的历史，大多出于一种"中国中心论"的史观。这种史观的一个特点，就是只从中国人的角度看这种关系，但忽视了邻国人对这种关系的看法。而在事实上，邻国人的感受与中国人的感受在许多方面并不相同，有时甚至截然相反。下面我就以与中国关系最为密切的几个邻国为例，说明这一点。

中国人常说"远亲不如近邻"。中国人把近邻看得这么重要，因此也就不难理解为什么睦邻政策会是中国的传统国策。然而通过睦邻而求得大家和睦相处，往往只是中国人的一厢情愿罢了。由于存在利益冲突，近邻们并不是都对中国持有"远亲不如近邻"这种感情的。就今天的情况来看，多个近邻似乎对中国都有某种不友好的情绪。这里仅就与中国在文化上联系最密切的"儒家文化圈"各国来看看这种情况。

中国人常说，中国和日本是一衣带水的邻邦，有两千年的友好交往历史。但是日本副首相麻生太郎2013年5月4日在印度首都新德里演讲时声称："印度与中国在陆地上接壤，日本与中国在海上相连，但在过去的一千五百年历史中，没有任何一个时期内我们的关系是圆满的。"

中国人常说中国和朝鲜半岛唇齿相依，但是2005年6月15日韩国总统卢武铉在与美国总统布什的会谈中宣称："中国是在历史上侵略韩国多达数百次的国家。"至于在半岛北部，历史上朝鲜与中国的关系则被冠以"事大主义"的标签而被批判。

越南本来是中国的一部分，直到10世纪才脱离中国而建国，但仍与中国维持藩属关系。到了19世纪后期，越南沦为法国的殖民地，

中国还为越南的独立与法国打了一仗。20世纪中期，中国在抗法援越、抗美援越战争中给了越共巨大援助，使之得以取胜，大部分中国人也以为越南应对中国心存感激。然而事实却完全相反。在历史上，这个今天被称为越南的地区爆发了许多次反抗中国中央王朝统治的抗争，这些抗争属于什么性质，是"地方叛乱"，还是"抗击侵略"，都是值得讨论的问题。不过在今日越南的历史教科书中，却充满了抗击"北方（即中国）侵略"和"北方"对越南进行"残暴统治"的内容。1974年西沙海战之后，越南政府出版的《越南古代史》更将越南对中国的真实心态一泄无遗："越南历史就是一部中国侵略史。"仇视中国的言论在1979年的中越边境战争以后更达到极致。今天越南虽然在经济上严重依赖中国，但是仍然不时掀起反华浪潮。

这几个国家历史上曾深受中国文明的熏陶，与中国一起组成了"儒家文化圈"，可以说是与中国关系最为密切的国家。中国一向把它们视为最亲近的邻邦，而它们对中国的看法却如此不同，这是我们不能不注意的。

当然，这些国家的民众中也存在对中国友好的感情。例如针对日中关系紧张、日印关系友好的现状，日本最大的综合交流社区2ch最近做了一项调查，题为"如果公司派你到国外分公司工作，你会选择中国还是印度？"日本网友反馈踊跃，结果基本上是一边倒：中国。特别是在"日本人对文化的认同程度"这个问题上，中国更是"秒杀"印度。日本网友说："中国和日本早在两千多年前就开始交往了；日本受到中国文明的影响极大。而印度和日本一直到20世纪为止都没有什么交集，就算佛教也是从中国传到日本来的。""不管怎么说，日本都是中华文明的一员，还是有不少共通点的。""中国文化情结"在这几个国家里是怎么也摆不脱的。

这种爱恨交织的感情，在中国其他邻国的民众心中也都程度不等地存在。例如印度独立以后的首任总理贾瓦哈拉尔·尼赫鲁，1944年在英国人的狱中写了一本关于印度过去的历史和正在经历的现实的名著——《印度的发现》，书中写道："世运巨轮，周而复始。印度与中国彼此相互瞻望着，引起满怀的忆旧心情。新的香客正越过或飞过两国分界的高山，带着欢欣友好的使命，正在创造着新的持久友谊。"1960年中国总理周恩来在访问印度时也说："中国、印度，都有着五千年的古老文明，印度的圣河佛殿、经典颂文，曾经给中华民族的成长注入过丰厚的营养。中国的四大发明，特别是造纸术和火药，也为印度的经济、文化的繁荣做过贡献。几千年来，我们一直和平相处，休养生息，在历史的长河中，中印之间从未发生过真正的战争。"在20世纪50年代，"中国印度是兄弟"的口号响彻喜马拉雅山两侧。不过1962年之后，这一切都已成为过眼云烟，代之以半个多世纪的相互敌视。

我在本书前言里引用过克罗齐的名言："一切历史都是当代史。"这些国家的民众对中国这种爱恨交织的感情，实际上主要是到了近代才出现的，到了今天则达到高峰。从时间上来说，这种感情的出现与发展，与经济全球化的出现和发展是如影随形的。那么，这就出现了一个问题：这种感情与经济全球化之间，究竟是一种什么样的关系？

今天大家都认为经济全球化是一件大好事。经济全球化把世界各地连在一起，形成一个地球村，各种生产要素或资源可以在这个村中自由流动，实现生产要素或资源在世界范围的最优配置。在此过程中，村中各户（即各国）居民可以依据合理分工的原则进行合作，从而享受国际分工带来的巨大好处。由于各家各户彼此联系紧密，利益密不可分，谁也离不开谁，如果一个国家只是一味损人利己，是难以长期持续下去的，因为别人也不是永远愿意吃亏的，往往要奋起反抗。结果不论是这个国家打败对手，还是被对手打败，这个国家都要付出沉重的代价。因此长远来说，只有互利双赢才是可持续发展之道。既然如此，遇到冲突时诉诸武力的做法，在许多时候变得得不偿失。各家各户之间原有的冲突，必须通过，也有可能通过协商来解决，从而减少冲突的频度和强度。因此，全球化会给世界带来繁荣和和平。

这是一个美好的愿景，世界人民也正在为此持续不断地努力，希望全球化确实能够造福人类。然而凡事都有两面，全球化也是这样，有利也有弊。近年来，一股反全球化的浪潮席卷世界。2000年，马来西亚总理马哈蒂尔说："全球化使得发展中国家变得贫穷，富国更加富有……直至现在，我们没有看到任何发展中国家从正在进行的全球化中得到好处，我们看到的是西方的富国越来越富，发达国家和发展中国家之间拥有财富的差距越来越大。"美国前国务卿基辛格也认为："全球化对美国是好事，对其他国家是坏事……因为它加深了贫富之间的鸿沟。"同年，美、德、加、法、意等14国政府首脑参加的柏林国际会议通过了《21世纪现代国家管理柏林公报》，说："全球化没有给所有人，尤其是发展中国家带来利益。"联合国《人类发展报告》也承认："迄今为止的全球化是不平衡的，它加深了穷国和富国、穷人和富人的鸿沟。"英国《卫报》则发表了题为"全球化的受害者"的文章，更明确指出西方国家利用全球化推行"新殖民主义"。诺贝尔经济学奖得主萨缪尔森（Paul Samuelson）总结说："全球化是一把双刃剑：它既是加快经济增长速度、传播新技术和提高富国和穷国生活水平的有效途径，但也是一个侵犯国家主权、侵蚀当地文化和传统、威胁经济和社会稳定的一个有很大争议的过程。"许多人更把全球化视为国家之间冲突的根源。

全面来看，经济全球化对国际关系的影响是双方面的：一方面，全球化加强了各国之间的联系，各国之间的利害关系也随之变得密切相关，在许多情况下导致了冲突的增加；另一方面，全球化又提供了解决冲突的新方式，以削弱或者消除冲突。这种关系使得全球化时代的国际关系也变得更加复杂多样。这一特点在早期经济全球化时代就已显现出来了。

中国位于东亚世界中心地区，为多个邻国环绕。这些邻国在民族、文化、生活方式乃至社会形态方面各异，因此中国与邻国之间的关系也非常复杂。早期经济全球化时代到来之后，这些国家和中国的关系更为紧密，所以彼此的利益冲突也就更加明显，原有的复杂关系也变得更加复杂了。

二、多姿多彩：早期经济全球化时代的国家

国际纷争是国际关系的一个方面。所谓"国际关系"，就是国与国之间的关系。在今天，国际关系中的主要行为体是民族国家（nation state）。但是民族国家是一个近代现象，在世界历史的大部分时间内存在的"国家"并不是今天的民族国家，因此"国际关系"当然也与今天有很大不同。为了更好地了解15～17世纪东亚世界的国际纷争，需要先对历史上的"国家"做一个简单的讨论。

"国家"是政治学中的一个概念。中文中的"国家"一词，包括了英文中country、nation和state几个词的含义。我们在本节中所谈到的国家，只是英文中的state。state一词最早来自于文艺复兴时期意大利著名思想家马基雅维利所用的statos一词，而statos一词又源于

拉丁文中的status。中文中的"国家"一词,由"国"与"家"二字组成。"国"与"家"本是两个概念,"国"的含义类似于欧洲观念中的"国家",而家则指家庭、家族。这两个概念早先是有区别的,因此《周易》说:"是以身安而国家可保也。"秦汉以后,中国实现了大一统。由于儒家文化强调"家国同构",从而形成了"家""国"并提的"国家",指的是一国的整体,如西汉刘向《说苑》中的"苟有可以安国家,利人民者",《明史》中的"国家正赖公耳"。但是这种"国家"并非近代的民族国家。到了清末"西学东渐"时,中国人才用"国家"一词来附会西方的state。因此我们今天在谈近代以前的"国家"时,总是不自觉地把这种"国家"理解为近代国家。这一点,在我们研究历史上的国家时要特别注意,不要用今天的国家概念去认识过去的"国家"。

什么是国家(state)?对于这个问题,学界答案甚多。韦伯说:"国家是这样一个人类团体,它在一定疆域之内(成功地)宣布了对正当使用暴力的垄断权。"巴泽尔(Yoram Barzel)给国家下的定义包括两方面:1. 国家由多个成员组合,但受到第三者以武力监管;2. 这些成员在一个地域界限之内居住,而这界限是监管者的武力鞭长可及的,内容包括立例管治、权力架构、公众事宜与监管费用等。从他们的定义可见,国家的两大要素是暴力和疆域。但是这个定义太宽泛,不一定能适用于一个具体的时代。对于"国家是什么"这个问题,我认为社会学家蒂利(Charles Tilly)的回答最为全面。他在其名著《强制、资本和欧洲国家(公元990~1992年)》中说:"五千多年来,国家是世界上最庞大、最强有力的组织。让我们把国家定义为不同于家庭和亲属团体的运用强制性的组织,它在大片的领土范围内在某些方面实施着明白无误的对其他所有组织的优先权。因此这一术语包括城邦国家、帝国、民主国家和许多其他形式的政府,但是同样地不包括部落、宗族、公司和教会本身。"出于这个定义,世界历史上的国家有多种形式;而在这些形式中,民族国家出现很晚:"在大部分历史中,民族国家——即通过中央集权的、有偏向的自治结构来治理众多相邻地区和城市的国家——出现的很少。大多数国家是非民族的:帝国、城邦国家或其他类型的国家。"

近代出现的民族国家是指一个独立自主的政治实体。与传统帝国或王国不同,民族国家成员效忠的对象乃是有共同认同感的"同胞"及其共同形成的体制,认同感的来源可以是传统的历史、文化、语言或新创的政体。因此从一个民族构成政体,或者由数个民族经同一共享的政体构成的国族,都是民族国家的可能结合形式,其基本特征包括民族独立和民族统一、中央集权制、主权人民化、国民文化的同质性、统一的民族市场,等等。

世界历史上的国家形式多姿多彩,绝非只有一个模样。从不同角度来看,传统的国家形式有部落国家(tribal state)、封建国家(feudal state)、土邦国家(princely state)以及农业帝国(agrarian empire)、游牧帝国(nomad empire)等。到了近代早期,新出现的国家形式有领土国家(territorial state)、民族国家(nation state)、商栈帝国(trading post empire)、殖民帝国(colonial empire),等等。在早期经济全球化时代,世界上多种国家形式并存,而非今天这样是民族国家占压倒性优势。清楚了这一点,我们就不能用今天的民族国家概念去认识早期经济近代化时代世界上的"国家"。

在近代早期世界上,各种国家形式的地理分布大体如下:在西欧,先前基本上是封建国家,但此时出现了由封建国家向民族国家转变的潮流;在伊斯兰世界,以伊斯兰三帝国为代表,占主要地位的是农业—游牧帝国；在北亚和中亚，不稳定的游牧帝国占主导地位；在东南亚和南亚，则主要是一种被称为"曼荼罗国家"的国家形式。

关于欧洲的封建国家，以往学界已有诸多研究，这里可以略而不言。

关于游牧帝国，人类学学家巴菲尔德（Thomas J. Barfield）新近提出了一种理论，认为这种"游牧帝国"是一种"帝国联盟"，即"它们在对外事务上是像国家那样独裁的，但内部组织则是协商与联盟化的"。这种结构保证了帝国基层的相对自治，适应了游牧生产与生活模式，同时又使帝国拥有了中央决策机制，可以集中力量实现集团外交与大规模征服。游牧民族很多时候是以铁和金钱来处理外交的，即在游牧民族内部进行草原争霸，对农耕民族则进行征服战争或收取贡金。这种帝国联盟的稳定是"通过从草原之外榨取资源以支撑国家的方式而得以维持"。一旦中央力量衰弱而无法保证群体利益时，这种制度就会趋向瓦解，而"一旦制度崩溃及地方部落首领得以自由行事，草原就重回混乱之中"。

东南亚和南亚的"曼荼罗国家"有两大特点：第一，边疆流动性很强；第二，王权与神权紧密结合。当国王力量强大时，控制的区域就会广阔一些，但并不牢固；而当强大的国王的统治一旦结束，王国的繁盛便不复存在。边疆的流动性强，每个曼荼罗国家中心所控制的范围有限，因此距离中心较远的边疆地区，中央不易控制。同时，各国都企图吸收他国以壮大自己，因此纷争不断，而边疆地带则成为各国极力争取的最为波动不定的地区。王权与神权的紧密结合是曼荼罗国家的重要特点。在15世纪之前的东南亚，王权以婆罗门教或佛教为特征，到了15世纪之后，王权则与伊斯兰教结合。

在儒家文化圈中的国家，神权未与王权紧密结合。不仅如此，如前所言，日本、安南、朝鲜自15世纪开始，正在经历一个政教分离的历史进程，因此与这些曼荼罗国家很不相同。但是在这个时期，日本正在从封建国家向中央集权制的主权国家转变，而朝鲜和越南则是模仿中国而形成的中央集权制的主权国家。这种主权国家有领土和主权，但其领土没有明确边界或者国境线，只有边疆（frontier）的概念。同时，它们虽然各自有一个主体民族，但人民的国民认同（national identity）也尚未明确。

在世界各国的国家形成和发展方面，中国是一个例外。哲学家黑格尔感叹说："中国是一切例外的例外，逻辑到了中国就行不通了。"罗素（Bertrand Russell）也说："中国是一切规则的例外。"中国在国家形成和发展方面的特殊性，也证实了他们的话很有道理。

中国在国家形成和发展方面的特殊性首先表现在：从秦始皇统一后，中国在两千多年中基本上是一个统一的国家。伊懋可（Mark Elvin）说："从最广泛的视野来看，中华帝国在'前近代'（pre-modern）的世界里是一个例外，其他一些领土和人口与中国相仿的政治单位，都没有像中国这样长时期处于稳定。……中华帝国于公元前3世纪就已经形成，一直持续到4世纪初方因异族征服而暂时分裂……在6世纪下半叶重新统一；并且自此以后，除了10世纪上半叶以外，中国本部没有同时受两个以上的政权统治。1275年以后，没有长期受一个以上的政权统治。"这种经历在世界历史上是绝无仅有的。

中国在国家形成和发展方面的特殊性，使得生活在这片土地上的人民能够融合为一个具有共同语言、文化和认同感的巨大族群——汉族，并成为主体民族。尽管在汉族之外，中国还有众多少数民族，但是蒂利仍然把中国视为一个民族国家。他说："有着近三千年的连续的民族国家的经验（但是，考虑到它众多的语言和民族，没有一年可以被看成一个民族国家）的中国构成了一个特别的例外。"

不仅如此，中国在国家形成与发展方面的特殊性还表现在：中国自秦代以来，就已建立了中央集权的官僚制国家，并且发明出了一套制度，能够把社会各阶层的精英吸收到国家管理之中，从而实现一种高效和相对公平的治理。过去在西方中心论的支配下，中国在国家形成与发展方面的这个特点，学界大多予以负面评价。直到近来，福山（Francis Fukuyama）才一反过去的看法，对中国历史上的国家发展情况提出了非常正面和积极的看法。他在新近出版的巨著《政治秩序与政治衰败：从工业革命到民主全球化》中，从全球史和比较史的角度，做了如下阐述：

> 如要研究国家的兴起，中国比希腊和罗马更值得关注，因为只有中国建立了符合马克斯·韦伯定义的现代国家。中国成功发展了统一的中央官僚政府，管理众多人口和广阔疆域，特别是与地中海的欧洲相比。中国早已发明一套非私人和基于能力的官僚招聘制度，比罗马的公共行政机构更为系统化。公元1年时，中国总人口可与罗马帝国媲美，而中国人口比例中受统一规则管辖的，要远远超过罗马。罗马自有其重要遗产，尤其在法律领域中。作为现代负责制政府的先驱，希腊和罗马非常重要。但在国家发展上，中国更为重要。……
>
> 伟人所编写的经典现代化理论，如卡尔·马克思、埃米尔·涂尔干（Emile Durkheim）、亨利·梅因（Henry Maine）、斐迪南·滕尼斯（Ferdinand Tonnies）、马克斯·韦伯（Max Weber），倾向于认为西方经验是现代化的范本，因为工业化首先在西方发生。……现代政治机构在历史上的出现，远早于工业革命和现代

资本主义经济。我们现在理解的现代国家元素，在公元前3世纪的中国业已到位。其在欧洲的浮现，则晚了整整1800年。

…………

经典现代化理论，倾向于把欧洲的发展当作标准，只查询其他社会为何偏离。我把中国当作国家形成的范本，而查询其他文明为何不复制中国道路。

上述特殊性，使得中国在近代早期世界拥有一种无与伦比的地位，如史景迁所总结的那样："1600年，中国是当时世界上幅员最辽阔、人文荟萃的统一政权……欧洲各国、印度、日本、俄国以及奥斯曼帝国的统治者，此刻无不致力于建构有系统的官僚组织，俾以扩张税基，有效统治领土臣民，吸纳农业和贸易资源。然而当时中国已经具备庞大的官僚体系，既受千年文化传统所浸润，也受律令所约束，至少在理论上，这套官僚架构连市井小民的日常生活问题也能处理。"

因此大致而言，在15~17世纪中期的东亚世界，各种各样的国家形式都存在，它们处理内政外交的方式都非常不同。这些国家之间的关系不仅非常复杂，而且随着时间而不断变化。因此，我们不能用今天民族国家的观念去看待这个时期的国际关系。《剑桥中国史》说：在这个时期，东亚世界出现了一些新型政权，如日本的室町政权、冲绳的尚氏政权、朝鲜半岛的李朝、越南的陈朝、湄南河流域的阿瑜陀耶、马来半岛的满剌加、爪哇岛的满者伯夷等。这些政权与以往政权的不同之处在于把国内统合为一个经济圈，进行对外交易。在15世纪之前，以中国的朝贡制度为基础的东亚世界国际关系体系，基本上能够处理这一地区的国家在交往中产生的各种问题。特别是在元代，由于蒙古帝国的强大，中国成了东亚世界的"共主"，无人敢挑战其权威。但是到了15世纪，这种国际秩序开始动摇。之所以如此，是由于早期经济全球化时代到来之后，国家之间的关系更为紧密，所以彼此的利益冲突也就更加明显。同时也拜早期经济全球化之赐，新的资源（宗教、技术、制度等）也来到东亚世界，促进了东亚世界一些国家的发展，成为新兴的地区强权。它们力图改变原有的东亚世界国际秩序，从而导致了新的矛盾和冲突。当各种矛盾无法解决时，相关国家之间不得不刀兵相见，从而使得冲突与战争日益增多，原有的复杂关系也变得更加复杂了。

新兴的地区强权拥有相对强大的武力，而彼此之间的利益冲突往往是长期性的，因此彼此之间的战争往往是长期的，战争的规模和烈度都比过去更大，同时战争的成本也比过去更高，必须有更大的经济实力，方可进行战争。这些情况使得参与冲突的各方必须处于一种常年性的备战和作战的状态。这在过去很少见。

在15～17世纪中期，东亚世界的地区强权有哪些呢？大致来说，传统的（或者旧有的）地区强权中，最主要的是蒙古。而新兴的地区强权，在东南亚的中南半岛有安南、暹罗和缅甸，在东北亚有日本和后来的满洲，此外还有三个外来的西方强权，即葡萄牙、西班牙和荷兰。

三、旧"北狄"与新"南蛮"：陆上强权的争斗

所谓"戎""狄""蛮""夷"，都是古代华夏人对周遭非华夏人的称谓，最早见于《礼记·王制》："中国戎夷，五方之民，皆有性也，不可推移。东方曰夷，被发文身，有不火食者矣。南方曰蛮，雕

题交趾，有不火食者矣。西方曰戎，被发衣皮，有不粒食者矣。北方曰狄，衣羽毛穴居，有不粒食者矣。"这种称谓具有文化上的歧视含义，因此今天已经不再使用。在这里，我借用这些古代术语说事，但是并不具有贬义。为了避免误解，所以都加上引号。

"北虏南倭"是明朝主要的外部威胁，对明代中国的政治、经济和社会有重大影响。其中"北虏"主要是北方的游牧人，而南方威胁除了倭寇之外还有其他，因此这里统称为"南蛮"。这里我简要地说一下"北虏南蛮"是指哪些。

明代中后期有一个官员严从简，任职于管理外事的机构——行人司。他接触过许多外来使臣，因此对海外和边疆的情况相当了解。在这个职位上，他也可以阅读大量内部文件和记录。万历二年（1574），他写了一部关于明朝边疆历史和中外交通史的书——《殊域周咨录》。在撰写此书时，他参考了大量前人的著作，但更倚重当代的文件，特别是中外来往的内部文件。他写作此书的主要目的是为明朝出使外国的使臣提供参考，因此秉承厚今薄古的原则，偏重记述当代事件。严从简之子严其渐在为《殊域周咨录》卷十《西北夷考》写的引言中说："列番之狼吞虎噬，足为疆场痛毒。"意为上述"蛮夷"都对中国造成程度不等的威胁，但是"我所当儆戒者，南倭北虏而已"。也就是说，给明代中国造成重大威胁的，还是"南倭北虏"，即日本和蒙古。日本的问题我将在后面谈到"东洋"时讲，这里说"南蛮"时就只包括位于中国南部边疆并对中国造成威胁的邻国。

（一）"北狄"

《殊域周咨录》卷十七《北狄》说："夫天地严凝之气，聚于玄冥之区，其风刚劲。故虏为中国患独强。若匈奴、突厥、契丹、女真、蒙古，代相踵焉。"明代情况与前代有所不同，因此《殊域周咨录》中的"北狄"主要指东部蒙古各部，包括在蒙古高原的鞑靼和在东北南部的兀良哈。至于西部蒙古的许多部落（如哈密、罕东、赤斤蒙古、安定阿端、曲先、火州、吐鲁番、亦力把里、于阗、撒马儿罕、哈烈），因其大多已皈依伊斯兰教，而且与中国的关系较为疏远，因此被严从简归入"西戎"。

1. 蒙古

蒙古高原上的游牧民族是中国历代王朝的主要威胁。到了 13 世纪，蒙古人更是横扫欧亚大陆，把中国也置于其统治之下。到明代，蒙古依然是明朝的主要威胁。

明代人以蒙古高原的戈壁沙漠为中心，把蒙古分为漠南、漠北和漠西三大部分。大漠以南各部称为漠南蒙古，大漠以北为喀尔喀蒙古，大漠以西为漠西蒙古。这些概念一直沿用至清朝末年。

元朝灭亡后，明朝在辽宁西部、漠南南部、甘肃北部和哈密一带先后设置了二十多处卫所，各卫所长官都由归顺的蒙古部落首领担任。15 世纪初，漠西蒙古的瓦剌部和东部蒙古的鞑靼部先后向明朝称臣纳贡，与明朝建立了臣属关系。1409 年，明朝册封瓦剌部三个首领——马哈木为顺宁王，太平为贤义王，把秃孛罗为安乐王。1413 年又封东部蒙古首领阿鲁台为和宁王。16 世纪中叶以后，蒙古东部的喀尔喀部逐渐向漠北迁移，成为漠北蒙古。其他部分仍留居于原地，形成了漠南蒙古。1571 年，明朝封漠南蒙古右翼首领、土默特部俺答汗为顺义王，并授予其他首领以官职。漠南蒙古左翼则继续与明朝处于对立状态。漠西蒙古瓦剌部在 16 世纪时分为准噶尔（绰罗斯）、杜尔伯特、土尔扈特及和硕特四部。到了明末,土尔扈特部移牧于伏尔加河下游,到了清朝乾隆三十六年(1771)才又返回故土。而和硕特部则向东南迁徙,移牧于青海等地。

1368年,元朝残余势力在元顺帝妥欢帖睦尔率领下退至元朝的上都(今内蒙古正蓝旗境内),在北方草原继续保持着元朝政权,史称北元。北元政权持续了二百六七十年,差不多与明朝相始终,但是很不稳定。1388年,也速迭儿汗杀死北元皇帝,废弃大元国号,自立为汗,称蒙古可汗,明人称鞑靼可汗。1434年,瓦剌势力东进,鞑靼势衰。到15~16世纪之交,被称为"小王子"的达延汗崛起。他被后世蒙古人称为蒙古的"中兴之主",认为是成吉思汗、忽必烈汗之外第三重要的蒙古领袖。他平定了蒙古右翼,消灭了哈密一带皈依了伊斯兰教的亦思满(亦思马因),并讨伐瓦剌,重新将势力延伸到西域。到了达延汗的孙子俺答汗的时代,东部蒙古达到全盛,成为明代"北虏"问题最突出的时期。从达延汗到俺答汗,明朝在长城沿线全面被动,最重要的事件就是俺答汗于嘉靖二十九年(1550)兵临北京城下的"庚戌之变"。

瓦剌部分布在阿尔泰山麓至色楞格河下游的广阔草原。到了脱欢汗时,他与漠西蒙古其他部分结盟,强大了起来。脱欢攻杀了成吉思汗后裔黄金家族的阿岱可汗(阿台王子),开始控制东部蒙古。脱欢和其子也先又击败了统治新疆和中亚的伊斯兰化的东察合台汗国,使得瓦剌成为从东部蒙古以西直到阿尔泰地区最强大的力量。明正统十四年(1449),也先在土木堡击溃明朝大军,俘虏了明英宗,兵临北京城下。之后,漠南蒙古在蒙古右翼首领俺答汗时强大了起来,两度向西攻打瓦剌。瓦剌被迫继续西迁,进入哈萨克人的地区。到万历初年,东部蒙古在与瓦剌角力的过程中几次受挫,接受双方分庭抗礼的局面。

在明代大部分时期内，蒙古始终是国家安全的主要威胁。朱元璋在将元朝残余势力赶回漠北以后，沿北边长城一线置军设镇，构成了一条防御北元势力的北边防线，控制着东起辽河，向西边至阴山、贺兰山、河西走廊北，直抵哈密的广大地区。然而自明中叶始，北元蒙古残余势力频频南下侵扰，北部边防几乎年年有警，在嘉靖二十九年（1550）的"庚戌之变"中，俺答汗率领蒙古铁骑进逼京师，在北京城外抢掠达八天之久，然后捆载而归。这是继1449年蒙古人在土木堡大胜明军近一个世纪之后，对明朝作战的又一次重大胜利。

到了隆庆四年（1570），明朝与俺答汗达成了和议。俺答汗接受明朝封的顺义王爵位，其弟、其子及各部头目被授以都督、指挥、千百户等官职。双方也商定了通贡互市条款，规定蒙古每年一贡，又先后于大同、宣府、延绥、宁夏、甘肃等近边地区开设马市11处，互市贸易。从此开始了明、蒙几十年的和平友好的局面，使得明朝的北方边境得到了较长时间的安宁。与此同时，在"隆庆和议"之后，明朝政府根据漠南蒙古势力左、右翼格局的形成，对蒙古左翼实行了"拒贡"政策，拒绝对方提出的互市贸易要求。这导致了蒙古左翼对明朝辽东边境地区的入侵袭扰加剧，明朝不得不于万历年间开始逐步改变政策，并以变通的方式，通过第三方与蒙古左翼进行互市贸易，同时对蒙古右翼的政策进行战略性微调，以进一步巩固与蒙古右翼的关系。不过，这种和平是需要代价的。明朝在这种朝贡贸易往来中给予蒙古人巨量的抚赏。万历二十一年（1593）浙江巡按彭应参在奏疏中说："思天下财赋岁入不过四百万，北虏款贡浸淫至今，岁费三百六十万，罄天下之财仅足以当虏贡！"兵科给事中张贞观也在奏疏中说："中国款虏岁以百万计，和款二十年，则已饱虏二千万矣！虏有二千万之增，则中国有二千万之损，即虏不渝盟，中国亦且坐困，恐异日忧方大耳！"因此可以说，这种和平是一种赎买的和平。

"隆庆和议"后，蒙古的威胁有所缓和，但是没有消失。万历年间，由于蒙古右翼首领约束部属不严，其属下屡次侵扰明边，严重违反了"隆庆和议"，给明朝边境的安全带来威胁。明朝不得不于万历十八年采取"逆革顺赏"的政策，成为以后对付蒙古反叛部落长期贯彻实施的策略，以维护边境安全。

此外，中亚皈依了伊斯兰教的突厥化蒙古统治者也不时对明朝发动攻击。正德十一年（1516），统治吐鲁番的蒙兀儿部满速儿汗以明朝扣留使臣为由，派骑兵三千余人进攻明朝。在嘉峪关附近的沙子坝，蒙兀儿军同明军开战，击败明将芮宁，明军七百余骑全部覆灭。蒙兀儿军乘胜深入肃州、甘州等地，攻陷城堡，将明朝精兵杀戮殆尽。嘉靖三年（1524），满速儿汗再次出兵进攻甘、肃二州，在附近地区的蒙古统治者也加入，组织成两万余骑的大军。蒙兀儿军先攻打肃州，并分兵攻打甘州，在甘州城附近的张钦堡击败明军。同蒙兀儿汗经过反复较量之后，明世宗采纳尚书胡世宁"置哈密勿问"的建议，不再过问哈密政事。从此，哈密成为蒙兀儿的属地。中亚察合台后王时期的著名历史著作《拉失德史》也证实了上述事件，并指出这是一次反异教的圣战。

值得注意的是，满速儿的军队在与明朝的冲突中也使用了奥斯曼帝国传来的火器。不过幸运的是，他们使用的火器显然未起到重要的作用。

由于早期火器威力有限且不可靠，不适合骑兵使用，蒙古人对火器技术的态度不很积极。正统十四年（1449），明军在土木之役中大败，京营装备的大批神机铳炮均为瓦剌掳获，但是瓦剌人视之如敝屣，委弃不顾，为守边明将拾回。提督居庸关巡守都指挥同知杨俊捡到"神枪一万一千余把,神铳六百余个,火药一十八桶",宣府总兵杨洪拾回"神铳二万二千余把,神箭四十四万枝,炮八百个"。不过情况后来发生了变化。到了16世纪末17世纪初,火绳枪等火器也传入西部蒙古卫拉特部。由于巴图尔珲台吉的重视,卫拉特人在火器使用方面迅速取得进步。他的宿敌哈萨克在1598～1599年夺取了布哈拉汗国的军器制造重镇撒马尔罕、安集延和塔什干,并长期统治塔什干,获得了稳定的武器来源。为与之抗衡,巴图尔珲台吉积极扩充军备,于1639年遣使回访托波尔斯克,索要铠甲、枪炮和铅弹。1637～1642年,进军西藏时,准噶尔投入了七百名火绳枪手,这个数字对游牧部落而言已相当可观。

虽然西部蒙古人没有直接进攻明朝,但是对明朝而言,他们仍然是一个潜在的威胁。如果西部蒙古人采用了更为先进的火器,明朝将面临严重的威胁。虽然在明朝这种威胁幸未出现,但是明朝灭亡后不久就出现了。使用了这些技术的准噶尔蒙古人,给清朝带来了巨大的麻烦。

无论战和,为了防范蒙古人的侵袭,明朝都不得不投入巨额经费,以巩固和维持长城防线。因此终明之世,"北虏"威胁一直是困扰明朝的重大问题。《明史·兵志》总结说:"终明之世,边防甚重。边境之祸,遂与明终始云。"

2. 满洲

明代的女真(后来的满洲)情况与前代有所不同,因此《殊域周咨录》卷二十五《女直》将女真单独列出,称为"东北夷"。其情况在本书后面还会谈到。

（二）"南蛮"

如前所说，"南蛮"本是古代中原华夏人对南方非华夏人的称呼，具有贬义。但是有意思的是，这个称呼也往往被北方胡人采用，用来称呼南方的汉人。在南宋末年和明朝末年，蒙古人和满洲人都称南方汉人为"南蛮"。

明代"南蛮"包括的范围与过去有很大不同。《殊域周咨录》卷五《南蛮》说："夫南方曰蛮。……其正南则曰安南，曰占城，曰真腊，曰满剌加，曰暹罗，曰爪哇；西南则曰渤泥，曰锁里、古里，曰苏门答剌，曰锡兰山，曰三佛齐，而云南百夷、佛郎机附焉。"换言之，在南方的国家或地区都属于"南蛮"，包括南方海上来的葡萄牙人。日本人也接受了这种观念，称葡萄牙人为"南蛮"。

明代以前的"南蛮"主要是指中国南方的非汉族人民。在唐代，在诸多场合，"南蛮"特指南诏。《新唐书·南蛮传》中，2/3 都是讲南诏。《新唐书·南蛮传》之所以用如此大篇幅谈论南诏，是因为在唐代以前，中国从来没有遇到来自南方的威胁。到了唐代，这种威胁出现了，即南诏兴起于云南，并成为一个强权。据《新唐书·南蛮传》，南诏的疆域为"东距爨，东南属交趾，西摩伽陀，西北与吐蕃接，南女王，西南骠，北抵益州，东北际黔、巫"。换言之，其疆域东面包括两爨（云南），东南到达安南，西北连接吐蕃，南面和女王国（国都在今泰国的南奔）接界，西南和骠国（政治中心在今缅甸曼德勒一带）接界，北抵大渡河，东北抵黔、巫（今贵州和四川的长江南岸），俨然成为中南半岛上的超级强权。

南诏的两大邻国——唐与吐蕃——都是强国，南诏向东、北、西北几个方向发展都十分困难，因此南诏积极向南、东南和西面发展。南诏在云南的西南地区设置了开南节度和银生节度,统治中南半岛的许多地区。晚清民初时期的学者沈曾植说:"开南、安西所部,远皆达于南海。以《地理志》所记通天竺路互证,知非夸辞不实者。盖骠之属国,皆为南诏属国矣。"可见南诏势力范围一直达到南海。南诏军队曾与女王国、昆仑国发生冲突,到过真腊国(今柬埔寨)"苍波汹涌"的大海边。

南诏与唐朝进行过多次战争。唐大和三年(829),南诏大举进攻西川(亦称益州,中心在成都平原)。南诏军占领了成都外城,虽然未能攻入内城,但退兵的那一天,南诏强迫成都各种技术工匠举家南迁,人数达数万人。两年后,李德裕任西川节度使,要求南诏放回被掳的人,南诏放回了四千人。咸通十年(869),南诏军第二次进攻西川,与唐军大战,虽然最后被击败,但战争对益州造成了重大损害。益州是唐代后期中国最富裕的地区之一,当时人说天下最富庶的地区为"扬一益二",即位于东部长江下游的扬州和位于西部成都平原的益州,因此益州也是中央政府两大最重要的赋税来源地之一。南诏几次进攻益州,对唐朝造成严重危害。不仅如此,唐咸通元年(860),南诏出兵东下,攻破唐朝的安南都护府首府交趾城(今越南河内市)。唐军不久后收复安南。但三年之后,南诏再次攻破交趾,唐军退守岭南。南诏不断攻击唐朝,两陷安南,迫使唐朝不得不调用重兵镇守在南方的最大要塞桂林,导致"庞勋之乱",严重削弱了唐朝的根基,使之无力镇压黄巢起义,最终灭亡。这个"唐亡于南诏"的观点得到陈寅恪先生的肯定,也得到其他史家的认可。向达先生指出:南诏之患,"以懿宗时为最繁,几乎每年都有边警,而以中国的南部如安南、邕管为最甚。咸通时安南为南诏攻陷,于是邕管骚然,乃调东南之兵以戍桂林,卒之庞勋叛变,遂兆唐室灭亡之机。所以南诏的盛衰,安南的得失，关系于唐朝者甚大"。

南诏衰落后，代之而起的是大理国。大理国也是中南半岛地区的强国，其疆域"东至普安路之横山，西至缅地之江头城，凡三千九百里而远；南至临安路之鹿沧江，北至罗罗斯之大渡河，凡四千里而近"。大致说来，包括了今云南省和川西南地区，以及今缅甸东北部、老挝北部和越南西北部地区，与南诏国大致相同。除此之外，广西的许多地区也在大理国的势力范围之内。北宋皇佑年间，广西广源州（今靖西、田东一带）少数民族首领侬智高起兵反宋，率众攻占安德州，建立南天国。后来兵败，遂投奔大理国。在大理国的支持下，准备进攻广西和四川的黎、雅等州。与南诏不同，大理国与宋朝始终保持着良好的关系，即便在双方政治关系几乎断绝的时期也未发生过战争。不过这不意味着大理是一个弱小国家。北宋大中祥符八年（1015），大理国出动20万大军进攻安南国。南宋绍兴二年（1132），大理又介入安南国的王位继承之争。安南国王李乾德有一庶子，从小被送入大理国寄养，改名赵智之。绍兴八年安南国王李阳焕死，大理国派军队护送赵智之归国，与嗣子李天祚争夺王位。宋朝支持李天祚，这次争夺安南王位的战争以赵智之的失败而告终。

从738年南诏皮逻阁统一六诏至1253年大理国灭亡这五个世纪中，云南一直是中国西南部和中南半岛上的超级强权。元朝灭了大理国后，云南成为中国的一个行政区，以往几百年的南方威胁也随之消失。然而南诏、大理相继灭亡，造成了中南半岛地区出现权力真空。原先在南诏、大理威慑之下的安南、缅甸乘机发展。到了15～17世纪中期，安南、缅甸以及暹罗兴起，积极向外扩张，成为中南半岛的新兴强权，其中的安南和缅甸则成为明朝的威胁。

1．安南

今天的越南从公元前3世纪的中国秦朝开始，一直是中国的一部分，名为交趾。"安南"之名最早见于唐永徽六年（655），以后一直沿用到清代嘉庆时，才由嘉庆帝赐新国名越南。唐代安南地区隶属广州，长官称为五府（管）经略使，由广州刺史兼任。唐调露元年（679）设置安南都护府，治所在今河内，与广州、桂州、容州、邕州四个都督府一起，被称为岭南五管。到了五代十国时，安南地方首领乘机发动叛乱，从中国分裂出去。北宋乾德六年（968），安南将领丁部领削平群雄，建立了"大瞿越国"。开宝六年，丁部领遣使入贡，宋太祖诏丁琏（丁部领之子）为安南都护、交趾郡王，默认了安南的独立。但是"安南国"之名，到南宋绍兴年间才开始见于记载。到了淳熙元年（1174）初，越南李朝国王李天祚遣使入贡，宋孝宗始正式"诏赐国名安南，封南平王李天祚为安南国王"，次年八月又"赐安南国王印"，"安南国"成为一个国名，自此才开始。

明朝初年，安南内乱，权臣胡季犛篡夺了陈朝政权，建立了胡朝。明朝为恢复正统的陈朝，派军讨伐胡氏，攻克安南全境。永乐六年（1408），明朝改安南国为交趾布政使司，安南又再成了中国的一个行政区，受中央政府的直接统治。但之后安南兵连祸结，明军数次作战不利。明宣宗决计罢兵，诏尚在安南的王通等人率军八万余人北返，宣德二年（1427）明朝宣布废交趾布政司，安南之地仍为安南国，作为中国的藩属国。安南于是从中国版图中再次分出。

这时刚从中国独立出来的安南国，领土只包括今越南的北部。位于今越南南部的是中南半岛上的一个千年古国——占城国。占城（Champa）即占婆补罗（"补罗"的梵语之意为城），也被简译为占婆、占波。占城上古时被称为象林邑，简称林邑，为秦汉象郡象林县

安南的扩张（示意图）

故地。192年（一说137年），日南郡象林县功曹之子区连（也作逵或连，又称释利摩罗），起兵杀死县令，占据了原日南郡的大部，后自立为王，始建占城国。8世纪下半叶至唐末，占城国改称环王国，五代复称占城。占城是中南半岛上的大国，国都位于因陀罗补罗（今茶荞），国土北起今越南河静省横山关，南至平顺省潘郎、潘里地区，并有旧州、乌丽、日丽、乌马、拔弄等十五个属国。明朝洪武二年（1369），占城王阿塔阿者遣使奉表入贡，明太祖封他为占城国王。占城是一个文明古国，占人的语言属马来-波利尼西亚语系，后因深受印度文化影响，使用南天竺文字，并以婆罗门教为国教。著名的占城稻就产自这里，北宋初年首先传入我国福建地区。北宋大中祥符四年（1012），江淮两浙大旱，水田不登，宋真宗遣使到福建，取占城稻种三万斛，分给以上地区播种，获得成功。不久，今河南、河北一带也种上了占城稻。南宋时期，占城稻遍布各地，成为广大农民常年食用的主要粮食之一。

安南于939年从中国独立出来后不到四十年，就开始向南扩张，而占城国成为其扩张的主要目标。到1000年，安南已经吞并了占城国最北部的三个省份，1312年取得了对占城其他地区的宗主权。1402年，安南向占城大举进攻，将安南领土扩展到今广南、广义地区。1471年，安南后黎朝黎圣宗亲征占城，攻陷占城首都，生擒占城国王茶全，在占城故地设置广南道，领土进一步扩张到今归仁一带。1693年，阮朝大将阮有镜领兵入侵占城，生擒占城王及皇亲大臣。在阮朝的持续打击下，到了1697年，曾经拥有灿烂文化的千年古国占城国从此消失了。

2．缅甸

13世纪末，缅甸蒲甘王朝灭亡，缅甸进入大分裂时期。在北部是以阿瓦城（今曼德勒附近）为中心的掸族统治的阿瓦王朝，而在南部则形成以白古（今勃固）为中心的孟族统治的白古王朝。从1386年到1425年，两国不断发生冲突，史称"四十年战争"。除了这两个大国之外，尚有东吁、木邦、孟养、孟密、阿拉干等国，其中尤以缅族的东吁国最强。到了明吉逾（1486~1531在位）时，东吁通过与阿瓦王朝联姻，获得皎克西的"粮仓"地区，又通过与白古王朝结盟，牵制住阿瓦王朝的进犯，实力不断增强。1531年，东吁首领莽瑞体（缅名德林瑞体）建立了东吁王朝（Toungoo Dynasty，中国史籍称为洞吾、东胡、底兀剌，1531～1752）。随后他积极征战，1539年攻灭白古王朝，1541年又攻占对外贸易要港马都八。莽瑞体去世时，缅甸中部和南部基本统一。1551年莽应龙继位，灭了阿瓦王朝，征服各掸邦，完成了缅甸的第二次统一。东吁王朝是缅甸历史上最强盛的王朝，在莽应龙统治时达到鼎盛，国土东到老挝的万象，西到印度的曼尼普尔，南到印度洋，北到现中缅边境的九个掸族土邦，占据了大半个中南半岛。1581年，莽应龙去世。著名缅甸史专家哈维（G. E. Harvey）说："毫无疑问，在莽应龙统治期间，他的人格影响了整个印度支那半岛，赢得了各种民族集团的敬畏。"莽应龙死后，内乱不已，位于缅甸西南部的阿拉干王朝国王明耶娑基派葡萄牙人勃利多（亦译菲利浦·德·布里托）率葡萄牙雇佣军于1595年攻占白古，俘获缅王莽应里，东吁王朝危在旦夕。莽应龙幼子良渊挽救了这一颓势，占领以阿瓦为中心的"粮仓"地区，保住了上缅甸半壁河山。继其王位的阿那毕隆（1605～1628在位）又收复了下缅甸的失地，并于1613年收复了被葡萄牙人占领的沙廉，把葡萄牙人驱逐出缅甸，再次完成了缅甸的统一。他隆执政时（1629～1648），缅甸国富民强。他死后，平达力继位（1648～1661在位），国力日衰。1659年，明朝末代皇帝永历逃亡到缅甸。当时缅甸无力抵御吴三桂的进攻，只好引渡永历，以换取清军撤兵。

3．暹罗

1238年，素可泰王国建立。14世纪中叶，泰人首领乌通王吞并了素可泰王国，于1351年建立了大城王朝。到了15世纪中叶，戴莱洛迦纳王推行改革，暹罗日益繁荣。16世纪中叶以后，暹罗与缅甸发生旷日持久的战争，内忧外患交错，国势暂衰。1767年京都被缅军攻陷，皇室、寺院、民房和典籍文物焚毁殆尽。尔后在华裔领袖郑信领导下，暹罗得以复国，迁都至吞武里，建立了吞武里王朝。

暹罗虽然未与中国接壤，但有海路与中国相连，两国关系十分密切。中国史书记载，在1370～1643年之间，暹罗使节来到中国访问和贸易达102次，中国明朝使者回访也有19次之多。大城王朝与葡萄牙、荷兰等国商务交往也很频繁，以"夏利脑"（新市的意思）之名闻名于西方世界。

这三个新兴的地区强权积极向外扩张，主要受害者是占城国和柬埔寨。占城国的情况已如前述，这里看看柬埔寨。

柬埔寨在中国古代史书中有多个名称，汉代称为究不事，隋唐称真腊，又称为吉蔑、阁蔑（音译自Khmer，即高棉），宋代亦称真

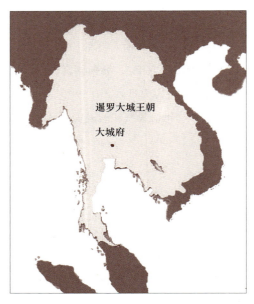

暹罗大城王朝

腊（又作真里富），元朝则称甘勃智。到了明前期称甘武者，万历后方称柬埔寨。这里我们总的称之为柬埔寨。

柬埔寨建国于1世纪下半叶，历经扶南、真腊、吴哥等时期。790年，高棉国王阇耶跋摩征服了爪哇人统治的真腊王国（Kambuja，即柬埔寨，Cambodia是其现在的拼写形式）。812年，阇耶跋摩国王正式宣布柬埔寨脱离爪哇王国，建立了吴哥王朝。吴哥王朝国势强盛，疆域包括从今缅甸边境到马来半岛北部的广大地区。经过对占城国的战争，到了944年，吴哥王朝向东扩展至今属越南的长山山脉，西至缅甸，南达暹罗湾。11世纪初，吴哥王朝领土继续扩充，在苏耶跋摩一世在位时期步入全盛期，势力范围扩展到湄公河下游和老挝的琅勃拉邦。在阇耶跋摩七世统治期间，又将占城纳入版图。此时吴哥王朝拥有战象近20万头，成为地区强国。12世纪和13世纪初，吴哥王朝达到了极盛，版图除柬埔寨之外，还包括今泰国、老挝、越南南部、马来半岛北部和缅甸的一部分，被称为"高棉帝国"（Khmer Empire）。首都吴哥城建筑雄伟，被称为"中世纪全球最大的城市"，中心区域地带面积约为1036平方公里，呈发散状向外延伸数百平方公里，城区直达洞里萨湖边，面积和今天英国的大伦敦市（约1554平方公里）相当，全城人口可能多达100万人，成为当时世界上最大的城市之一。在元明时期，因为这里"民俗富饶。天时常热，不识霜雪，禾一岁数稔"，所以有"富贵真腊"之谚。

12~13世纪，吴哥王朝与暹罗、占城之间不断发生战争，国势日渐衰落。1431年，暹罗入侵，吴哥城被围七个月后陷落，吴哥王朝也从此灭亡。1434年真腊复国，因为首都吴哥太靠近暹罗边境，因此不得不放弃之，迁都金边，此后中国文献中称之为柬埔寨。柬埔寨虽然避免了占城灭国的命运，但也从先前的地区强国沦为一个夹在越南和泰国两个强邻之间的弱小国家。

上述变化导致的一个结果是中国出现了来自南方的威胁。对中国来说,这是史无前例的。以往与中国友好的两个国家占城和柬埔寨,一个灭亡了,另外一个变成了弱小国家。新兴的三个地区强国中,只有暹罗与中国保持良好的关系,而安南和缅甸则与中国存在利益冲突。这样,明朝就不得不对付这两个强劲的对手。

四、"东洋"与"南洋":东亚世界纷争的新场所

随着中国人对海外交通的探索实践,宋元时已对国际贸易水运进行了海区范围划分。由于唐宋海外贸易港以广州为主,而元代以泉州为主,所以"东洋"和"西洋"都是以广州或泉州为基点,按航向、针路(航海罗盘的指航路)的实际来划分的。

"东洋"和"西洋"这两个名词,在元代航海文献中已屡有出现。元代汪大渊《岛夷志略》多处提到"西洋"。元代周致中《异域志》内列有"西洋国",指的是马八儿(今位于印度东南海岸)。"东洋"一词,最早见于元代大德年间陈大震著的《南海志》。该书中将"东洋"地区划分为"小东洋"和"大东洋"各国。其中"小东洋"主要指今菲律宾诸岛和加里曼丹岛,"大东洋"则指今印度尼西亚诸岛。明初郑和航海时期所说的"西洋""东洋",也是继承元代而来的。

但是在不同的历史时期,同一名称的"东洋"和"西洋",内涵范围并非一贯相同,而是动态的。不但明代与元代有所不同,而且就明代而言,前期与后期也有变化。

二鶴長子漢人母歲巢于其上酋長子孫相傳以來千有餘年矣春則有一二雛及羽翼成飛去惟老鶴挂其國人書扁曰老鶴里土瘠而民貧氣候不齊俗朴男女椎髻纏地產大布手巾木棉貿易之貨用鐵鼎五色布之屬

東淡邈

皋雄相去有間近芳數日程山瘠田沃稻登百姓充給氣候熱俗重耕牛每于二月春米為餌以飼之名為䬳耕種之本男女椎髻繫人舟布貢海薩薩柳漿為酒有酋長地產胡椒亞于闍婆玳瑁木棉大檳榔貿易之貨用銀五色布銅鼎鐵器燒珠之屬

大八丹

國居西洋之後名雀婆嶺相望數百里田平壤稔時雨霑

到了明代中期的嘉靖时期，又出现了一个新的海区概念——"南洋"。这个概念出现后，有渐渐取替"小西洋"之势。胡宗宪等著的《筹海图编》中引用太仓生员毛希秉的话："然闻南洋通番海舶，专在琉球、大食诸国往来。……南洋、西洋诸国，其隔闽广也，近则数千里，远则数万里，通番船舶无日无之，使其下海必遭漂没，人亦何苦舍生而求死哉。况东洋有山可依，有港可泊，南北不过三千里，往来不过二十日，非若南洋、西洋一望无际，舟行而再不可止也。"施存龙指出：这里所说的"南洋"并不是一个很确定的海域，有时覆盖到东海的琉球和印度洋沿岸的阿拉伯国家，有时"南洋""西洋"两个概念并存，有时则"南洋""西洋"和"东洋"三者并存。此外，陈佳荣指出："《筹海图编》等书另有多处记及南洋，但未必专指南海地区，须加辨别。如该书卷十三云：'沙船能调戗，使斗风，然惟便于北洋，而不便于南。北洋浅，南洋深也。'……此南洋、北洋或以长江口而区分。"由此可见，这些概念之间的界线并不很明确。到了后来，这三个概念的范围逐渐明确了。"东洋"越来越多是指东亚（特别是日本），"南洋"越来越多指东南亚，而"西洋"则越来越多指欧美。在这里，我使用后面这种比较近代的说法，把"东洋"定义为中国东海海域，"南洋"为中国南海和南洋群岛海域。在15～17世纪中期，西欧国家中只有葡萄牙、西班牙和荷兰积极参与了东亚世界的事务，并建立了殖民地，因此我们将它们视为东亚世界中的重要国家。它们在东亚世界的主要活动范围在上述"南洋"海域内，因此我们把它们放到"南洋"部分去讲。

下面，我们就来看看，在15～17世纪中期，"东洋"和"南洋"两大海域发生了什么变化。

（一）"东洋"：日本的兴起

15～17世纪中期，"东洋"地区，有日本、朝鲜、琉球。其中以日本最为重要。

许多中国人对日本的历史缺乏了解，加上由于近代日本对中国的侵略而产生仇日情绪，对日本采取一种蔑视的态度，称之为"小日本"。但是在近代早期以来东亚世界的历史上，日本是除中国外最重要的国家，日本与中国的关系也构成东亚世界国际关系中最重要的双边关系。

日本在近代早期东亚世界上的重要性，可以从以下事实略窥一斑：

首先，日本的人口在1500年已达1540万，此时中国的人口约为1.3亿，朝鲜为800万。因此日本人口约为中国的1/8，比朝鲜几乎多出一倍。此时西方最大的国家是苏莱曼大帝（Kanuni Sultan Süleyman，1520～1566在位）时代的奥斯曼帝国，正处于其巅峰时期，其领土达到450万平方公里，但是人口却只有1400万。这时的欧洲强国西班牙的人口仅有500万，英格兰仅有250万。欧洲第一人口大国俄罗斯帝国，1550年人口大约1100万，到了1600年也才达到1300万～1500万。在亚洲，印度莫卧儿帝国没有人口统计数字，其1600～1610年的人口估计约在1亿～1.5亿之间，不过其中比较可靠的人口数字是统治族群穆斯林的人口，只有1500万。在东南亚，1600年整个地区的人口合计不过2200万，其中三个地区强权人口也不多：安南约为470万，暹罗220万，缅甸310万。因此在16世纪和17世纪前期的世界上，日本是除了中国和莫卧儿帝国之外人口最多的国家。

其次，如我在本书第二章中所说过的那样，进入16世纪后，日本发现了多个银矿。这些银矿的开采使得日本一跃而成为世界上最重要的白银产地之一。到16世纪末，日本白银产量占世界总产量的1/4到1/3，成为世界上购买力最强的国家之一。而这个时期的中国，则是全世界最大的商品出口国，也是最大的白银进口国。因此对于中国来说，日本是最重要的贸易对手。

由于其人口规模和贸易实力，日本成为东亚世界中仅次于中国的重要国家。日本的国内变化，也必然影响到东亚世界的变化。

日本在8世纪的"大化改新"中，积极学习中国，不仅引入了汉字，而且采纳中国唐代的政府形式，按照中国的模式建立国家机构。日本也按照唐朝首都长安的形制，建起了奈良和京都。但是这个学习中国的运动并未成功，日本也没有成为一个中央集权的统一国家，各地统治者实际上成了独立并世袭的诸侯。在935～1185年间，两大豪族平氏与源氏之间爆发了内战，最终源赖朝取得胜利，以位于关东的镰仓为基地，建立了镰仓幕府，以天皇的名义对全国实行统治，而在京都的天皇完全没有实权。1199年源赖朝死后，北条家族获得镰仓幕府将军的摄政权，一直掌权到1333年。1331年后醍醐天皇策划了一次流产的政变，导致了北条家族和镰仓幕府的灭亡。1338年，幕府所在地迁至京都，实权也落入足利家族手中。但是足利幕府从未能有效地统治整个日本。后醍醐天皇被足利尊从京都驱赶出来后，在京都以南的山区维持着一个独立的政权。这种分裂的局面从1336年持续到1392年，各地的藩主和大名变成了事实上独立的诸侯。1467～1477年持续十年之久的内战更把京都变成了战场，史称"应仁之乱"。在此之后，足利氏的统治权力丧失殆尽。1281～1614年成为日本历史上无政府状态最为严重的时期。

此后，在织田信长（1534~1582）、丰臣秀吉（1537~1598）和德川家康（1543~1616）三个军事强人的相继努力下，日本重新在政治上实现统一。织田信长在1568年攻占了京都，并于1573年消灭了足利幕府。1582年，织田信长被反叛的家臣杀害，另一个家臣丰臣秀吉立即打败并杀死了反叛者。到1590年时，丰臣秀吉成了整个日本的主宰。1598年丰臣秀吉死后，内战爆发，德川家康在1600年的关原大战中获胜。1603年，德川家康取得将军的称号，建立了德川幕府。1615年德川家康攻陷了丰臣秀吉之子丰臣秀赖固守的大阪城，此举使他成为日本的新主宰。他建立的德川幕府对日本的统治，一直延续到19世纪中叶的明治维新，方告结束。

足利幕府时期，国内战乱不已，日本国力微弱。1404年，足利幕府承认了中国对日本名义上的宗主权，并且勉强接受了明朝政府对中日双边贸易额的限制。但是软弱的足利幕府无法约束日本各地的藩主和大名，以致诸多大名纷纷下海为寇，足利幕府时期也成为倭寇最猖獗的时期。到日本统一之后，情况迅速发生巨变。丰臣秀吉于1592~1593年和1597~1598年两度发动侵略朝鲜的战争，作为侵略中国的序幕。这一点，我们在后面还会说到。

"倭患"长期危害中国，因此明人把日本的威胁与蒙古的威胁相提并论，称之为"南倭北虏"。

（二）"南洋"：西洋人的到来

这里说的"南洋"，指的是南洋群岛及其海域。南洋群岛亦称马来群岛或东南亚岛屿区，位于亚洲东南、太平洋与印度洋之间的海洋上，北起吕宋岛以北的巴坦群岛，南至罗地岛，西起苏门答腊岛，东至东南群岛，南北延伸约3500公里，东西相距约4500公里，陆地面积约200万平方公里。南洋群岛是世界上最大的群岛，有岛屿两万多个，包括大巽他、小巽他、努沙登加拉、吕宋、马鲁古、西南、东南和菲律宾等群岛。在今天，人们也根据现在的政治版图，把除菲律宾以外的诸群岛统称为印度尼西亚群岛。

南洋群岛在近代早期以来世界经济史上具有非常重要的地位。布罗代尔认为，在近代以前中国、印度、伊斯兰是远东的三大"经济世界"。从15世纪起，这三大经济世界的联系逐渐加强，整个远东的经济生活被纳入到一个辽阔又脆弱的经济世界之中，构成了一个庞大的超经济世界。这个超经济世界的中心是位于亚洲边缘的南洋群岛，因为这里是印度、中国乃至伊斯兰对外扩张和产生影响的交汇点。这个超经济世界中的任何一个地区要得到迅速的发展，要么得到中心地带的有力带动，要么争取成为这个经济世界的中心并扩展该经济世界的范围。由于没有相同的文明作为基础，远东这个超经济世界的内部联系不如欧洲那样紧密。作为中心的南洋群岛很难深入影响其他地区。就中国而言，出路在于扩大活动空间，突破南洋群岛的局限，为自己开辟边缘地带以争取经济世界的中心地位。

南洋群岛的这种"中心"位置是到了早期经济全球化时代才形成的。布罗代尔说这是因为早期印度的扩张和后来中国的扩张，把南洋群岛变成一个往来繁忙的十字路口。他认为这种"中心"位置的形成应从1403年马六甲建城或者1409年马六甲建国算起。从这个时候开始，原先荒凉落后的南洋群岛变成了外来力量竞逐的天地。

1～15世纪，苏门答腊、爪哇和婆罗洲出现了一些印度化的王国，相续兴起和衰亡。其中最主要的是7～13世纪建立于南苏门答腊的室利佛逝王国和13世纪初在爪哇岛中部和东部兴起的新柯沙里王国。后者在格尔达纳卡拉王在位时期（Kertanagara，1268～1292）国势强盛。先后征服苏门答腊南部的末罗游、巴厘岛和马来半岛的彭亨，势力达到加里曼丹南部，控制了包括整个爪哇岛的印尼东部地区和马来半岛南部地区，成为取代室利佛逝地位的海上贸易大国。

1290年爪哇新柯沙里国王格尔达纳卡拉王将三佛齐逐出爪哇，之后他的女婿克塔拉亚萨（Kertarajasa）建立了满者伯夷王国。元朝至元二十九年（1292），元世祖派遣由一千艘战舰组成的庞大舰队从泉州出发，登陆爪哇，和满者伯夷国王克塔拉亚萨联合攻打贾亚卡特望，灭新柯沙里国。克塔拉亚萨随后反戈，打退元军，统一爪哇。到了14世纪，满者伯夷王国大规模扩张，在哈奄·武禄（Hayam Wuruk，1350～1389）王统治时期基本控制了今印度尼西亚的大部分岛屿，势力范围甚至达到马来半岛和菲律宾群岛，领土面积达到约162万平方公里，人口达到六百多万。这也是印度尼西亚在古代历史上唯一一次基本统一，其全盛时期的版图大致相当于今日印度尼西亚和马来西亚的总和。随后在1397年，满者伯夷国又出动海军攻占旧港，灭宿敌三佛齐，成为东南亚地区最强大的政权。1370年，明朝向文莱派出使节敦促朝贡。文莱国王担心满者伯夷出来干涉，最终没有给出承诺，派往苏门答腊巨港的明朝使节被满者伯夷的势力所杀害。

明洪武三年（1370），满者伯夷国王遣使奉献金叶表，明朝与满者伯夷之间开始了邦交和贸易往来。永乐二年（1404），满者伯夷王维克拉马法哈纳（Vikramavardhana）遣使朝贡，明成祖遣使赐镀金银印。明正统八年（1444），定三年一贡，以后朝贡无常。这种关系一直维持到15世纪末，满者伯夷国被信仰伊斯兰教的马打兰王朝所灭。不愿意成为穆斯林的满者伯夷王朝的王族流亡到了巴厘岛，在此建立新的政权，并继续维系印度教的传统。巴厘岛到现在都还是信奉印度教,也为印度尼西亚唯一以信仰印度教为主的岛屿。

满者伯夷与明朝的关系基本上良好,而满者伯夷灭亡后南洋群岛不再有强大政权,因此在明代时期,南洋群岛未对中国构成威胁。

瑞德在《东南亚的贸易时代:1450—1680年》中说:与东亚世界其他部分相比,南洋群岛在地理上非常独特。水和森林是对东南亚环境影响最大的两个因素。森林的阻隔使得从陆路抵达东南亚非常艰难,但这一地区的水路却四通八达,是一个特别适宜海上活动的地区,从而吸引中国人、印度人、波斯人、阿拉伯人、西洋人等源源不断地进入到这里。换言之,这是一个开放的地区,因此也成为各种外来势力活动和竞争的场所。因为以往战争不多,因此在这个地区,除了各土邦的都城外一般都不设防,没有任何围墙,因此当时的欧洲人认为这里的一些城市不过是"一群村庄合在一起而已"。这里国家的军事力量薄弱,无法抵抗欧洲舰船和火力。因此很轻易就成为西方殖民者的猎物。到了16~17世纪,东南亚大部分重要的海上贸易中心被欧洲人摧毁或者占领。具有转折意义的一年是1629年。这一年,南洋群岛地区最强大的亚齐和马打兰两个王国在遭遇惨败后一蹶不振。在随后的二百年内,南洋群岛从繁盛一时的东西贸易的十字路口,沦为一些世人眼里的蛮荒之地。

到了早期经济全球化时代,西洋人来到南洋群岛。他们先后在菲律宾群岛、东印度群岛以及马来半岛沿海地区建立殖民地,将其纳入自己的殖民帝国。这段历史,我们许多人都已耳熟能详。这里仅简单提一下。

1510年,葡萄牙占领了印度西海岸的果阿,作为其东方殖民帝国的基地。1511年占马六甲,为东扩的据点。16世纪中期,葡萄牙先后在盛产香料的摩鹿加群岛与马六甲之间的一些港口建立堡垒或商馆，以定期航行的舰队为后盾，向过往船只和据点周围勒索贡税、收购香料。但是除果阿外，葡萄牙人并未在东南亚的商业据点建立完整的殖民行政体系，各据点也很分散。葡萄牙在东南亚建立的"殖民帝国"仅是少数孤立的贸易据点，远非近代意义上的殖民体系，因此有人称之为"货栈帝国"。

几乎与葡萄牙同时来到东南亚的西班牙，于1571年占领吕宋岛上的马尼拉。十年后，菲律宾成为西班牙君主直辖殖民地，对菲律宾实行了殖民化。西班牙人发现这里既不产黄金，也不产香料，于是计划以此为基地，远征摩鹿加以夺取香料，但由于葡萄牙和荷兰的阻挠而告失败。荷兰人和英国人来到东南亚稍晚，其早期活动也同葡萄牙人一样，主要目标是贸易而非领土。他们在摩鹿加群岛、爪哇、苏门答腊等地建立商业据点，筑堡垒、造货栈，并用武力或其他手法进行掠夺。与葡萄牙、西班牙不同的是，荷、英以私人贸易公司方式进行殖民活动，但是这些公司不同于现代的贸易公司，拥有国家授予的任免官吏、招募军队、征税、贸易垄断等特许权，并且有国家为后盾。

这些新来者在东南亚各地建立殖民地的一个主要目的，是以此为基地与中国进行贸易。他们手里有大量的白银，因此中西贸易的规模越来越大，从而导致中西关系也越来越密切，纠纷和冲突当然也随之增加。这些新来者拥有比较强大的军事力量，而他们在东亚的主要活动场所是南海，因此南海从此成为冲突的主要策源地，他们占领下的南洋群岛也成为中国越来越严重的威胁。

这里我要强调，上述新的地区强权之所以能够兴起，一个重要原因是火器技术的引进和传播。狄宇宙指出：15世纪中叶以后奥斯曼土耳其和葡萄牙人先后将火器技术及使用方法传播到阿拉伯世界、印度和东南亚。在东南沿海的"倭乱"中，日本的火器也受到了戚继光的注意。至于来到东亚世界的葡萄牙、西班牙、荷兰人,更是船坚炮利,所以在东南亚处处得手。17世纪荷兰人称雄东南亚,但荷兰人在亚洲各地的驻守兵力总共还不到2000人(其中在摩鹿加400人,安汶357人,班达300人,巴达维亚360人,台湾280人)。1635年在亚洲的葡萄牙人总数也不过4947人,另有黑人7635人(其中在澳门有白人和黑人各850人)。西班牙占领菲律宾后,尽管西班牙当局大力招揽西班牙人移居菲律宾,但是在马尼拉的西班牙人总数,到1612年也只有2800人。为什么这么少的欧洲人能够如此顺利地征服东南亚广大地域呢?一个原因是他们拥有先进的火器及相应的战术、军队组织方式等。在此之前的冷兵器时代,因为军队是人工密集型的,因此决定战争的主要因素是交战双方作战人员的数量。但是到了火器时代,先进的军队日益转向技术密集型和资本密集型。因此,一支武器先进、组织良好的小型军队,可以打败武器落后、组织不佳的大军队。这一点,对早期经济全球化时代的东亚世界非常重要,这也是这个时期成为中国多事之秋的一个原因:原先无法挑战中国制定的国际游戏规则(朝贡制度)的那些国家如日本、安南、缅甸以及人数很少的葡萄牙、西班牙、荷兰等殖民者,到了此时也居然能与中国作对,甚至发动对中国的攻击。之所以如此,正如军事史家富勒所说:火药的使用,使所有的人变得一样高,战争平等化了。就我们正在讨论的问题来说,这个论断非常中肯。

五、中华朝贡体系的失效:东亚世界传统的国际关系格局的变化

世界上任何国家都命中注定要与其他国家相处。不同国家之间

的相处就形成了国际关系。有两个国家并存，彼此之间就有一种双边的国际关系；有多个国家并存，相互之间就是一种多边的国际关系，这些关系相互连接，从而形成了一种国际体系。相关的国家通常就在这种体系内处理相互关系。

在近代以前，东亚世界各国在国家形态以及其他诸多方面都千差万别，它们对"国际关系"的理解也各不相同。要处理彼此之间的关系，就必须有一个大多数国家认可和接受的体系，通过这个体系来解决矛盾和冲突。那么这种体系是什么体系呢？在其中，各国又是如何相处的呢？

滨下武志指出：在近代以前的东亚世界确实存在一种处理各国之间相互关系的国际关系体系。这种体系是"以中国为中心、几乎覆盖亚洲全境的朝贡制度，即朝贡贸易体系，是亚洲历史上，也只是亚洲历史上的独特体系"。这种体系是近代早期以前的东亚世界国际关系的基石，以此为基础形成了国际秩序。

这里要指出，中华朝贡体系是东亚世界中一个重要的国家关系体系，但并不是全部，因为有不少国家处于这个朝贡体系之外。同时，在东亚世界中，并非只有以中国为中心的朝贡体系。中国的一些邻邦也都努力建立了它们自己的朝贡体系。例如日本对琉球，朝鲜对女真，安南对占婆、南掌等，都提出了朝贡的要求，从而形成了次级的朝贡中心。但是不可否认的是，中华朝贡体系是东亚世界最大，也是最重要的国际体系。

这种体系之所以以中国为中心，原因很简单，是因为中国的特殊分量。在疆域、人口、经济实力、政治制度等方面，中国都处于特殊的地位，没有一个国家能够与中国抗衡。正是由于这种地位，中国的邻国一直从中国获取各方面的资源（包括制度、科技、文化等方面），而中国从邻国获得的资源则很有限。此外，中国在地理上位于东亚的中心地区，而其他国家则围绕着中国，因此中国人自古也把自己的国家视为"天下之中"。

这种世界历史上独一无二的国际关系体系是建立在中国传统的外交理念上的。这种理念就是依照儒家"家天下"的观念，要把远近邻邦变为一个大家庭，使大家在其中和睦相处。在这个大家庭里，中国是家长，其他国家则是家庭中的其他成员。在政治上，中国和这些国家是一种宗主国和藩属国的关系，在经济上则通过朝贡贸易进行交流。藩属国家对中国的主要义务是承认中国在政治上和文化上的优越地位，在规定的年限内派遣使节向中国表达象征性的归顺，但不要求实际归顺中国的统治。作为回报，中国朝廷授予那些藩属国的统治者以金印，以赋予那些统治者以合法性，通过这种册封方式来表现他作为天子的权威。这些藩属国的君主必须向中国皇帝进呈本地土产作为贡品，而从中国皇帝那里得到比这多得多的回赐。所以费正清说："不能说中国朝廷从朝贡中获得了利润。回赠的皇家礼物通常比那些贡品有价值得多。在中国看来，对于这一贸易的首肯更多的是一种帝国边界的象征和一种使蛮夷们处于某种适当的顺从状态的手段。"正因为这样，我们也就很容易理解为什么今天有许多对历史有兴趣的国人抱怨，在这种朝贡体系中，中国在经济上得不偿失，只是为了满足中国皇帝的虚荣心，"花钱赚吆喝"。

在这种朝贡体系中，中国有责任维持地区稳定和天下繁荣。那些藩属国，一方面在内政方面保持独立，另一方面在国家安全方面则需要中国保护。如果受到侵略或者发生内乱，其统治者往往向中国求援，而中国也有责任帮助他们抵抗入侵或者平叛。可见，这种朝贡体系的宗旨是维护地区稳定，而中国并未从中获取经济利益，在大多数情况下也不追求用武力来解决问题,除非这些国家对中国的安全造成直接的威胁。中国并不干涉藩属国的内政,也不从藩属国牟取经济利益,同时在解决这些国家之间的纠纷时也极少使用武力,因此有些外国学者认为中国与邻国之间的朝贡与宗藩关系并不具备"朝贡"和"宗藩"的实质;中国与邻国的"宗藩关系"并没有相应的义务和权力规定,中国统治者似乎也不乐意拥有实际的权力,而朝贡不过是贸易的外衣。他们提出:平等相处,互不干涉,是朝贡制度下中国与邻国政治关系的本质特征。不论这些看法是否合乎历史真实,有一点是毋庸置疑的:以中华朝贡体系为基础的东亚世界国际秩序,基本上是一种不依靠武力处理国际关系的国际秩序。

纵观历史,我们必须承认:因为有了这个体系,东亚世界各国之间在近代以前发生的冲突,无论是从数量还是规模来说,都远远少于同期的欧洲、中亚、西亚等地区。在这种体系中的大多数国家,彼此之间得以保持长期的和平关系。从这个意义上可以说,这种以中国为中心的国际关系体系是一种以互信、包容、合作、共赢为特点的国际关系。当然,即使是一家人,各个成员之间也总会存在各种矛盾和利益冲突。这些矛盾和冲突,通常是通过宗主国中国的调停而以和平手段解决。但是这种调停也不是在任何时候和任何地方都能奏效。到了无法奏效时,战争就不可避免了。

这种用和平手段维持东亚国际秩序的中华朝贡体系是明朝对外关系的基石。早在明朝建立之初,明太祖就定下两项明确的对外政策:对海外国家不得加以攻打;不得利用朝贡关系牟利,朝贡贸易不可与私人海外贸易相混淆。在他制定的《祖训录》中明确地对他的后继者们说:"凡海外夷国如安南、占城、高丽、暹罗、琉球、西洋、东洋及南蛮诸小国,限山隔海,僻在一隅,得其地不足以供给,得其民不足以使令。若其自不揣量来扰我边，则彼为不祥。彼既不为中国患，而我兴兵轻伐，亦不祥也。吾恐后世子孙倚中国富强，贪一时战功，无故兴兵致伤人命，切记不可。但胡戎逼近中国西北，世为边患，必选将练兵时谨备之。"他还特别列出如下"不征之国"：朝鲜、日本、大琉球国、小琉球国、安南、暹罗、占城、西洋、苏门答剌（今苏门答腊北部）、爪哇国、湓亨国、白花国（拔沓或西爪哇）、三佛齐国（室利佛逝或巴邻旁，今苏门答腊中南部）、浡泥国（婆罗洲）。基于这种基本国策，明朝对于朝贡体系中国家之间的纠纷，除非真正危及中国自身，通常也不动用武力进行干预。晚明著名文人袁宏道在谈到朝鲜和日本的纠纷时说："譬如邻人自相评讼，我乃鬻田宅、卖儿女为之佐斗，不亦惑乎？"这句话，非常好地表现了中国人对于邻国之间的纠纷的态度。

在明代大部分时期，这种朝贡体系大体上能够奏效，从而维持了东亚世界的长期和平。但是在某些时候，中国也不得不使用武力帮助一个藩属国抵御外敌［例如正德六年，满剌加被葡萄牙人攻陷，满剌加国王派使节向明朝求援。明政府即谴责佛郎机（即葡萄牙），令其归满剌加之地］，或者制止另一个藩属国的入侵（例如安南不断侵略占婆，明朝对此亦予以干涉），但是这样的情况很少发生。也正是因为不依靠武力，朝贡体系不能有效地解决国际关系中的纠纷。

到了晚明，随着东亚世界新的地区强权兴起，它们不断挑战中国在既有的国际秩序中的主导地位，甚至直接向中国发起攻击。作为结果，这种国际秩序也名存实亡，其主导者明朝不得不面对一个不同的和充满危险的新局面。

六、"祖国在危险中":处于乱世中心的中国

"祖国在危险中"是世界近现代史上的一个著名口号。1789年法国大革命爆发,引起欧洲各国君主的恐慌和仇视。他们组成联军,向法国本土逼近。面对外国干涉,1792年7月11日,法国革命政府发布"祖国在危险中"的法令,号召人民奋起抵抗外敌入侵。俄国"十月革命"后,遭到西方列强的围攻,新生的苏维埃政权也发出了"社会主义祖国在危险中"的号召。1941年7月3日,纳粹德国对苏联发动闪击战,"社会主义祖国在危险中"的口号再次响彻苏联。这里我借用这个著名的口号,描述明代中国的国际处境。

到了早期经济全球化时代,各国之间的关系变得更加密切,从而纠纷也随之增加。同时,由于"火药革命"所导致的"战争平等化",小国也开始敢于挑战"天朝"的权威以及朝贡体系下的国际关系准则,甚至向"天朝"发动攻击,到了明代,中国从南到北,从西到东,都遇到程度不等的威胁,中国陷于敌国的包围之中。

在明代初期(洪武至正统,1368~1449),明朝的主要威胁是蒙古,因此朝廷对于国家安全问题的论争主要集中于北部的威胁。"土木堡之变"后,情况丕变。在景泰至隆庆期间(1450~1572),北部、西北、东北、南部的边疆危机以及海上的安全危机(即"嘉靖大倭寇")全面爆发。以"隆庆封贡"和"隆庆开禁"为转折点,明朝与蒙古的关系走向缓和,倭寇问题也逐渐淡化。但是到了万历、泰昌、天启及崇祯时期(1573~1644),新的威胁又出现,东北边疆危机严重,南方此起彼伏的动荡也加剧了边疆危机。因此,明朝自始至终都处于一种四面受敌、危机频繁的状态之中,而且这些危机还不断加剧,最后导致明朝灭亡。在此意义上可以说,对于晚明时期的中国人

来说,"祖国在危险中"是一个不容忽视的现实存在。

明朝北方的威胁是蒙古。晚明学者章潢说:"或有问于论者曰:今天下之患何居?论曰:北边最可忧,余无患焉。曰:何以为可忧也?曰:我太祖皇帝迅扫之后,百余年来,生聚既蕃,侵噬渐近。开平、兴和、东胜、河套之地,皆为所据,额森和硕之后,益轻中国,恃其长技,往往深入,风雨飘忽,动辄数万。我军御之不过,依险结营,以防冲突,仅能不乱,即为万全,视彼驱掠,莫敢谁何!"这种传统的威胁,在"隆庆合议"达成之后有所缓和,但是明朝依然不敢放松北方防卫,不得不在长城防线驻扎重兵以防万一。

明代中国东、西、南三方的威胁来自日本、安南、缅甸以及葡萄牙、西班牙和荷兰这些新的地区强权。到了晚明,后金兴起于东北,更成为关系到明朝生死存亡的严重威胁。下面,就分头看看这些新威胁的情况。

1. 日本

日本经过多年内战,到了16世纪后期才在织田信长、丰臣秀吉、德川家康的武力下开始统一,然而统一日本的工作尚未完成,日本就已萌生侵略朝鲜和中国的野心了。

早在1577年,当时还是织田信长部将的丰臣秀吉便向织田信长建议:"率兵扫平朝鲜,更收朝鲜兵马,席卷明国四百余州,为主公大人混一日本、朝鲜、明国,此为臣之宏愿!"1587年在征讨九州军中,丰臣秀吉也念念不忘"在我生存之年,誓将唐之领土纳入我之版图"。1590年丰臣秀吉在统一日本之后,更明确了侵略朝鲜的计划。他于1591年命日本对马的大名(领主)宗义智通告朝鲜国王李昖说:"日本丰臣秀吉,谨答朝鲜国王足下:吾邦诸道,久处分离,废乱纲纪，格阻帝命。秀吉为之愤激，披坚执锐，西讨东伐，以数年之间，而定六十余国。秀吉鄙人也，然当其在胎，母梦日入怀，占者曰：'日光所临，莫不透彻，壮岁必耀武八表。'是故战必胜，攻必取。今海内既治，民富财足，帝京之盛，前古无比。夫人之居世，自古不满百岁，安能郁郁久居此乎？吾欲假道贵国，超越山海，直入于明，使其四百州尽化我俗，以施王政于亿万斯年，是秀吉宿志也。凡海外诸藩，役至者皆在所不释。贵国先修使币，帝甚嘉之。秀吉入明之日，其率士卒，会军营，以为我前导。"他计划首先占领朝鲜，作为进攻中国的跳板，再发动侵华战争，征服中国，将天皇移驾北京，他自己则进驻中国宁波，厉兵秣马三年后，从宁波出海取南洋、印度，征服世界。

　　丰臣秀吉的野心并非狂人妄想。明朝的领土和人口都十倍于日本，丰臣秀吉要进行征服中国的战争，必须具有强大的实力，并进行充分的战争准备。从当时的情况来看，这些条件日本都具备。首先，如前所述，日本是当时世界上第三人口大国，拥有丰富的人力资源，可以征调大量的人力参加战争。其次，日本是当时世界上主要的产银国之一，拥有大量的国际贸易硬通货白银，从而拥有强大的购买力，可以支付军费和购买作战物资。再次，经过多年内战，日本在火枪的制造和使用技术方面已处于国际前列，军队久经沙场，具有丰富的实战经验。日本拥有这样的实力，因此丰臣秀吉才有可能有征服世界的野心并将其付诸实践。

2．安南

　　明初平定安南之役失败后，明朝和安南后来基本上没有发生过战争。但是安南一方面承认明朝的宗主国地位，另一方面也一直对明朝充满猜忌和戒备之心,即如嘉靖时人林希元所说:"我虽未尝觊觎于彼。彼之提防于我者无所不至。"不仅如此,安南还时时窥伺中国的边疆地区。后黎朝黎圣宗(1442~1497)统治时期,一方面维持对中国的宗藩关系,另一方面也屡与明朝发生纠纷。1474年,安南在云南边境"以军民啸取窃掠为词,辄调夷兵万众越境,攻扰边寨,惊散居民"。对此,明廷一方面下令云南、广东、广西等地官员加强边备,"各守境土,以备不虞",另一方面通过外交途径,警告安南"不许辄调夷兵,越境侵扰,惊疑良民"。此后,中国边境仍有安南意图入侵的警报。1480年,云南官员向明廷报称"今复闻(后黎朝)练兵,欲攻八百(今泰国清迈)。内侵之患,不可不虑"。1483年,云南临安府建水州又发生安南人与本地居民的冲突,"累相争讼"。明廷对安南多次骚扰边境并攻占占城很不满,向安南发出警告:"朝廷(指明廷)一旦赫然震怒,天兵压境,如永乐故事,得无悔乎?"经此警告,黎圣宗才"自是有所畏",行动才有所收敛。到了嘉靖初年,安南又"侵夺广东钦州四峒,朝议欲问其罪"。嘉靖六年(1527),后黎朝权臣莫登庸逼黎恭皇让位,自立为皇帝,建立莫朝。嘉靖十六年(1537),明世宗下令征讨安南。出兵的消息传至安南后,莫登庸先下手为强,首先出兵打败与云南结盟的后黎朝大将武文渊,然后以3万大军攻打后黎朝王子黎宁,将其赶到老挝境附近。云南巡抚汪文盛恐怕莫登庸突入云南,随即调动老挝、车里、元江府等地土兵7.5万人,战象500头作为防御。此后莫登庸到北京请和,两国幸未发生战争。之后安南虽然不敢公开进攻中国,但依然暗中支持云南、广西的一些土司,授予他们官职,提供交铳等火器,增强他们的力量,不断发动叛乱。明朝末年云南巡抚王伉上奏说:"全滇心腹大患,最剧最迫者惟阿迷土酋普名声而已。盖此酋狡悍颇善用兵,其众万人,类皆百战余。贼且滇省良马日买无虚,有名交铳逾二千,外是殆非常劲敌。"云南总兵官黔国公沐天波也说:"窃逆酋普名声谋反出其性……(普名声)伪受交官,阴购交铳,与安邦彦合谋欲从中起兵,首尾相应……逆贼兵强马壮,铳狠甲坚,技兼倭虏之长,未能扑灭之。"

3. 缅甸

1531年缅甸东吁王朝君主莽应龙继位后,积极向外扩张。1555年攻占阿瓦,灭阿瓦王朝,继续北进,开始对中国边境形成威胁。到了万历时期,缅甸不断向云南发动攻击,酿成中缅之间长达三十年的长期战争,最后以明朝失败而告终。明人沈德符说:"(嘉靖三十四年)缅酋阿瓦攻围木邦宣慰司,我军不能救,遂失之,因是五宣慰司复尽为缅所陷,而庙堂置不问矣。此后缅地转大,几埒天朝,凡滇黔粤西诸边裔谋乱者,相率叛入其地以求援,因得收渔人之利,为西南第一逋逃薮,识者忧之。"关于万历时期的中缅战争,我在最后一章中还会谈到。

4. 葡萄牙、西班牙和荷兰

葡萄牙和西班牙是欧洲环球探险和殖民扩张的先驱。葡萄牙人开辟的航线从西欧沿非洲海岸到达好望角,穿越印度洋,到达印度,随后又到达东亚。西班牙人开辟的航线则从西欧横跨大西洋到美洲,从美洲横跨太平洋到东亚。它们到处占领殖民地,建立了全球性的殖民帝国。葡萄牙帝国是世界历史上第一个全球性帝国,也是欧洲建立最早、持续最长久的殖民帝国(1415~1999);而西班牙帝国则是世界上第一个日不落帝国。葡萄牙人和西班牙人探险的初衷,就是找到去中国的航线。而他们最后都如愿以偿，来到了中国。

最先来到中国的是葡萄牙人。正德六年（1511），葡萄牙人来到中国，在沿海骚扰，剽劫行旅，贩运违禁物品。正德十二年（1517），葡萄牙人抵达广东屯门岛，并在此建筑堡垒，制造火铳，杀人抢船，掠卖良民。正德十三年（1518），三艘葡萄牙船擅自驶入广州水域，鸣炮致意，引起惊恐。正德十六年（1521），明军在广州附近的屯门岛驱逐了葡萄牙人。随后又在广东新会县的西草湾打退了葡萄牙人，并缴获了他们所携带的佛郎机炮。嘉靖三十二年（1553），葡萄牙人托言商船遇到风浪，请求在澳门晾晒货物，贿赂明朝海道副使汪柏，得到允准，遂得入据澳门。葡萄牙殖民者在澳门，开始不过搭棚栖息，不久渐次筑室居住，聚众至万余人。明朝政府并未将澳门割让给葡萄牙，中国澳门的主权仍在，葡萄牙人每年缴纳地租银，明朝政府每年在澳门征收税银两万余两。

西班牙人来到中国稍晚。他们于1571年（隆庆五年）侵占吕宋岛，立足之后，便派舰队骚扰中国海面，并在吕宋多次屠杀华侨。天启六年（1626），西班牙人占领了台湾北部的基隆和淡水。

葡萄牙、西班牙虽然是海上强国，但是到了16世纪末已开始走下坡路，因此对明朝并未构成严重威胁。也正因如此，明朝能够容忍葡萄牙租借澳门，作为一个对外贸易和获取欧洲军事技术的窗口。对于明朝来说，比葡萄牙、西班牙更具威胁性的西欧国家是荷兰。荷兰经过反抗西班牙统治的多年战争，于1581年建立了独立国家。建国还不到一百年，荷兰就成了世界上最大的海上贸易强国，其对外贸易额占到了西方世界的一半，一万多艘荷兰的商船横行在全球各海域。凭借着航海技术和对外贸易优势，荷兰通过荷兰西印度公司和荷兰东印度公司，建立了庞大的海外殖民帝国。荷兰东印度公司在东亚世界是首屈一指的海上强权，因此也成为明朝的潜在威胁。这种潜在威胁很快就变为现实威胁了。

同葡萄牙人一样，荷兰人来到东亚世界的主要目的之一是和中国进行贸易。1605年，荷兰舰队司令琼治（Matelieff de Jonge）率领11艘船到达东方，带来了荷兰执政王奥兰治亲王的两封信，一封致中国皇帝，另一封则是给暹罗国王，请求他协助荷兰人在中国取得贸易权利，但是计划流产。1608年、1609年、1617年，荷兰东印度公司阿姆斯特丹董事会又多次下达了开辟对华贸易的命令，但是都没有获得成功，因此认为必须用武力打开中国的大门。荷方的档案材料记载："据我们所知，对中国人来说，通过友好的请求，我们不但不能获得贸易许可，而且他们将不予以理会，我们根本无法向中国大官提出请求。对此，我们下令，为节省时间，一旦中国人不做出任何反应，我们不能获许与中国贸易，则诉诸武力，直到消息传到中国皇帝那里，然后他将会派人到中国沿海查询我们是什么人以及我们有何要求"，"要阻止中国人对马尼拉、澳门、交趾以及整个东印度（巴达维亚除外）的贸易往来。而且需在整个中国沿海地区尽力制造麻烦，给中国人以种种限制，从而找到适当的解决办法，这点毫无疑问"。1619年，荷兰人在总督燕·彼得逊·昆的率领下，夺取了爪哇岛，建立了巴达维亚城。巴达维亚荷兰评议会做出了决定："应派船前往中国沿海，调查我们是否可夺取敌人与中国的贸易（对此我们盼望已久）。为此，我们暂时组成一支12艘船的舰队，配备1000名荷兰人和150名奴仆。"

万历二十九年（1601），荷兰商船首次来到中国海岸。1609年，荷兰人侵占澎湖，不久被明朝驱逐。荷兰人来到福建沿海后，大肆劫掠。据荷兰方面的记载，荷兰人侵扰漳州时，焚烧中国帆船六七十艘,并抢劫、焚毁了许多村庄。此后,他们在福建沿海不断地抢劫中国船只,掳卖中国人,人数达1400名之多。1622年,荷兰人再度入侵澎湖,企图长期占据。1624年福建巡抚南居益派兵收复澎湖,大败荷兰人,荷兰霸占澎湖的计划未能得逞。崇祯十五年(1642),荷兰打败了西班牙,独占台湾,建立了殖民地。

5. 满洲

关于满洲的兴起以及清朝取代明朝的历史,大多数国人从各种读物和媒体中,都知道不少。这里就只简单地说一下满洲兴起对明朝的威胁。

16世纪后期,建州女真兴起。努尔哈赤羽翼渐丰,逐渐摆脱明朝的藩属地位。1608年,努尔哈赤逼迫明朝辽阳副将同他立碑为界。碑文云:"各守皇帝边境,敢有私越境者,无论满洲、汉人,见之杀无赦。如见而不杀,罪及不杀之人。明朝如负此盟,广宁巡抚、总兵、辽阳道、副将、开原道、参将六衙门官员,必受其殃。如满洲负此盟,亦必受其殃。"这个界碑暴露了明朝已经无力控制建州。经过多年征战,努尔哈赤统一女真各部,于1616年继汗位,正式建立金朝,改元天命,史称后金。他把明朝称为"南朝",表明后金是和明朝处于同等地位的政权。之后,后金不断向明朝发动攻击,成为晚明时期最主要的威胁。经过多次战争之后,最后夺取了天下。这些,我们在本书最后一章还要讨论。

总之,在明代,由于国际形势的巨变,中国的国家安全面临着前所未有的挑战。春秋时期,位于中原的华夏诸国受到来自"南蛮"和"北狄"的攻击,古人形容这种情况是"南夷与北狄交,中国不绝若线"。不料时隔两千年后,这种情况再次出现,明朝处于多个地区强权的包围之中。这一点,晚明时期的有识之士看得很清楚。徐光启对当时的形势极感焦虑,说:"窃念国势衰弱,十倍宋季。……一朝衅起,遂不可支。"也就是说,明朝面临着亡国的危险。因此在这个意义上我们可以说:对于此时的中国人来说,确实是"祖国在危险中"。

第 6 章

战略与军队
晚明的国家安全形势
与军事改革运动

中国自秦代以来即奉行划疆自守之国策，有自身资源富裕的原因，也有地理环境的制约。面对周边强权的挑战，明代中国在消极的防御性策略中将有限的资源集中对付北患，从而放弃了对南洋的经略。当火器、体制都成为明朝军队的弱点，晚明在武器、作战方法、编制等方面所做的卓有成效的军事改革却只形成了小规模的精英部队，并在当时落伍腐败的管理体制下成为新朝夺取天下的利器。

关键词：划疆自守　军事改革　火炮　戚家军

一、"划疆自守,不事远图":中国国家安全的传统国策

在近代西方主导的国际体系中,强国总是倾向于使用武力对付其他国家,以获取最大利益。与此不同,在亚洲传统的中华朝贡体系中,作为中心国家的中国却很少使用武力对付其他国家,也不积极对外扩张,这在世界历史上是非常独特的。这一点,中国人都认为是事实,但是一些邻国人士却有完全不同的看法。因此在历史上,中国到底是侵略者还是被侵略者,是一个不能回避的问题,有必要在此谈谈。

中国的邻国安南、缅甸等自立国以来就奉行向外扩张的国策。与此形成鲜明对照,中国自秦代以来,就奉行一种"划疆自守,不事远图"的政策。早在晚明时期,传教士利玛窦就已敏锐地注意到了这一点。他说:

> (中国)四周的防卫非常好,既有由自然也有由科学所提供的防御。它在南方和东方临海,沿岸有很多小岛星罗棋布,使敌舰很难接近大陆。这个国家在北部则有崇山峻岭防御敌意的鞑靼人的侵袭,山与山之间由一条四百零五英里长的巨大的长城连接起来,形成一道攻不破的防线。它在西北方面被一片多少天都走不尽的大沙漠所屏障,能够阻止敌军进攻边界,或则成为企图入犯的人的葬身之所。在王国的西部,群山围绕,山外只有几个穷国。中国人很少或根本不予理睬,因为他们既不怕它们也不认为值得吞并它们。
>
> ……虽然他们(明朝)有装备精良的陆军和海军,很容易征服邻近国家,他们的皇上和人民却从未想过要发动侵略战

争……（因为）他们很满足于已经有的东西，没有征服的野心。

可以放心地断言：世界上没有别的地方在单独一个国家的范围内可以发现这么多品种的动植物。中国气候条件的广大幅度，可以生长种类繁多的蔬菜，有些最宜生长于热带国度，有些则生长在北极区，还有的却生长在温带。中国人自己在他们的地理书籍中为我们详细叙述了各省的富饶及其物产种类。全面讨论这些问题，不在本文范围之内。一般的，可以准确无误地说，所有这些作者都说得很对：凡是人们为了维持生存和幸福所需的东西，无论是衣食或甚至是奇巧与奢侈，在这个王国的境内都有丰富的出产，无需由外国进口。

如果我们停下来想一想，就会觉得非常值得注意的是，在这样一个几乎具有无数人口和无限幅员的国家，而各种物产又极为丰富，虽然他们有装备精良的陆军和海军，很容易征服邻近的国家，但他们的皇上和人民却从未想过要发动侵略战争。他们很满足于自己已有的东西，没有征服的野心。在这方面，他们和欧洲人很不相同，欧洲人常常不满意自己的政府，并贪求别人所享有的东西。西方国家似乎被最高统治权的念头消耗得精疲力尽，但他们连老祖宗传给他们的东西都保持不住，而中国人却已经保持了达数千年之久。这一论断似乎与我们的一些作者就这个帝国的最初创立所做的论断有某些关系，他们断言中国人不仅征服了邻国，而且把势力扩张到远及印度。我仔细研究了中国长达四千多年的历史，我不得不承认我从未见到有这类征服的记载，也没听说过他们扩张国界。正相反，我常常就这一论断询问中国博学的历史学家们，他们的答复始终如一：即情形不是这样的，而且也不可能是这样的。

利玛窦的观察非常深刻,事实也证明了这个看法确实正确。从利玛窦的话可见,中国之所以在对外关系上通常采取保守而非积极的国策,主要原因在于在很长的时期中,中国是亚洲最富裕的国家,中国自身拥有的资源足以维持这种富裕。史学家约翰·麦克尼尔说:"自宋代以来的中国政府在大部分的时间控制了巨大而多样的生态地带,具备了一系列有用的自然资源。从海南至满洲和新疆,中国各朝代所控制的地区横跨30个纬度和自热带至北极圈附近的生态区。结果是,可供中国国家使用的是大量而多样的木材、粮食、鱼类、纤维、盐、金属、建筑用石材,以及偶尔有的牲畜和牧地。这多样的生态资产转化而成为国家的保障和弹性。它提供了战争所需的一切,除了马以外。它保证如果帝国的一部分粮食歉收且岁入减少,可由其他部分补足短缺。森林火灾、动物流行病、作物虫害可能毁坏许多地方而不危及国家的稳定。生态多样性之作用也有助于说明中国国家的弹性。直到欧洲人海外帝国时代以前,没有其他国家曾与它略相匹敌。"由于中国拥有足以自给自足的丰富资源,所以不需要通过扩张以获取海外资源。清朝乾隆皇帝在1793年致英国国王乔治三世的那封著名的信中说:"天朝物产丰盈,无所不有,原不借外夷货物以通有无。"他的儿子嘉庆皇帝也说:"天朝富有四海,岂需尔小国些微货物哉?"这些话,后来被许多人说是中国皇帝妄自尊大的话,但从世界史的角度来看,这些话是当时世界各国有识之士的共识。例如在18世纪后期,亚当·斯密在著名的《国富论》中明确地指出:"中国比欧洲任何国家富裕得多。"在欧洲具有重大影响的法国重农学派也认为中国是世界上最富裕的国家。欧洲文艺复兴的旗手但丁在《论世界帝国》中说:"只要是无所不有,贪欲也就不复存在,因为对象消失了,欲念也就不可能存在,一个一统天下的君主就无所不有。"中国既然无所不有，当然对他国财富和资源的贪欲也就不存在了。同时，中国的邻国在经济发展水平上不如中国，因此在中国人的眼中这些国家都是穷国。因此即使征服了这些国家，中国也乏利可图。富裕而对外部资源需求不多，而外部资源又不丰富，使得中国满足于自身发展，没有对外扩张的动力，即如杜甫诗所云："君已富土境，开边一何多？"

另一方面，如利玛窦所言，中国所处的地理环境也制约了中国的扩张。布罗代尔说：在长期的历史上，"中国向外界开放得很少，倾向于主要靠自己的资源生存。事实上，它只有两个大的出口，一个是海洋，一个是沙漠。就连这两者也只能在条件有利的时候，在旅途的终端有潜在的贸易伙伴时才可能使用"。这两个出口，就是中国古代对外关系史上经常说的"西域"和"南海"。中国要扩张，只能沿着这两个方向进行。

中国位于欧亚大陆的东端，东面是世界上最广阔的大海——太平洋，西面是世界上最高和最大的高原——青藏高原，北面是世界上面积最广大的北亚冻土地带——西伯利亚，南面则是世界上生态环境最为复杂的热带地区之一——东南亚地区，这种地理位置，使得中国对外扩张既无必要，也无可能。

首先，我们看看西面和北面。西面的青藏高原自然条件极为严酷，绝大多数地区不宜居住，直至今日仍然如此。北面的北亚地区，通常指乌拉尔山以东、白令海峡以西，阿尔泰山脉、哈萨克斯坦、蒙古、中国以北的广大地区，东西长超过7000公里，南北宽约4000公里，面积约1300万平方公里，占亚洲面积的1/3。这个地区具有极端大陆性的冷温气候，高纬度的地理位置，冰洋冷海的深刻影响，完整的陆地轮廓以及多山地高原且向北敞开的地形。这些使得北亚气候具有明显的极端寒冷的大陆性气候特征。在近代以前，北亚一直是难以开发的地区。

中国的南面是东南亚地区。东南亚的自然条件远比上述地区优越，但是对于中国来说，向这个地区扩张也有许多问题。著名史学家斯塔夫里阿诺斯（Leften Stavros Stavrianos）在其名著《全球通史》中说：几千年来，非洲一直同欧亚大陆保持着联系，但是欧洲人侵入邻近的非洲却比侵入遥远的美洲要迟缓很多。在美洲被开发、被殖民化以后的几个世纪中，非洲仍是一块"黑暗的大陆"。到1865年美国"南北战争"结束时，非洲还只有沿海地区和内陆几个不重要的地区为人们所知晓。甚至到1900年时，非洲大陆大约还有1/4未被开发。非洲之所以不受欧洲推动力的影响，在某种程度上应归因于它的各种地理条件；这些地理条件结合起来，使非洲大陆有力地抵抗了外界的入侵，特别是炎热、潮湿的气候以及由这种气候引起的热带病，挡住了欧洲人进入非洲的道路。

对于中国人来说，要开发东南亚也面临着类似的问题。中国古籍里经常说及南方有"瘴气"。所谓瘴气就是南方的热带地方病，包括很多种类，其中最主要的一种是具有高度传染性的恶性疟疾。北宋太平兴国三年（978），宋太宗平定南汉之后，想出兵收复自行宣布独立的交州（即交趾，也就是后来的安南）。大臣田锡上疏反对说："交州瘴海，得之如获石田，臣愿陛下务修德以来远，无钝兵以挫锐，又何必以蕞尔蛮夷，上劳震怒乎？"太宗读了奏疏后，停止了这次军事行动。由此可知，交州之所以能够独立，重要原因是那里有瘴气。北宋军人大都来自中原，不仅很难适应这里的酷暑，而且对这里流行的"瘴气"缺乏抵抗力。因此可怕的"瘴气"阻止了北宋收复交州的军事行动。

事实上，即使是在比交州更北的岭南地区，瘴气也曾是令人闻之色变的可怕疾病。北宋仁宗时，监察御史蒋堂说："五岭，炎瘴之地，人所惮行，而比部员外郎江泽三任皆愿官广南，若非贪黩，何以至此？"说的是因为岭南是"炎瘴之地"，官员都不愿去那里任职。体谅到官员的这种心态，宋仁宗于明道元年（1032）下诏，规定官员到岭南任职，不得超过两任。到了庆历六年（1046），又给广南东路转运铃辖司下诏说："方今瘴起，戍兵在边者，权徙善地以处之。"他还对大臣说："蛮猺未平，兵久留戍，南方夏秋之交，常苦瘴雾，其令医官院定方和药，遣使给之。"一直到了明清时期，云南和广西的一些地区仍然瘴病流行，严重影响到军事行动。明万历间数度出兵征讨缅甸，均因"暑瘴退师"，"瘴作而还"。清乾隆三十四年（1769）傅恒率大军由腾越征缅，尚未交战，副将军阿里衮就染瘴而死，士卒也病死大半，31000人的大军仅有13000人幸存，傅恒本人亦病，只得撤军。

因此，热带的特殊环境制约了中国向南发展。

中国东面的大海，今天是各国争夺的对象。但是在历史上，除了航运外，并无其他经济意义。由于缺乏经济诱因，中国对海外扩张也缺乏兴趣，所以黑格尔说：对于中国来说，"海只不过是大地的尽头、中断，他们与海并没有积极的关系"。

由上可见，中国到秦汉之后，所谓"中国本部"（China Proper，即今天我们所说的中国内地）疆域相对稳定，还能扩张的空间基本上都是沙漠、高山、寒冷荒原等贫瘠甚至寸草不生的土地。对于中国这样一个农耕社会来说，这些土地没有多大经济价值，而占有却需要付出巨大的开支。用经济学术语来说，中国向外扩张，成本太高而收益太低。耗费巨资，派遣大军去征服并占领那些从经济上讲意义不大的国家，对于中国来说是很不合算的。因此，由所处的地理位置所决定,中国命中注定不是一个扩张主义的国家。

  这个道理,中国人早已懂得。我们说到中国历史上雄才大略的皇帝,首先都会提到秦皇汉武,他们在开边拓土方面都不遗余力,至今尚为许多人津津乐道。但是当秦始皇决定要征匈奴时,丞相李斯却当面指出:"不可。夫匈奴无城郭之居,委积之守,迁徙鸟举,难得而制。轻兵深入,粮食必绝;运粮以行,重不及事。得其地,不足以为利;得其民,不可调而守也。胜必弃之,非民父母,靡敝中国,甘心匈奴,非完计也。"汉武帝要征讨闽越,淮南王刘安上书劝阻说:"越非有城郭邑里也,处溪谷之间,篁竹之中,习于水斗,便于用舟,地深昧而多水险,中国之人不知其势阻而入其地,虽百不当其一。得其地,不可郡县也。"秦始皇积极开边拓土,取得了很大的成功。汉朝贾谊在著名的《过秦论》中说,秦始皇"南取百越之地,以为桂林、象郡;百越之君,俯首系颈,委命下吏","(北)却匈奴七百余里。胡人不敢南下而牧马,士不敢弯弓而报怨"。然而这导致了民怨鼎沸,被征发戍边的民众揭竿而起,"戍卒叫,函谷举,楚人一炬,可怜焦土",威震四海的秦朝也土崩瓦解了。汉武帝积极经营开边,把汉朝的疆域扩大到了中亚。但是到了晚年,他看到多年战争"扰劳天下,非所以优民也",于是下了著名的《轮台罪己诏》,"深陈既往之悔",说:"朕即位以来,所为狂悖,使天下愁苦,不可追悔!"盛唐时代的唐玄宗也大力经营西域,使得中国的西部疆域空前扩大。但是这种开边给人民带来巨大的苦难,给社会经济造成了严重的破坏,因而也受到时人的批评。李白在《战城南》中说:"去年战,桑干源,今年战,葱河道。洗兵条支海上波,放马天山雪中草。万里长征战,三军尽衰老。"杜甫更在千古名篇《兵车行》中描写说:"边庭流血成海水,武皇开边意未已。君不闻,汉家山东二百州,千村万落生荆杞。纵有健妇把锄犁，禾生陇亩无东西。"这种大力开边的结果，令强盛的唐朝几近崩溃。

中国在开边拓土方面所失远远大于所得，因此一直受到中国主流舆论的强烈反对。刘向批评秦始皇发兵攻岭南是出于私利："利越之犀角、象齿、翡翠、珠玑。"司马迁批评汉武帝说："穷奢极欲，繁刑重敛，内侈宫室，外事四夷，信惑神怪，巡游无度，使百姓疲敝，起为盗贼，其所以异于秦始皇者无几矣。"严安上书汉武帝，直言不讳地说："（秦始皇）欲威海外，使蒙恬将兵以北攻强胡，辟地进境，戍于北河，飞刍挽粟以随其后。又使尉屠睢将楼船之士攻越，使监禄凿渠运粮，深入越地，越人遁逃。旷日持久，粮食乏绝，越人击之，秦兵大败。秦乃使尉佗将卒以戍越。当是时，秦祸北构于胡，南挂于越，宿兵于无用之地，进而不得退。行十余年，丁男被甲，丁女转输，苦不聊生，自经于道树，死者相望。及秦皇帝崩，天下大畔。……今徇南夷，朝夜郎，降羌僰，略薉州，建城邑，深入匈奴，燔其龙城，议者美之。此人臣之利，非天下之长策也。今中国无狗吠之警，而外累于远方之备，靡敝国家，非所以子民也。行无穷之欲，甘心快意，结怨于匈奴，非所以安边也。祸挐而不解，兵休而复起，近者愁苦，远者惊骇，非所以持久也。今天下锻甲摩剑，矫箭控弦，转输军粮，未见休时，此天下所共忧也。"唐代政治家和史学家杜佑总结古今历史教训说："秦氏削平六国，南取百越，北却匈奴，筑塞河外，地广而亡，逮战国之酷暴也。汉武灭朝鲜、闽越，开西南夷，通西域，逐北狄，天下骚然，人不聊生，追悔前失，引咎自责，下诏哀痛，息戍轮台，既危复安，幸能觉悟也。隋炀逐吐谷浑，开通西域，招来突厥，征伐高丽，身弑祀绝，近代殷鉴也。……秦汉之后，以重敛为国富，卒众为兵强，拓境为业大，远贡为德盛，争城杀人盈城、争地杀人满野，用生人膏血，易不殖土田。小则天下怨咨，群盗蜂起；大则殒命歼族，遗恶万代，不亦谬哉！""我国家开元、天宝之际，宇内谧如，边将邀宠，竞图勋伐。西陲青海之戍，东北天门之师，碛西怛逻之战，云南渡泸之役，没于异域数十万人。天宝中哥舒翰克吐蕃青海，青海中有岛，置二万人戍之。旋为吐蕃所攻，翰不能救而全没。安禄山讨奚、契丹于天门岭，十万众尽没。高仙芝伐石国，于怛逻斯川七万众尽没。杨国忠讨蛮合罗凤，十余万众全没。向无幽寇内侮，天下四征未息，离溃之势岂可量耶！前事之元龟，足为殷鉴者矣。"明智的统治者如唐太宗都深刻地认识到"中国百姓，天下根本；四夷之人，犹于枝叶"，因此"治天下犹植树焉，所患根本未固，根本固则枝干不足忧"。

这些历史教训，对后世统治者有深刻的警示作用，因此明太祖在给子孙后代的《皇明祖训》首章里就谆谆教诲说不要轻易对外兴兵伐。当然明代中国未进行对外扩张，并不完全是统治者出于"敬天法祖"的儒家信条。例如明成祖就未遵祖训，多次兴兵讨伐邻邦，并派郑和外出宣扬国威。成祖之后，明朝基本上遵循了明太祖的祖训，主要是出于经济和政治方面的考虑。如果经济破产，政权就不稳，因此对于明朝统治者来说，开边拓土当然不是明智的做法。

另外，秦汉奠定了中国内地的疆域后，南方诸多地区还有待开发。布罗代尔说，"在11世纪之前的几个世纪的时间里，中国南方一直是一个'远西地区'，一个处于半蛮荒状态的'梅佐焦诺'，除偶尔有一些难以控制的土著部落外，居民很少。……自11世纪起，由于有了可以一年两熟的早期稻子品种，南方从其半殖民的沉睡状态中苏醒过来"，"我们可以这么说，南方是中国的美洲"。事实上，一直到清代，开发南方的工作仍在进行，我们都熟知的"湖广填四川"、西南地区"改土归流"等开发南方的大事,都主要发生在清代。因此,中国的疆域在秦汉时代基本确定后,在南方开发"内部边疆"成为主要工作。与向外部的贫瘠地区扩张相比,这种"内部边疆"的开发成本低而收益高。既然如此,中国为何还要向外扩张?

因此,作为东亚世界的中心,中国不想扩张,而朝贡体系的作用就是在承认各国主权的基础上实施一种互惠的关系。倘若有人违规,中国往往也会发出警告甚至出手予以纠正,但使用武力不是为了夺取他国领土。因此在中国能力所及范围之内,战争就较少发生。中国对邻国的战争也不以消灭该国、吞并其领土为目的,因此属于一种局部战争或者有限战争、低强度战争,而与近代欧洲的情况大不相同。这种情况,即如杜甫诗所云:"杀人亦有限,列国自有疆。苟能制侵陵,岂在多杀伤。"用晚清著名人士郑观应的话来说,就是"划疆自守,不事远图"。

基于这样一种基本看法,中国在解决冲突时,尽可能不使用战争手段。费正清说:"中国的军事传统含有许多非暴力的方法。……打仗的目的是使敌人屈服,并不一定要消灭他们,要获得一种心理上的而不是肉体上的战果。"因此,只有在直接威胁到中国本身的安全时,中国才会把战争手段提上日程。

二、孰为劲敌:明朝的国防战略

不同国家之间总会发生矛盾和冲突。一旦矛盾和冲突不能用和平手段解决,就会导致战争。因此不管人们的主观意愿如何,战争都不可避免,正如苏联红军的缔造者托洛茨基的名言所说:"也许你对战争不感兴趣，但战争却对你兴趣甚浓。"

一个国家面临的威胁和潜在威胁，很大程度上取决于其地理位置的特点。在近代以前，最直接的威胁通常都来自相邻的国家或者地区。到了近代早期，随着技术进步和经济全球化的发展，相距遥远的国家也会变成敌手或者潜在的敌手。如前所述，因为缺乏诱因，中国对于向外扩张兴趣不大。但是中国不是一个孤立的国家，其周边环绕着形形色色的国家。这些国家与中国的关系十分复杂，时而友好，时而敌对。即使中国对向他们发动战争不感兴趣，他们中的一些，在某些时候、某些地方、某些情况下，对攻击中国却兴趣甚浓。

前面引用利玛窦的话说，"（中国）四周的防卫非常好，既有由自然也有由科学所提供的防御"。但是他只说对了一半，因为中国的地理位置并不能使它免于受到外来的攻击。相反，中国历史上多次受到外族入侵，并且几度"亡国"。

中国历史上多次受到入侵，一个主要原因是中国的地理位置不利于防守。中国是一个陆上大国，同时也是一个海洋大国。中国的海岸线北起鸭绿江口，南至北仑港，长达18000公里。这一特点，使得中国成为一个"陆海复合型国家"。在地理政治学中，这种陆海复合型国家也被称为边缘地带国家（Rimland Power）。斯皮克曼（Nicholas J. Spykman）说："东半球的权势冲突向来与心脏地带和边缘地带的关系有关，与边缘地带的权势分布有关，与海上势力对大陆沿岸的压迫所起到的影响有关，最后，与西半球参与这种压迫的程度有关。"中国位于欧亚大陆边缘地带，不得不同时面对海陆两个方向的安全威胁。

在早期经济全球化之前，北亚、青藏高原和东南亚地区人口稀少，经济落后，因此对中国也不构成威胁。仅在唐代，青藏高原上的

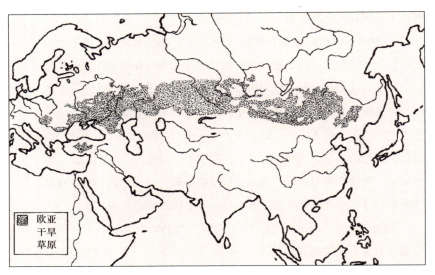

欧亚大陆草原沙漠地带（示意图）

吐蕃和云贵高原上的南诏勃兴，成为唐朝的劲敌，但是之后这两个地区也沉寂下去了，不再构成威胁。然而，有一个地区与上述各个地区不同，成为中国两千年来主要威胁来源地——这就是介乎北亚和中国华北之间的中间地带。这个地区，塞诺（Denis Sinor）称之为"中央欧亚"（Central Eurasia），但学界更多称之为"内陆亚洲"（Inner Asia），简称"内亚"。提出"内亚"这个概念的拉铁摩尔（Owen Lattimore）说："从太平洋到帕米尔高原，又从帕米尔高原南下，到达分隔中国与印度的高寒地带，在这个范围内所包括的是满洲、蒙古、新疆和西藏。这是亚洲中部的隔绝地域，世界上最神秘的边疆之一。这一边，限制了中国的地理及历史，正和那边海洋的限制一样。有的时期，中国的大陆边界有着很清晰的分界线。若干世纪以来被认为是人类最伟大标志的长城，就是中国历史的这种象征。但是在其他时期，中国的大陆边疆并没有像长城那样清晰的界线，而只有一些边疆地带，其南北的深度不同（在西藏是东西的阔度），深度不等地伸展到西伯利亚的原野及山林、中亚的深处以及西藏的荒凉高原。……虽然在这片地区曾发生过若干历史上极其重要的征战与移民，但一般说来，它只是一个阻隔地带，时断时续地维持着中国与中东、近东和欧洲仅有的交通。虽然在中国的南海、印度洋、地中海、欧洲的大西洋岸及北冰洋之间有世界上最大的一片陆地，其东部和西部的历史进步过程却不一样。直到我们今天，产生一个新时代的可能性才表现出来。"

拉铁摩尔把这个地区视为一个"阻隔地带"，但塞诺认为这一地区处于各个大文明（如欧洲-俄罗斯文明、中国文明、印度文明等）彼此竞争角逐的关键区域。事实上，这个地区在经济上确实是一个阻隔地带，但是在人员流动方面却是一个连接欧亚大陆两端的大通道。欧亚大陆的人口流动，很大程度上就是通过这个大通道进行的。布罗代尔形象地把欧亚大陆两端的东亚和欧洲称为两个气压区，一旦一端出现大的气压变化，就会通过这个通道传到另一端。这种传导是通过生活在这个通道上的游牧部落实现的。

为什么这条通道上的游牧民族会不断地长途移动？这是这个地区的自然条件所决定的。内亚地区主要由沙漠和干旱的草原组成。布罗代尔说：这个地区生存条件恶劣，"沙漠和大草原（对中国来说在其西部和北部，对印度来说是在其北部和西部），那里夏季裸露在阳光暴晒之下，酷热无比，冬季则被埋在厚厚的积雪下"。虽然有一些绿洲可以耕作，但主要生存方式是游牧，因此主要居民是各种各样的游牧人："在这些环境恶劣的地区生活着各游牧民族：土耳其人、土库曼人、吉尔吉斯人、蒙古人……他们在历史上刚一出现,直到他们辉煌的历史终结之时,也就是说到17世纪中叶,留给人们的就是这种印象:凶猛、残酷、富于亡命徒精神、骑着大马的暴徒。事实上,只是到了17世纪,在火炮的帮助下,定居民族才真正击败了这些野蛮的游牧民族。"

游牧这一生活方式决定了这一地区的游牧民族尚武好战的传统。布罗代尔进一步指出:"真正对文明地区构成威胁的蛮族,几乎属于同一种人,即在旧大陆中心的沙漠和草原生活的游牧部落。而这些异乎寻常的部落仅在旧大陆出现。从大西洋到太平洋沿岸,这些自然条件恶劣的荒漠地带是一条绵延不绝的火药线。颗粒细小的火星足以点燃整条火药线。这些以畜养马匹和骆驼为业的牧民耐苦而又凶残。当他们因冲突、干旱或人口增长而被逐出自己的草地时,便侵入邻近的草地。经过多年的积累,人口流动能在几千公里沿线引起连锁反应。"

这种流动的主要目标是进入该地区之南的富裕的农业地区——中国、印度和欧洲。而要进入这些农业地区并不困难:"中国塞外人口稀少,几乎是任何人都可进入的真空地带。印度的旁遮普早在10世纪已是穆斯林的天下,来自伊朗和开伯尔山口的游牧部落从此可以长驱直入。至于东欧和东南欧的堤坝,其牢固程度随着不同的世纪而异。游牧部落正是在这些疏忽、软弱和防范不力之间找到活动的空隙:根据欧洲、伊斯兰国家、印度或中国便于他们生存扩张的程度,他们按照物理法则做出选择,在东西两个方向飘忽不定。草原的游牧部落随着狂风蜂拥而来,它们始终根据防线的强弱而向东或向西发展。"

面对这股飘忽不定的严重威胁,中国在地理上处于一种非常不利的地位。"印度只有一个穿过阿富汗山脉的狭窄的开伯尔山口向游牧世界开放，而中国很不幸与广袤无比的戈壁沙漠接壤。自公元前3世纪起开始兴建的中国万里长城是一道重要的军事屏障，但与其说它卓有实效，不如说是象征性的，在历史上曾多次被突破。"而在明代，这种威胁依然很严重："中国于1368年驱逐了蒙古人，明朝皇帝焚毁了蒙古人在戈壁沙漠中的哈拉和林大本营。但在这次胜利后，长期驻足不前又促使游牧部落向东反扑，以往历次骚扰造成的真空容易引起新的骚扰，每次骚扰的间隔由一二年至一二十年不等，而其运动的范围却越来越推向西方。诺盖人于1400年从西向东渡过了伏尔加河，沙漏在欧洲开始慢慢地倒转过来：二百多年来向西方和脆弱的欧洲涌来的部落从此被遥远而衰弱的中国所吸引，在今后的二三百年内向东方发展。我们的地图概括地反映了这一倒转，其决定性事件是巴布尔征服印度北方（1526年）和满人于1644年攻占北京。风暴再一次袭击了印度和中国。"

因此在明代以前，内亚地区的游牧人从草原和沙漠入侵是中国最大的安全威胁，正如拉铁摩尔在回顾边疆与海洋对中国历史的影响程度时所指出的那样："在欧洲旧世界及近东与中东，历史的大陆模式占有决定地位。"

基于这种情况，中国必须制定国防战略，以保护自己的国家安全。林霨（Arthur Waldron）总结了历史上的中国国防战略，指出中国有两种战略传统，一种来自北方游牧民族的遗产，表现为扩张主义和进攻性战争；另一种来自本土华夏国家的文明，表现为武力为辅，文化、经济和外交手段为主的"怀柔"面相。中国就是在北方边境不断遭到游牧人挑战时，交替运用这两大战略。林霨的这种说法有道理，但并不完全符合中国的历史。例如秦朝和汉朝是所谓"本土王朝"，但在其强盛之时也采取积极进取的政策开边拓土。

大体而言，除了元代之外，中国历代王朝基本上都是采取防御的国防战略。但是这种防御又包括积极防御和消极防御。所谓积极防御，就是御敌于国门之外，具体做法是出兵境外，占据战略要点，进而在敌境内歼灭敌人有生力量，从而达到保障本国安全的目的。所谓消极防御，则是御敌于国门之下，即沿着边境建立一条防线，以阻止敌人入侵。

中国对邻国开战，可以说基本上都属于防御性战争。即使是许多看似向外扩张的战争，实质上也是积极防御战争。例如汉、唐、清在中亚进行的战争就是这样。陈寅恪先生说盛唐时期积极在西北进行扩张，原因是"唐关中乃王畿，故安西四镇为防护国家重心之要地，而小勃律所以成唐之西门也。玄宗之世，华夏、吐蕃、大食三大民族皆称盛强，中国欲保其腹心之关陇，不能不固守四镇。欲固守四镇，又不能不扼据小勃律，以制吐蕃，而断绝其与大食通援之道。当时国际之大势如此，则唐代之所以开拓西北，远征葱岭，实亦有其不容已之故，未可专咎时主之黩武开边也"。而宋朝则采取"消极防御"的战略。我们引以为自豪的万里长城也是这种"消极防御"战略的产物。

这两种战略在明朝都采用过。明朝初年采取的是积极防御战略，因此明成祖派军深入蒙古草原追击北元残部，同时在东南亚也进行主动的军事行动（例如对安南的战争）。但以1449年的"土木堡之变"为转折，明朝转而奉行消极防御战略，主要原因是国防资源有限，不得不把有限的资源用来对付威胁最大的敌人。土木堡惨败之后，明朝开始收缩国防的战略目标，把注意力集中到位于黄河河套内、水草肥美的鄂尔多斯草原，因为此地可以建立灌溉农业，能够给驻扎的部队提供给养，成为对抗蒙古的前沿据点。然而明朝无法动员足够的兵员和财力来实施收复鄂尔多斯草原的计划,最终不得不采纳另外一种更加消极的战略,即沿该地区的边缘修筑长城,驻军戍守。

今天我们看到的长城是明长城。明朝长城修建时间超过两百年,长城的长度达6400~7300公里,使用砖石五千万条块,夯土1.5亿立方米,工程量极为浩大。明朝沿长城设立了十三个边镇(即边防军区)。驻守这些边镇的驻军人数,嘉靖十年(1531)为37.1万人,嘉靖十八年(1539)增到61.9万人,万历十年(1582)更达到68.6万人。明朝政府不仅要为这支庞大的边防军提供军饷粮秣,还需要为他们配备武器装备,包括技术先进、价格昂贵的火器。隆庆三年(1569)后,仅日常驻守在长城上的官兵人数达六万余人,需配备佛郎机八千余架,神枪一万两千余支,神箭三十六万支,火药一百五十吨以上。

供养和装备这支边防军,需要投入巨量的资源。这笔开支成为明朝政府财政支出的主要部分。依据赖建诚的研究,明朝边军的开支,每年所编列的银两数从嘉靖十年的三百三十六万余两,暴增到万历十年的八百二十七万余两。这八百二十七万余两的边镇军费,是万历六年太仓银库(国库)年收入(三百六十七万余两)的2.25倍。这个沉重的负担大大限制了明朝在其他方面进行军事行动的能力。

南方和海上本来不是中国的威胁来源。可以说,明代以前,基本上不存在"南患"和"海患"。因此,在明代以前,中国始终未把对付南方威胁和发展海上力量作为国家安全战略的重要内容。

到了早期经济全球化时代,情况发生了巨大变化。在以前,游牧民族的机动性一直是克服地理限制、实现跨区域征服的唯一有效工具。到了15世纪末,航海技术和地理科学已发展到足以改变海陆间的力量对比,使得海上强权成为中国的威胁。同时,作为早期经济全球化的一个产物,东南亚的地区强权也兴起,成为中国的新威胁。因此对于明朝来说,一方面,"北患"依然存在,但是另外一方面,"南患"和"海患"又出现,成为中国越来越难对付的问题。

因为明朝不得不将有限的资源集中对付传统的"北患",所以很难发展一种能够有效对付新出现的"南患"和"海患"的国防战略。典型的例子是嘉靖十六年(1527)明廷对于征讨安南的讨论。提督两广军务兵部右侍郎蔡经上了一份十分详尽而务实的报告,指出如果出兵三十万人,以一年为期,需要粮饷一百六十二万石,造舟、买马等用银七十三万余两。即使竭尽两广的储备,尚欠兵十七万员,米一百二十万石,银三十四万两。假如不能在一年内征服安南,那么兵源和粮饷将是更大问题。一位积极主张对安南用兵的官员林希元也承认,虽然数字不如蔡经说的那么大,但攻取安南也需要用兵二十万,作战两年,军费大约银一百六十万两,粮四百万石。因此为将安南再次纳入中国版图而用兵,代价十分沉重。结果,朝廷采纳了蔡经等人的意见,取消了这次军事行动。

布罗代尔说:在近代早期的经济成长方面,法国是其幅员的"牺牲品",因为较之英国而言,法国的国土"过大"。这个道理运用到明代中国的国防问题上,是再合适不过了。明朝虽然有一支规模很大的军队,但是面对国内外的各种威胁,实际可以使用的军力其实非常有限。在此情况下,明朝必须将主要力量放在防御威胁最大的方面,而对其他方面的防务则只能采取消极应付的战略。因此,明朝在南方常常处于被动挨打的状况,在海上更是如此。元代中国曾拥有强大的海军和实施大舰队外海作战的能力,可以征伐日本、爪哇等,但在明代,国家却没有一支强大的海上力量,以致倭寇横行东海、危害中国海岸达一个半世纪之久。尔后葡萄牙、西班牙、荷兰等西欧海上强国来到东亚海域，积极抢夺殖民地，垄断贸易，屠杀华人，损害中国的海外利益，明朝政府也能听之任之。

三、不堪大任：问题丛生的明代军队

　　明代中国的国家安全面临着日益严峻的局势，需要一支强大的军队来保卫自己。那么，明朝是否拥有这样一支军队呢？这就需要我们对明朝军队的总体状况有一个大概的了解。

　　明朝拥有一支在东亚世界规模最大的军队。明初洪武后期，总兵力达180万人以上，永乐时期更扩大到280万人。根据隆庆三年（1569）兵部侍郎谭纶的报告，明朝全国军队定额为313.8万人。到了万历时期，全国军队总额为120万人。这支人数众多的军队，在武器装备上也比前朝的军队有改进，亦即从过去那种单纯使用冷兵器的军队，逐渐演变为冷兵器和火器并用的军队。

　　在宋代以前，中国军队都是使用冷兵器的军队。宋代出现了火器，拉开了世界军事史上"火药革命"的序幕。不过宋代火器尚处于初始阶段。到了元代，金属管形火器铜火铳出现，成为火器发展史上的里程碑。但是总的来说，这些火器威力小、射程低，使用颇为有限。因此在宋元时期，军队仍然主要使用冷兵器。

　　到了明朝，情况发生了重大变化，火器使用达到了前所未有的程度。洪武十三年（1380）令："凡军一百户，铳十，刀牌二十，弓箭三十，枪四十"，亦即火铳手已占到卫所兵的十分之一。永乐时，京军中组建了专门的火器部队——神机营，比欧洲最早成建制的西班牙火枪兵要早一个世纪左右。在明代中后期，京军火器装备水平继续提高，以致有"京军十万，火器手居其六"之说。边军也大量装备了火器。有人说："大率军以十人为率，八人习火器，二人习弓矢"，虽然此言有所夸大，但是从实际情况来看，在明后期边军的装备中，火器所占比重相当可观。甚至在一些地方的民兵装备中，火器也成为重要武器。

在明代，军队的组织也发生了相当大的变化。明军主力京军（亦称京营），明初基本上是一种备操编制，嘉靖二十九年（1550）进行改革，变为备操编制和战斗编制合一。京营的兵源不仅有通过募兵制招募来的军卒，还有边军、班军加入；突破了先前简单的步骑合编，增加了车兵的新兵种；其中的神机营装备的火器数量和质量比旧神机营有很大提高。这种新体制一直延续到明亡。

然而，尽管有上述重要变化，明代军队仍存在着严重的问题。

首先，明军所使用的火器，在质量两方面都存在着很大的局限性。明初的管形火器，称为枪、铳、炮（爆炸性火器也常称为炮），名称上没有严格区分，反映出其分化程度尚不高。明代中后期使用的火炮和火枪在技术上比明初有重大进步，但仍然存在很多缺陷，因此在许多情况下实战效果甚至不及弓弩。戚继光说："夫今强敌（按：指蒙古人）之技，远惟弓矢，近惟腰刀。……弓矢射不能及远，近可五十步，使我兵敢于趋前拥斗，敌矢不过三发，则短兵相接，弓矢无用矣，此无足畏也。……（然而）铳尽发则难以更番，分发则数少而不足以却聚队。手枪打造腹口欠圆，铅子失制，发之百无一中，则火器不足以与彼矢敌矣。"晚明军事专家何汝宾也说："鸟嘴（铳）在南多用而北少用，三眼（铳）在北多用在南少。此为何哉？北方地寒风冷，鸟嘴必用手击，常力不易，一旦火门开而风甚猛，信药已先吹去，用辗信易坏火门，一放而房骑如风至，执之拒敌甚为不便。"

火器本身的缺陷对明军的战斗能力有很大的负面影响,而明朝火器制造业存在的问题更大大加剧了这些负面影响。

明代的火器生产主要由军器局负责。在军器局辖下的各部门中,盔甲厂和王恭厂又是主要的军器制造机构。到了万历末年,二厂制造了相当数量的火器,年产量为各种铅弹四十万枚、各种火药三十六万斤、药线三十万条、各种火枪(夹靶枪、快枪)七千杆、各种火炮(涌珠炮、连珠炮)一千四百门。这些火器看起来数量不小,但实际上连供京营操练所需数量都远远不够。不仅如此,质量还低下,难以适应实战需要。万历时,赵士桢说,"中国承平日久,土苴兹器(引者按:即火器),每每令庸工造之……不解前人制作,惟图骇目易售,添足画蛇,弄巧成拙,坐致不效",结果是"目前军火器械,皆非克敌制胜之具"。万历十九年(1591),工部给事中张贞观上条陈说:佛郎机、火筒等件,"军伍不习,朽敝无用,相应改造"。万历四十七年(1618),兵部尚书薛三才奏说:"京营额设战车、火器,所以备缓急,预不虞之用也。查得军营十枝额该战车一千四百辆,自三十六年间已多破坏,移文工部先修二百五十辆,至今止修完二十辆耳,续又破损三百五十九辆。……火器枪炮,原额七万九百九十二具,内查堪用者止四万六千余。近以辽左告急,借发三千六百具,止存堪用者四万二千余具;盔甲十五千余顶副,内破坏者一万八千余,而选锋之明盔甲七千顶副、帽儿盔紫花甲九千零二十顶副,则大半破坏。又,内库所贮铜铸火器如灭虏炮、佛郎机之类,略一试用便即炸碎,此皆须逐一试验,另行补造者也。"稍后徐光启在练兵时,发现工部提供给部队的火器如涌诸炮、渔鼓炮、铜佛郎机、合缝子炮等,因"每放炸损",故他都缴还工部,而请工部代之以戊字库存贮鸟铳二千门,但这些鸟铳也"止是机床,不堪咨取"。由于火器质量差,一些部队即使装备了火器，往往弃而不用。天启二年（1622），辽东监军道御史方震孺在奏疏中，就明确指出辽东明军使用兵器时存在的主要问题是："一曰用短不如用长。……何谓用长？奴长弓矢，我长火器。昔者辽阳火器如山，尽以资敌。此用者之不善，非器之不善也。而辽将辽兵遂言火器不得力，不如短棍腰刀之便。今车营火器，仅杜学伸一营。其余火器摆列城堡，可以为守不可以攻也。辽将既不知火器为何物矣，西将习火器者，大将独李秉诚，偏将独谭克从、鲁之由一二人。夫以火器如此之多，而习者如此之少，自舍其长以趋短，岂有幸乎！"

中央军器制造业生产的军器，无论是数量还是质量都远远不能满足国防所需，因此到了晚明时期，只能主要依靠地方军器制造业提供军器。到了明末，广东以及福建已成为先进火器的主要产地。然而，广东等地制造的火器，千里迢迢运到北京和辽东，不仅需时很久，运费高昂，而且存在着途中损毁、失窃等风险。一旦战事紧迫，难以为力。

因此虽然明朝生产出了大量的火器，但是其数量既不足以全面装备军队，质量也参差不齐，难以充分发挥作用。

其次，明代军队体制存在严重问题。

明朝的军队体制颇为复杂，最基本的是卫所制。卫所制下的军人平时在各自卫所屯田操练，战时出征，战后散归原卫所。朱元璋创建这种"寓兵于农"的体制，目标是"以军隶卫，以屯养卫"，除京师的卫所外都实行军屯自给。然而这是以牺牲军队的专业化为代价的。在这种亦兵亦农体制下，士兵并非真正的职业军人。同时卫所也不是战斗编制，军人很少接受正规的训练，特别是复杂而大规模的实战训练。即使是日常训练，也只是农闲时进行。不仅如此，虽然洪武时制定了训练制度，但未能持久，到正统年间已经废弛，卫所士兵"手不习攻伐击刺之法，足不习坐作进退之宜，目不识旗帜之色，耳不闻金鼓之节"。卫所士兵平时主要工作是种田或者从事其他生业，后来逐渐被军官占役，成为类似佃户或者长工一类的劳工，这样的士兵，严格来说已经不是军人。

明代另外一个主要的军队体制是营兵制。永乐时，以京卫和中都、山东、山西、河南、陕西、大宁各都司及江南、江北诸卫所番上兵组成京军三大营，营制开始成为京军的操练编制。与此同时，为运送漕粮而组成的漕军，为边境防务所需而设置的戍兵，以及为地方治安而增置的总兵、巡抚所属军，都从卫所抽调并以营为建置。直至明末，明军的编制实际上是卫所制和营兵制并存。卫所制为法定的军事编制，但只是军籍管理及屯种、驻防单位。营兵制为明军机动兵力的编制，但是营兵制是一种不成熟的兵制，在明代中后期一直处于不断调整的过程之中。营兵制本是卫所制的补充，目的是克服卫所兵"亦兵亦农、训练不足"的弊端。但是营兵制并未能摆脱这些弊端。明代中期王廷相说："今团营军士派之杂差，拨之做工，留之拽木，终岁不得入操，困苦以劳其身而敌忾之气缩，畚锸以夺其习而弓马之艺疏，虽有团营、听征之名，实与田亩市井之夫无异，欲其战胜攻取，以张皇威武，夫何敢望！"

各卫所有固定的驻地，而明朝进行军事活动的地点又不断变化，因此需要根据新的情况，从各地卫所兵中抽调人员自备生活用品，到指定的地区从事以防御为主的活动以及其他与军事相关的活动。这些部队称为班军，其中最重要的是抽调到北京的外卫班军。他们按照一定的年限，轮番来到北京与京军三大营编组，以操练戍守为主，也从事一些紧要的修造事务。但是由于各方面的原因，班军的主要职能逐渐从操练御守转变为差役造修，以致逐步丧失战斗力。嘉靖二十九年（1550）职方主事沈朝焕在点发班军月饷时，发现大部分是雇乞丐代领的。后来索性专以班军做工，既不营操，也没有人把他们当成军人。他们若是不做工或不在工作期间，便改行为商贩工艺，按时给他们所属的班将一点钱。到明代后期边事日急，又索性把他们调到边方，做筑垣负米的劳役。从班军一变而为"班工"，从应役番上到折干雇募，虽然名义上一仍旧贯，可是实质上却已完全改变了。

在卫所制下，军人（军户）身份世袭，只能世代为兵，非特恩不得除豁。宣德以后，募兵成为明军兵力的重要来源。"土木堡之变"后，更出现了大规模的募兵。但是正德时募兵由地方行政系统管辖，依然奉行"寓兵于农，兵农合一"的政策。所募之兵秋冬操练，春夏务农，或冬春操练，夏秋务农。到了明代后期广泛实行营兵制，营兵的主要来源是募兵，一般不世袭，也不终身服役，多战时创设，事毕汰兵撤营。因此与卫所兵相比，营兵更接近职业兵。但是，明代士兵待遇低下。徐光启说："今京营之军月米一二石……营军操日不多，且质明而散，正须各寻生业以糊其口。若食饷一二石，又须日日肄习，必皆化为饿殍矣。营军所以不振而易哗者，病根在此，非独性异人也。……都下贫民，佣工一日得钱二十四五文，仅足给食，三冬之月，衣不蔽体。食今佣工之食，而欲收岳飞背嵬之效，臣不能也。……诸人实有父母妻子，目今月粮六斗、银六钱，仅足糊口，无暇及于内顾。……月饷六钱六斗，给其衣食，又分以赡家，而能使之安心练习，奋勇敌忾，此则情理之所必无。"这样的待遇，自然难以招到合格的士兵。

明代士兵的社会地位非常低下，为一般人所看不起。利玛窦清楚地看到这一点，说：

这个国家中大概没有别的阶层的人民比士兵堕落和更懒惰的了。军队的每个人必定过的是一种悲惨的生活,因为他们应召入伍并非出自爱国心,又不是出自对皇上的忠诚,也不是出自任何想获得声名荣誉的愿望,仅仅是作为臣民不得不为雇主劳作而已。军队中大部分人是皇上的奴隶,他们服奴役,有的是因为自己犯过罪,有的则是为其祖先赎罪。当他们不从事军事活动时,他们就被派去干最低贱的活计,例如抬轿,饲养驮畜以及其他这类的奴婢行业。只有高级官员和军事长官才在军队范围内有一定威权。供给军队的武器事实上是不能用的,既不能对敌进攻,甚至不能自卫。除了真正打仗时外,他们都只携带假武器,发给他们假武器是为了在演习时不致完全没有武器。我们已经描述过,无论是官是兵,也不论官阶和地位,都像小学生一样受到大臣鞭打,这实在荒唐可笑。

军饷微薄,地位低下,士兵生活困难,也没有荣誉感,因此所到之处,往往抢夺民财,成为民众的祸害。在抗倭战斗中表现良好的广西"狼兵","所至骚扰,鸡犬不宁。闻瓦氏兵至,皆闭门逃出,殆与倭寇之过无异焉",以致民间谚语说:"宁遇倭贼,毋遇客兵;遇倭犹可避,遇兵不得生。"万历朝鲜战争中,入朝明军也有骚扰本地居民之事,以致有朝鲜人说"倭贼梳子,天兵篦子",引起明朝政府的重视,为此特别询问了朝鲜使臣柳成龙。虽然柳成龙说:"古语云:师之所在,荆棘生焉。小小扰害,岂能尽无,亦理势之不能无者。至'篦子'说,千万无是理矣。必是中间造言者为之。"但是明军中的一些部队在国内尚且军纪荡然,在国外的所作所为可想而知。由于军纪荡然,士兵难以管束,动辄鼓噪闹事。例如万历二十六年(1598)四月,"征倭川兵鼓躁,殴伤副将,命督抚巡按查处具奏,仍谕速报。调兵鼓躁诸将纪律安在,还严行戒谕,再犯者重处"。

不仅士兵素质低下,军官问题也很严重。明代军职,自卫指挥使以下至试百户都是世袭,结果是军官多为纨绔子弟,一如于谦所言:"皆出自膏粱,素享富贵,惟务安逸,不习劳苦,贤智者少,荒怠者多。当有事之际,辄欲委以机务,莫不张皇失措,一筹莫展。……详其所自,皆由平日养成骄惰,不学无术之所致也。"戚继光也说这些世袭军官"率狃于纨绔之习,无复鹰鸷噉虎之气"。明代著名学者吕坤则说:"臣惟国家世贵武臣,匪直酬先世勋阀,亦欲习先世箕裘,需他日缓急用耳。今纨绔子弟,口不谈韬略,身不习战阵。乃国家今日武举循习故事,岂得真材!"

为了培训军官,明代建立了武学(即军校)。学生入学也需要考试,但考试内容陈旧,流于形式。中选者进入武学学习,学习内容以儒家经典为主,连学校体制也仿照普通儒学。不仅如此,即使是这种武学也往往形同虚设。崇祯五年(1632),山东道御史刘令誉上奏指出:"国家承平日久,天下巧力俱用之铅椠以取功名,而天文、地理、战阵、骑射、火器、战车,进退攻守之妙,曾未有专门习之者。"结果是大多数军官根本不懂军事,即如吕坤所说:"臣遍阅三关,求一武职晓畅兵法、堪为中军把总者,未见一人。"

因为缺乏严格和有效的选拔制度,只要有关系和门路,人人都可获得军官之职,所以军官人数与日俱增,大批不符条件之人混进军官队伍。从洪武二十五年(1392)至成化五年(1469)的七十多年中,京军军官数由两千七百余人暴增至八万余人。其后虽然经过两次裁汰,可是仍持续增加,尤其在天启年间,魏忠贤专政,武职更加泛滥。这些军官不是真正的军人,他们在军队中只是为了牟取私利。

由这些士兵和军官所组成的军队，情况当然可想而知。嘉靖时，吏部侍郎王邦瑞指出："即见在兵，率老弱疲惫、市井游贩之徒，衣甲器械取给临时。此其弊不在逃亡，而在占役；不在军士，而在将领。盖提督、坐营、号头、把总诸官，多世胄纨绔，平时占役营军，以空名支饷，临操则肆集市人，呼樗博笑而已。"隆庆时张卤说："其将领军人，浑忘本来面目，俱寸梃不持，空身备武，与无军同。"这些军人全无战斗意志，因此一旦敌人来袭，往往畏敌如虎。《明史》说：嘉靖二十九年（1550），俺答汗率军来犯，"兵部尚书丁汝夔核营伍不及五六万人。驱出城门，皆流涕不敢前，诸将亦相顾变色"。崇祯末年王章巡视京营，军人居然"闻炮声掩耳，马未驰而坠"。

因此明军大部分官兵都不是真正意义上的职业军人，面临强敌时，要他们保家卫国，肯定是不中用的。此外，明朝军队指挥系统也颇为复杂，效率低下，难以胜任实战。

到了晚明，这些问题更加暴露无遗。隆庆初年，戚继光被派去镇守蓟门，对明军的情况进行了深刻的概括："蓟门之兵，虽多亦少，其原有七：营军不习戎事，而好末技，壮者役将门，老弱仅充伍，一也。边塞逶迤，绝鲜邮置，使客络绎，日事将迎，参游为驿使，营垒皆传舍，二也。寇至，则调遣无法，远道赴期，卒毙马僵，三也。守塞之卒约束不明，行伍不整，四也。临阵马军不用马而反用步，五也。家丁盛而军心离，六也。乘障卒不择冲缓，备多力分，七也"，"七害不除，边备曷修"。到了万历、天启之际，徐光启总结说，"目前军火器械皆非克敌制胜之具"，军队"大半乌合之众，既不相习，又非素练，器甲朽钝，全无节制"。泰昌元年（1620）冬，徐光启视察京郊驻军，所见情况令人骇然："据臣所见七千五百人中，略能荷戈者不过二千，并入可充厮养者不过四千，求其真堪教练成为精锐者不过一二百人而已。此臣简选之大略也。厂库领出盔甲，止头盔可用，其暗甲止可披戴操演，稍令习于负重，临事无一足恃者。器中止有钢快刀可用，其余亦止堪操习。它若臣所酌用枪筅钯镏镰棍长短器械等，全然未备。……其领出涌珠、佛郎机、三眼等大小炮位，炸裂极多，悉不敢用，止有鸟铳一种，曾经试放不坏，陆续改造机床，分发演习。其余应造者，料价全无，悉在停阁。此三营军火器械之大略也。"

这样的军队，其作战能力也可想而知。战国时荀子评论各国军队，说齐国的"技击"是"事小敌毳，则偷可用也；事大敌坚，则涣焉离耳；若飞鸟然，倾侧反复无日，是亡国之兵也，兵莫弱是矣，是其去赁市佣而战之几矣"。这也可以说是明朝大部分军队的写照。

总之，尽管明代军队比前代有相当大的变化，但是由于上述原因，这支军队是一支问题丛生的军队，战斗能力十分低下。明军战斗能力之差，从与倭寇的战斗中可以清楚看到。嘉靖三十四年（1555），一支仅有五十三人的倭寇队伍，居然横扫浙、皖、苏三省，攻掠杭、严、徽、宁国、太平等州县二十余处，直逼留都南京城下。这些倭寇暴走数千里，杀死杀伤四五千官兵，历时八十余日，才被围歼。由于明军战斗能力太差，明朝不得不征调西南少数民族武装"土兵"和"狼兵"来参加抗倭战斗。这些"土兵"和"狼兵"所使用的都是比较原始的冷兵器，然而在与倭寇实战中功勋卓著，取得了明朝正规军所无法取得的胜利。此后，明朝在内外战争中大量使用"土兵"和"狼兵"，南至安南，西达西藏，北抵蒙古，东北则到辽东。在天启年间著名的宁远保卫战中，袁崇焕的守城部队中也有五千名广西"狼兵"。不得不使用这种"土兵"和"狼兵"，正是明朝正规军战力低下的明证。

四、应对挑战：晚明军事改革运动

正如在前面我们已经说过的那样，在晚明时期，东亚世界的安全形势发生了巨大变化，而且变化之快简直令人目不暇接。借用晚明名相张居正的话来说，就是"别来不觉再稔，眼前世局凡几变矣"。面对这种不断加剧而又瞬息万变的时局，明朝落伍而腐朽的军事机器显然难以胜任保家卫国的重任。因此对于明朝人来说，已经到了"祖国在危险中"的严重时候。在此情况下，军事成为明代中后期精英高度关注的问题，不仅武臣著书立说成为时尚，文士讨论兵事也蔚然成风，出现了中国历史上罕见的"文士论兵"的现象，一如宋应星所说："火药火器，今时妄想进身博官者，人人张目而道，著书以献，未必尽由试验。"在"论兵"方面表现突出的精英有戚继光、俞大猷、孙承宗、袁崇焕、唐顺之、何汝宾、徐光启、毕懋康、孙元化、李之藻等。

明代中后期精英关于军事改革的言论和实践，大多见于他们的著作中，尤以他们专门讨论军事的著作（即兵书）最为集中。明代兵书数量之多为中国各朝之冠，而其中大部分又出自明代中后期。明代精英关于军事改革的言行，也见于他们撰写的奏折、文告和条陈等重要文献中。从这些著作中可以看到，不仅是火器，军队的组织和训练方式等都受到高度重视。他们的最终目标，是要创建一支具有强大战斗能力的新型军队，以担负起保卫国家的重任。那么，一支什么样的军队才是这些精英力图创建的新型军队呢？

从军事科学的角度来看，军队的战斗力生成主要由以下基本要素构成：军人、武器装备以及两者的组合方式。采用今天我们熟悉的话来说，这些要素大体上可以分为"硬件"和"软件"两类，前者主要是武器与军人,后者则是各种制度性因素,特别是体制编制与军事训练。明代中后期的精英们努力创建一支新型军队,就必须使这支军队在这些要素上与过去的军队有异。下面,我们就从这几个要素出发,来看看这支新型军队是一支什么样的军队。

1. 武器

在明代中后期的战争中,先进火器通常是克敌制胜的关键。对于这一点,当时的精英已有共识。嘉靖时,唐顺之就已指出:"虏所最畏于中国者,火器也。"隆庆时,戚继光进一步说:"孟子曰:'执梃可以挞秦楚之坚甲利兵。'非真言梃之可御坚利也,盖言人心齐一,即梃非可与坚甲利兵敌者,用之亦取胜。今夫敌甲诚坚矣,兵诚利矣,而我人心何如?乃以白棒当敌为长技,迷而不悟,即孙、吴复起,毋能转移,何其谬讹入人之深也。弓矢远不如火器,命中不如鸟铳,而敌以坚甲当之,每每射不能入,亦明知而不肯变其习者,缘上司抄阅偏于此耳。火器不精,不如无。今知以火器当敌而不知精,亦无垺也";"蓟镇之防,九边腹里……我所恃以为胜,而且利且远,可以代矢者,谓非火器乎?"到了万历时,军事技术专家赵士桢更倡言:"深信神器之利,用之有方,足以挫贼凶锋,则息肩有望;除之有素,堪称不饷之兵,则劳费可节。"徐光启则强调:"大都攻守之备,无论其军器焉,火器焉,其材美,其工巧,其费巨,其日力多,其造者自为用,五者备,然后可以为良矣。"

为了争取和保持在武器方面的领先地位,必须不断引进先进火器,并迅速大批量生产以装备部队。晚明精英们注意到欧洲国家因为彼此之间竞争激烈,火器技术得以不断提高,所以西洋火器比中国火器先进:"至彼国(葡萄牙)之人所以能然者,为在海内外所当敌人如红毛夷之类，技术相等，彼此求胜，故渐进工也。"因此为了获得最先进的火器，晚明精英们特别强调引入西洋技术。徐光启提出"目前至急事宜"之一是大造西洋火器，而在制造火器时，"铳药必须西洋人自行制造，以夫力帮助之。……大小铳弹亦须西人自铸，工匠助之"，借此以保证火器的先进性。在徐光启等人的积极推动下，明朝政府从澳门聘请了多位葡萄牙铳师到北京和登州指导铸造西洋大炮，并且取得了很大的成功。到了崇祯初年，明军对红夷火炮的仿制已能进入量产的阶段，为明军提供先进的火炮。关于这方面的情况，军事史学界近年来已有不少研究，这里从略。

2. 军人

戚继光说："有精器而无精兵以用之，是谓徒费；有精兵而无精器以助之，是谓徒强。"一支优秀的军队不仅要有先进武器，而且还要有能够有效地使用这些武器的优秀军人。

军人的素质是军队战斗能力的基础。这种素质包括体力、专业知识、纪律性、战斗意愿、作战技能等。其中有些（如体力）可以说是先天的，而更多的则是后天的，甚至是进入军队后才培养起来的。传统型军队和近代型军队对军人素质的要求，在一些方面是一致的，但是在另外一些方面则有很大差别。这里，我们将集中讨论两个问题：第一，选拔军人的素质要求（亦即军人选拔标准）；第二，军人入伍后素质的提高和改善（亦即军人培训）。

（1）军人选拔

强健的体魄是所有军队选拔军人的基本要求，历代对此都有明确的标准。明代中后期精英提出的选拔军人的标准，首先也是身体健壮，但是在此之外又加上一些新的条件，如勇敢、机灵、诚实、吃苦耐劳等。嘉靖、万历时何良臣说:"今之选卒,多以三百斤铁石器,令其试力,然亦一说也。但徒试其力,而不观其精神,是粗砺钝汉耳。臣谓能举铁石器,而更观其耳目伶俐,手足便捷者为中选;年齿膂力、耳目手足如式,而胆艺过者为上选;身躯伟大,而胆气武技倍者为头领;年齿相若,耳目手足如式,而力不能举重涉远者为下选。中有勤于学艺,敢于作气者,即是用命之士,又当复选于中上之上……首取精神胆气,次取臂力便捷,须二十岁以上,四十岁以下者选之。"关于士兵的品德,戚继光提出:"(选兵)第一切忌不可用城市游滑之人,但看面目光白、形动伶便者是也。奸巧之人,神色不定,见官府藐然无忌者是也。第一可用,只是乡野老实之人。所谓乡野老实之人者,黑大粗壮,能耐辛苦,手面皮肉坚实,有土作之色,此为第一。"万历时徐光启提出的"选练之格"(即选择兵员标准)则为:"须年二十以上,四十以下,力举五百斤以上,穿戴盔甲四十斤以上;又须精悍周捷,有根着,有保任,不合格者不取也。"

在冷兵器时期,主要作战方式是兵对兵、将对将的面对面厮杀。这种战斗主要依靠体力,不需要多少文化知识。因此传统军队基本上是文盲军队。明代大多数军队也不例外,用戚继光的话来说就是"行伍之卒,愚夫也;介胄之士,未闲文墨者也"。然而自从军队装备了杀伤威力越来越大、使用方法越来越复杂的火器之后,情况发生了很大变化。士兵进行肉搏的机会减少,主要依靠火器隔着一定距离打击对方。军官的主要职责也不再是带头冲锋陷阵,而是搜集军事信息,了解敌方的兵器配备、使用方法、作战距离、战斗企图等情况,然后制定作战方案,准确地把握有利的攻击时机和攻击方向。这些都对官兵的素质提出了更高的要求。

在新型军队中的军官必须有一定的文化知识。戚继光说:"率为

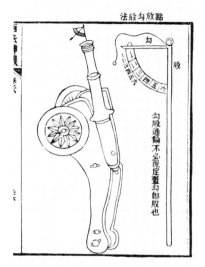

量铳规的使用方法
（孙元化《西法神机》）

名将，盖未有不习一法、不识一字、不经一事而辄能开阖变化运用无穷者；即有之，亦于实阵上经历闻见，日久乃能，否则吾知其断不能也。……吾人童儿习之，幼儿学之，又须长壮之日履名将之门，处实境之间，方知兵法为有用，方能变化兵法，以施之行事之际。至于见任将领，付以边场之寄，岁有桴鼓之举，可谓学法于实境之间矣。却恃其骁勇，或因幼年失学，不解文字，或不知兵法之有助于实用，遂又弃之而不讲。夫有资可习者，无实履之地；有实履之地者，无可学之资，如何而得全材为干城之器乎？"

士兵也必须具有一些起码的识字和计算能力，方能胜任火器战法。特别是红夷炮，使用方法更为复杂。中国原有的火铳和佛郎机都仅设准星、照门，按三点一线射击，命中率不高。红夷炮则有窥远神镜、量铳规、炮表等辅助设施的配合，"量其远近而后发"，"对城攻打，准如设的"。这些设施的使用颇为不易，徐光启说："（大铳）一切装放皆有秘传，如视远则用远镜，量度则用度板，未可易学。"李之藻也说：西洋大炮"每铳约重三五千斤，其施放有车，有地平盘，有小轮，有照轮，所攻打或近或远，刻定里数，低昂伸缩，悉有一定规式。其放铳之人，明理识算，兼诸技巧"；否则"虽得其器，苟无其人，铸炼之法不传，点放之术不尽，差之毫厘，失之千里，总亦无大裨益"。因此，要很好地使用先进的火器，士兵必须多少有一些识字能力和数学知识，以掌握使用仪具以提升火炮瞄准精密度的操作方法。

如何才能获得素质高的军人？晚明精英提出了一个非常重要的原则：厚饷募好兵。在募兵制下，士兵与国家的关系是一种市场上的买卖关系，即如徐光启所说："养士如买市，物价高一分，货值一分。"基于这种基本关系，必须用厚饷吸引合格人才当兵，方能训练出高素质的军人。徐光启说："盖兵精必须厚饷，使一人食三人之食，则可当十人之用，比之见敌而逃者，又无数可论。"只有"用厚饷挑选"，才能"招募海内奇才异能之士"。因此合理的薪饷应当是："其队兵，应照例给月粮一两二钱，四等兵士每加六钱。上士照东征事例，月给三两而止。若给本色以时估扣算，其操赏银又须优厚，以示激励，及冬衣布花，皆不在饷银之数。……新兵日用最少者必须四分（银子），差等而上，愈精愈厚。"大体而言，兵饷必须至少提高到每月银一两一钱，米六斗，方能招募到"自足练习且亦可久"的士兵。

依照明代后期北京一带米价，月饷六钱，米六斗，合计为每年10.8两；月饷一两一钱，米六斗，合计为每年16.8两；因此新饷标准比原有标准高出一半以上。一兵一年16.8两，加上战时额外得到的补贴和赏赐等，总数应为二十两或者更多。实际上，戚继光等人早已不同程度地这样做了。他建立的戚家军，初在南方，以每人年饷银十两为原则，以后在北方蓟镇则增为十八两。

（2）军人培训

招到合格的军人，还要对他们进行训练。这里仅谈谈一般的素质培训。

明代军人的培训主要是在军队中。戚继光非常注意提高所部官兵的文化素质，对部下提出明确的要求："以后将士识字者，于冬日夜长之时，宜将兵法、将传每夜饭后限看数页，然后或有室家之扰，或庭阶散步以舒其怀，睡则枕上，且细细玩味，内有不省义意者，次日仍复质问于先知之人，自然有得。不识字者，端坐澄心，令书手识字之类，或通文武生、秀才为之高声朗读数页，省其大概，复令讲说数遍，归枕之际，亦如前玩味，自然有得，久则开口议论，谁谓此人不学耶？"士兵也要在军官指导下学习文化和战法，采取的办法是："给习之术，必须先以练将册给将，练卒册给卒，每队一册，每一旗择一识字人诵训讲解，全队口念心记。"

培养严格的纪律性是提高军人素质的重要方面。军事史学家帕克（Geoffrey Parker）指出：战争的胜利取决于多种因素，"最重要的是严格的军事纪律。尽管其他因素也都起着相应的作用，但长期以来，西方一直把军事纪律视为将分散的个体转化为统一的作战整体中的组成部分所仰赖的首要手段"。明代中后期精英在讨论"练兵"时也高度重视军纪的培养。何良臣说："凡束伍之法，在疾而条理，严而简便。……少有犯禁违令，实时处以重刑，更严连坐，使其心知畏法相信也。"在这方面，戚家军树立了良好的榜样："浙兵三千至，陈郊外。天大雨，自朝至日昃，植立不动；边军大骇，自是始知军令。"由此可见军纪之严明。

（3）作战编伍

武器装备和人两大军队战斗力生成要素，只有通过一定的组织有机地结合起来才能形成现实的战斗力。组织越合理，战斗力也就越能得到充分的发挥。

军队的基本组织是战斗编组，戚继光称为编伍。编伍的形式服从于作战方式，而作战方式又在很大程度上取决于武器装备。在冷兵器时代，基本的作战方式是面对面的肉搏，因此主要采取人员密集的阵形作战。到了火器时代，作战方式有很大改变。为了克服火器的缺陷，充分地发挥火器的威力，必须改变原有的战斗编组。

早期经济全球化时代的火枪是前装火绳滑膛枪。这种火枪装药费时，发射速率慢，射程近，枪体笨重，使用不便，因此当大批敌军（特别骑兵）突阵时，往往难以应付，正如戚继光所说："往事，敌人铁骑数万冲突，势锐难当。我军阵伍未定，辄为冲破，乘势蹂躏，至无孑遗。且敌欲战，我军不得不战；敌不欲战，我惟目视而已。势每在彼，敌常变客为主，我军畏弱，心夺气靡，势不能御。"为了保护火铳手，必须组织使用冷兵器的士兵与火铳手协同作战。戚继光创建了火铳和冷兵器配合的步兵战斗编组。隆庆时他在蓟州、昌平、保定、辽东四镇练兵，设立了步兵营。该营在建制方面打破了原来的十进制或五进制的编组方式，按部、司、局、旗、队序列编制，十二人为一队，三队为一旗，三旗为一局，四局为一司，两司为一部，三部为一营，全营官兵总计2700人，其中鸟铳手1080人，占全营编制的

40%。加上火箭手，使用火器的士兵约占50%。

晚明时期的火炮主要是前膛滑膛炮。这种火炮也有与火枪类似的缺陷。即使是最先进的红夷大炮，装填发射速率依然很低，每次发射都会严重偏离原有的射击战位，需要经历复位、装填、重新设定方向角和仰角的步骤。同时，发射一次以后，必须灌水入炮膛，熄灭火星，用干布绑在木棒上伸入炮膛擦干水，再填入火药，塞进炮弹，然后点放。因为动作烦琐，耗时甚多，在发射过程中很容易受到敌人突袭，所以在野战中必须有其他兵种对炮兵进行保护。同时，火炮重量大，移动时需要战车运载。在明代前期，战车仅作为运载工具使用。到了明代中晚期，战车逐渐被改进为配有火炮和防护装置、具有作战能力的炮车。以此为主要武器的车营也应运而生，逐渐完备，形成一个独立兵种——车兵。车兵所使用的火器，不论范围、种类和数量，均大幅超越步兵和骑兵，成为可以从事野战的火炮部队。具有作战能力的战车出现于明代中叶后，到了隆庆时发展成为一种独立作战编组——车营。车营是隆庆时戚继光所创，这是中国军事史上的一大创举，由此火炮可以运用于野战。

此外，戚继光还创建了骑营和辎重营，使得戚家军成为一支步、骑、车、辎重四个营组成的军队，形成了以火器为主的火器与冷兵器相结合的合成军团。这支军队与传统军队相比有很大进步，综合作战能力有了很大提高。但是，步、骑、车（炮）三个兵种独立成军，相互配合仍然是一个相当困难的问题。到了天启时，孙承宗对车营进行了重大改革，把戚继光的步、骑、车、辎重四营合而为一，组建成为新的车营。较之戚继光的车营，孙承宗的车营不仅火力更加强大，而且编组也更为合理。崇祯四年（1631），徐光启更进一步提出："夫车营者，束伍治力之法也。……臣今所拟每一营用双轮车百二十辆，炮车百二十辆,粮车六十辆,共三百辆。西洋大炮十六位,中炮八十位,鹰铳一百门,鸟铳一千二百门,战士二千人,队兵二千人,甲胄及执把器械,凡军中所需,一一备具。然后定其部伍,习其形名,闲之节制。行则为阵,止则为营。"依照这个设计出来的车营,火力比孙承宗的车营又更为强大。

为了弥补火枪发射速率慢、射击精度差等缺陷,实战时往往不是单兵作战,而是以密集队形进行齐射。适应这种需要,出现了多层更迭射击法,而这种射击法的使用,又改变了军队的战斗编组,并对军队的纪律提出了更高的要求。

多层更迭射击法的出现是世界军事史上的一件大事。以往学界认为在东亚世界,这种方法是日本的织田信长发明的,因此被称为"信长三段击"。但是依照我的研究,明代初期中国就已发明了这种射击方法。其源自弩的更迭射击法。从弩的轮射到火铳的轮射,技术上完全没有问题,只是改换一下武器而已。景泰时王淳说:"国朝神机枪,诚为难敌之兵,但用之不当。盖枪率数层排列,前层既发,退居次层,之后装枪,若不量敌远近,一时数层乱发,后无以继,敌遂乘机而进,是乱军引敌,自取败绩。"尔后丘濬说:"天助国家,赐以自古所无之器(按:指神机火枪,又叫神枪)。……自有此器以来,中国所以得志于四夷者,往往借此。然用久人玩,敌人习知其故,或出其巧志以为避就者,亦不能无也。何也?盖士卒执此枪而用之,人持一具,临时自实以药,一发之后仓促无以继之,敌知其燃,凡临战阵,必伏自身,俟我火发声闻之后,即冲突而来。"戚继光也说:"初谓铳手自装自点放,不惟仓卒之际迟延,且火绳照管不及,每将火药烧发,常致营中自乱;且一手托铳,一手点火,点毕且托之,即不中矣。令炮手另聚为伍,四人给炮四管,或专用一人擎、一人点放,二人专管装药、抽换其点火，一人兼传递，庶无他失，可以成功。"

王淳说永乐时神机营的火枪手的战斗编组是三排迭放："每队五十七人，队长副各一人，旗军五十五人，内旗枪三人，牌五人，长刀十人，药桶四人，神机枪三十三人。遇敌牌居前，五刀居左，五刀居右，神机枪前十一人放枪，中十一人转枪，后十一人装药。隔一人放一枪，先放六枪，余五枪备敌进退，前放者即转空枪于中，中转饱枪于前，转空枪于后，装药更迭而放，次第而转。擅动滥放者，队长诛之，装药转枪怠慢不如法者，队副诛之。如此则枪不绝声，对无坚阵。"到了嘉靖时，明军使用了更加先进的鸟铳，火铳手的作战方式也由三排迭放变为五排迭放。因此丘濬说："请自今后，凡火枪手必五人为伍，就其中择一人或二人心定而手捷目疾者专司持放，其三四人互为实药，番递以进，专俾一人司放，或高或下，或左或右，应机迁就，则发无不中者。"万历时赵士桢则说：在这个五人的战斗编组内，需"于铳手五人之中择一胆大有气力者，专管打放，令四人在后装炮，时常服习"。

这种更迭发射法，需要士兵之间有高度的纪律性和密切的相互配合，如戚继光所说："鸟铳第一，火箭次之。南方则大炮、火箭、鸟铳，皆为利器。……前项火器，往往打放无节，贼未至而打放已尽。贼既至而空手无可打放者，其弊在于场操时不曾照临阵实演。及至对阵时，头目不在，前列火器之兵，信不过杀手立得脚根定，中军复无主令，以为火器之放止耳。"为了掌握这种战法，必须对士兵进行严格和经常性的训练。故徐光启说："其惯行火兵，尤宜访取教师，作速训练。"这对军人的训练提出了更高的要求。只有经过这样的训练，军队的基层战斗编组才能变成一个机体。

晚明时期，红夷炮成了明军最倚重的火器。红夷炮操作技术难

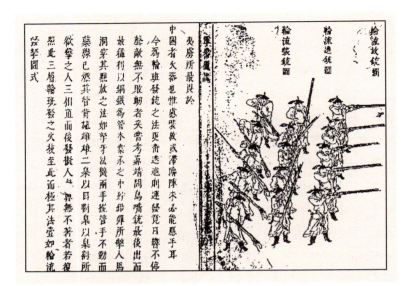

火铳的三排轮射方法

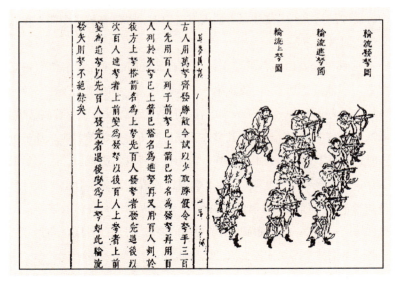

弩的三排轮射方法

度更大，因此更需要士兵接受良好的训练。为此，徐光启、孙元化等积极聘请葡萄牙教官来指导炮兵训练。

火器战斗对军人在各方面的要求都更高，因此军队必须进行严格训练，必须"择名将定节制，日夜教习之……服习经岁，艺术既精，大众若一，驱之若左右手"。

在士兵的综合日常训练方面，戚继光做出了突出的贡献。史学家黄仁宇指出："戚继光的训练方法得自专家的口授。这些宝贵的经验过去由于不为人所重视而没有见诸文字。到俞大猷才做了扼要的阐述，而戚继光则把所有的细节写成了一部操典式的书本。……在戚继光以前，在军队中受到重视的是个人的武艺，能把武器挥舞如飞的士兵是大众心目中的英雄好汉。各地的拳师、打手、盐枭以至和尚和苗人都被招聘入伍。等到他们被有组织的倭寇屡屡击溃以后，当局者才觉悟到一次战斗的成败并非完全决定于个人武艺。戚继光在训练这支新军的时候，除了要求士兵拥有熟练技术以外，还充分注意到了小部队中各种武器的协同配合，每一个步兵班同时配置长兵器和短兵器。"戚继光在总结练兵经验的《练兵实纪》一书中，对军队训练的各个方面进行了全面的说明。这里特别要强调的是，戚继光对部队的纪律性训练的要求达到了非常高的水平。例如，戚继光要求部队行动如钟表一般准确。当时还没有钟表，因此在部队进行时，他用一串740个珠子组成的念珠，按军队标准步伐的时间，每走一步移动一珠，作为计算时间的根据。要做到如钟表一般准确，当然需要长期的和严格的训练。在世界军事史上，每日进行的操练具有非常重要的意义。它除了提高军人的作战能力外，还有另外的一个重要作用——加强纪律性，加强对命令的服从性，强化军人之间的关系，发展军人的集体观念，使得军事单位形成一种专门化的集体。帕克对戚继光在士兵训练方面的卓越表现予以高度评价，说在世界军事史上，"只有两大文明发明了步兵操练：中国和欧洲，而且都进行了两次。第一次是公元前5世纪在北中国和希腊，第二次是在16世纪末。此期代表人物——中华帝国的戚继光和荷兰共和国的莫里斯都明确主张恢复传统做法"。

此外，值得注意的是，晚明精英还提出以西洋方法来训练士兵。焦勖说："西洋教练火器，未肯令草率粗疏之人，便许当兵食粮。必令有学教官，大设教场，听从民间愿习武者，各开籍贯投词，里老亲族连络保结。法：入学内投拜学师，群居肄业，教官量材教授，各艺朝夕演习，就如幼童学艺一般，不得时刻间断，以期速成。俟艺将熟，教官自行十日一考，先将应用什物查看，如一有遗忘，一不如法者，即照例行罚。次以考艺簿册，每人各居一行，注名于下上三等九级，款例随艺，填注高下。进者有赏，退者有罚，原等者免罚，再次原等者量责示辱，以为激劝。三次原等者倍责，四次原等者再责，五次原等者免责逐回改业。又，约学艺限期以一季为度，必欲造成。若逾期不成，即行革退，不许复留以滋劳费。其一应器械饭食，悉系官给，学者一无所费，但亦无廪粮，必俟学成精艺，方许教官开送选武官处，先将一切器械药弹等件，逐一察验是否全备合法，验毕无差，然后试演各技。大约以十发而仅中五六者止称通艺，不准收用，仍令回学再习，十发不差一者称为成艺。"焦勖所言并非空想。徐光启说：要想收复辽东，应该借助葡萄牙人，让其督导训练我们精选的两三万有经验的士兵，原因是"盖教练火器，必用澳商"。在徐光启等的努力下，崇祯三年（1630），葡萄牙统领公沙·的西劳（Gonalo Teixeira Correa）率铳师队伍抵京，负责练兵教炮，颇有成效。

五、成功与局限：晚明军事改革运动的结果

虽然晚明精英大力倡导和推动军事改革运动，但是这个运动并未挽救明朝。那么，这个运动是成功还是失败了呢？要判别这个运动成败与否，就要看看它是否达到了预期的目标。这个运动的目标是创建一支与过去不同的新型军队，因此这支军队到底创建出来了没有，是看这个运动成败的关键。

晚明精英创建一支新型军队的努力取得了一定的成功，其中最早的是戚继光创建的戚家军，其次是孙承宗创建的辽东车营和徐光启等创建的登州火炮营。

1．戚家军

戚家军于嘉靖三十八年（1559）成军于浙江义乌，有士兵 3000 人，以后不断增加，嘉靖四十一年（1562）扩大到一万人。这支军队转战南北，在对倭寇和蒙古人的战斗中屡建奇功。万历十一年（1583）戚继光去职后，以戚家军为底子的浙兵一直在明代后期的军事活动中具有重要地位。明末军事家孙承宗、袁崇焕等也都从戚继光建军实践中得到启迪。徐光启说："昔者戚继光之练兵蓟镇也……请用浙江杀手三千，鸟铳手三千，以为教练张本。……而后继光乃得行其志，而蓟镇之兵独强。"因此戚家军可以说是明代后期军事改革运动的第一批成果。在过去民间文学中，对戚家军谈得最多的是其使用冷兵器的鸳鸯阵法等。但实际上，火器在戚家军的武器装备中占有最重要的分量。这里特别要提的是戚继光首创了野战火器兵团——车营。他的车营，每营辖两部，每部辖四司，每司辖四局，局编两联，联编两车。每车配佛郎机炮两门，兵 20 人。每营总计有官兵 2604

人,炮车128辆,载佛郎机256门。另外,每营在炮车之外,又配有鼓车两辆,编士兵20人;火箭车四辆,编士兵40人;坐车三辆,编士兵30人;大将军车八辆,编士兵160人,合计编制官兵250人。满员的车营编制,包括杂役人员在内,共计3109名,配备有佛郎机265门,鸟铳512门,子铳3304门;使用火器的士兵所占比例为总人数的41%。可见这是一支以火器为主要武器的军队。

戚继光军队配备的火器,威力最大的是佛郎机炮。但是到了晚明,红夷大炮已取代佛郎机成为最重要的火器。随着对西方军事技术进一步的深入了解,晚明军事改革运动并非仅只停留在戚继光树立的典范上。到了明末,创造出了更高水平的新型军队。在这方面,成功的例子是孙承宗创建的辽东车营和徐光启等人创建的登州火炮营。

2. 孙承宗车营

孙承宗创建的车营是晚明军事改革运动的一个重要产物。车营的一个重要特点是充分装备先进火器。孙承宗说:"御虏当急练车炮,不当尽倚骑卒。"因此他一到山海关,就着手组建车营。他将熊廷弼任上所丢弃的迎锋车六百辆全面修理,改为偏厢车,并奏报工部,请拨款制造战车,同时大量制造火器,以供战车使用。天启三年(1623)秋,对历朝兵车、车战颇有研究的军事专家茅元仪抵关,加快了车营的组练进程。由于宣府、大同一带的士兵能熟练使用车炮,孙承宗专门从那里选调12000名精兵到山海关作为骨干,编组成十二车营。每营官兵6627人,其中步兵3200人,骑兵2400人,辎重车夫512人,各级军官、侍从、传令兵、军医、兽医、杂役等共515人。其装备以火器为主,其中鸟铳256支,三眼枪1728支,佛郎机256架,大炮16门,灭房炮80门;偏厢车128辆,准迎锋车256辆,辎重车256辆,战马3320匹,驮运畜力408头。此外还配备了多种其他兵器。这种车营的编组情况,也与戚继光车营有所不同,每偏厢车四辆为一乘,四乘(16辆)为一衡,两衡(32辆)为一冲,四冲(128辆)为一营。每乘有步兵100人,骑兵50人,辎重车夫16人,牛8头,每衡有步兵400人,骑兵200人,辎重车夫64人,牛32头,每冲有步兵800人,骑兵400人,辎重车夫128人,牛64头。每乘为一基本战斗编组,每营为一完整的作战部队。孙承宗特别制定了《车营练阵规条》,令士兵熟读牢记,熟练应用,规定三日一小操,五日合操,十日会哨,二十日大阅,熟练者加赏,否则重罚。技术低劣的,再经过一段训练仍不合格的,要予以淘汰。他还将车营在行军、迎敌、捣巢中可能遇到的问题和对策,编成《车营百八叩》和《车营百八答》,指导作战,并常常亲临校场,日夜操练。他还将骑兵编为前锋、后劲两部,与车营配合作战。天启四年(1624),他大阅车营于八里铺,"骑与骑,步与步,自相更迭,骑与步,步与骑,又互相更迭,三鼓成列,百战不乱"。

经孙承宗的苦心经营,车营成为辽东明军最精锐的部队。崇祯二年(后金天聪三年,1629),皇太极率八旗精兵数万绕道蒙古,从大安口突破长城防线,至11月初连陷遵化、三屯营,巡抚王元雅、总兵朱彦国自尽,后金军抵北京城下,展开猛攻。崇祯帝急召孙承宗进京,命他统辖京城防务,他即"详奏守城器具、药物、守垛丁夫及关门车营火炮更番子母之制"。到了崇祯四年(1631),徐光启提出了进一步改良的方案:"夫车营者,束伍治力之法也。……臣今所拟每一营用双轮车百二十辆,炮车百二十辆,粮车六十辆,共三百辆。西洋大炮十六位,中炮八十位,鹰铳一百门,鸟铳一千二百门,战士二千人,队兵二千人,甲胄及执把器械,凡军中所需,一一备具。然后定其部伍，习其形名，闲之节制。行则为阵，止则为营。"不过这个方案是否得到实行，则不得而知。

3．登州火炮营

登州火炮营是徐光启倡导和推动建立的。崇祯三年（1630），明廷任命王征为登莱监军佥事，孙元化以右佥都御史巡抚登莱，张焘此时是登莱副总兵。这几个人都是对西洋火器有相当认识的人。他们风云际会于山东的登莱地区，把理念付诸实践，着手编练炮营。经徐光启安排，一批葡萄牙铳师来到登州。从崇祯三年正月初抵京至崇祯五年正月，葡萄牙铳师为明朝效力共达两年之久，不仅指导西炮制作，而且传授西式大炮的操纵点放之法。经过精心经营，这个炮营不仅拥有当时最先进的西洋火炮，而且掌握了一般明军尚不曾完整掌握的西式大炮的使用知识（如铳尺的使用）。这支军队成为全国最精锐的部队，不仅稳住了牵制后金军事进攻的战略要地——东江，而且数度重创后金军队。

以这三支军队为代表的明末创建的新式军队，与其他明军部队有重大差别。徐光启说这种军队与现有军队相比，"器械之费，一人当十；粮饷之费，一人当三"。这正是技术密集型和资本密集型军队的绝佳总结。这支新型军队也有新的组织和训练方式，具有近代早期西欧军事革命中创立的军队的主要特征。也正因如此，这种新型军队的战斗能力大大高于原有的军队。徐光启说："如是者得二万人。服习经岁，艺术既精，大众若一，驱之若左右手，以是出关，益以辽士二万，北关一万，更欲征朝鲜二万，两路牵制，一路出攻，约周岁之内，可以毕事。费不过五六百万，而所得肥饶之地，足以固圉；所绝敕书之赏，足以省费；所造器甲诸事，尚留为千百年之用。既而坐镇辽东，西虏弗靖者，便可剪灭，规取旧辽阳，截河为守，已甚易事。若能更一振作，广行招募，备加练习，益为三四万人，即九塞之虏，咸可鞭棰制之，大宁、河套，亦益恢复。更益为十万人，以二万为禁旅，边各一万，即京营各边之饷，咸可减省十之五六也。"

除了创建新型的军队外，晚明军事改革运动还有另外一个重要方面，即改造原有部队，提高其实战能力。经过改造的部队虽然不是上述的新型军队，但与未经改造的部队有明显的差别。在这方面最突出的例子，就是孙承宗对辽东明军的改造。

天启二年（1622），孙承宗被任命为辽东经略，负责辽东防务。此时辽东的明军在屡败之余，弥漫着失败主义的悲观气氛。孙承宗总结辽东明军的心态，就是一个字——"怕"："今天下只有一怕耳。初怕而开（原）、铁（岭）失，退宁辽阳；再怕而辽阳失，退守广宁；三怕而广宁失，退守山海。今山海之怕更甚，曰辽阳一十万而败，广宁十八万而败，三败之后，何特而不怕，缩项敛足，徒延挨以了目睫，曰勿惹。"在这种心态下，明军畏敌如虎，视山海关以外为"鬼国"。孙承宗采取一系列措施，大刀阔斧地改造这支军队。他本着"实著在及时选练精兵"的原则，淘汰副总兵以下的军官六十余员，千把总数百人，总计淘汰不合格的官兵一万七千余人。随后对精简之后的军队进行严格训练：包括练心、练耳目、练手足、练技艺、练阵势。他特别强调练心、练气，目的是激发士兵"奋起忠勇之心"，振作敢战之气。他训练出野战部队9.4万人，除了新创的12个车营外，还有水营5个、火营2个、前锋后劲营8个，另有专事城防的守兵1.6万人，总共11万人。这些部队都具有较强的战斗能力。而他选拔出来的将领满桂、祖大寿、吴襄、赵率教、袁崇焕等，也都是一时之选。他去职后，这支军队的一部分为袁崇焕指挥。袁崇焕继续进行孙承宗的改造辽东军队的工作。当时辽东四镇兵共 15.3 万，每年开支银六百万两以上。袁崇焕整顿军队，省去一百二十余万两后，人均开支约三十二两，大大提高了军人的待遇。同时，他也继续改进军队的武器，特别是积极引进先进的火炮。史称孙承宗"虽去国，而城地将士、兵马器械，皆公在时所经理，其得力多借西洋炮，茅元仪与满桂依式为之，欲载以取盖州，乃置宁远，竟用以歼敌"。所以有史学家认为，宁远大捷的首功应归孙承宗。崇祯三年，明军收复遵化、迁安、滦州、永平四城时，在滦州以"攒炮数十，连破数雉，奴少避，大炮分击其旁，使不得回救，师从间以登"。因此这支军队虽然不是徐光启、孙元化等人企图建立的那种理想的军队，但也是晚明军事改革运动的重要成果。

除了上述工作之外，晚明时期的军事改革运动还包括提高明军的整体火器装备水平，特别是在辽东的明军的装备水平。孙承宗到辽东以前，明朝已为辽东明军配备了大量火器。天启元年（1621）李之藻奏称："顾自奴酋倡乱，三年以来，倾我武库甲仗，辇运而东以百万计。其最称猛烈如神威、飞电、大将军等器，亦以万计。"天启二年（1622），工部开列自万历四十六年（1618）到天启元年（1621）的三年零八个月中，因辽东战事发往广宁以资补充的军器数目，累计有大炮 18154 门，佛郎机 4090 架，枪类 2080 支，火药类 1773658 斤，大小铅弹 142368 斤，大小铁弹 1253200 个。当时最先进的火器是红夷炮。明朝从 1622 年开始仿制红夷炮，至 1644 年明朝灭亡时已造出各类红夷炮一千余门。这些红夷炮大多数被送到辽东前线，装备辽东守军。辽东明军装备这些先进火器后，作战能力有所提高，因此在咄咄逼人的后金军攻势之下，虽然因主将无能等原因而屡战屡败，但是仍然还有一定抵抗能力。

值得注意的是，晚明军事改革运动不仅限于官方的努力，民间也在积极进行，而且成就斐然。主要产物就是明末福建郑氏集团建立的海上武装。

郑氏武装是一支不同于往昔的新式海上武装。郑氏水师中有大熕船、水艍船、犁缯船、沙船、乌龙船、铳船、快哨等八种各式战船。过去一些学者依据中文史料，对郑氏海上武装的战船与火炮进行了研究，指出其主力舰只——大熕船、水艍船——采用了福船、西洋夹板船的特点，阔一丈六尺，高六七丈，吃水一丈二尺；船上楼橹以铁叶包裹，外挂革帘，以防敌方炮弹；船上装有火炮，船中部有风门施放炮弩；两旁有水轮，士兵可以在船舱内踏轮前进，不惧风浪；每船能容兵500名；因此这些战舰具有相当好的航行性能和战斗性能。但是与郑氏集团的主要对手荷兰东印度公司的主力战舰——夹板船相比，则颇为逊色。荷兰在亚洲建造的夹板船长三十丈，高六丈，厚二尺有余，五桅三层，帆樯可八面受风，船速较快，不惧逆；两侧设有许多小窗，可放置小铜炮，甲板上安放两丈长的巨炮，每船置各种炮二三十门；还装有照海镜，作为瞄准之用。相比之下，郑军每艘战舰上只装有两门大炮，火力远远不及荷兰战舰，郑军战舰高度仅为荷舰的1/3，在海中相搏时往往被荷兰舰船撞翻或被压沉。

最近美国学者欧阳泰（Tonio Andrade）在其新著《1661，决战热兰遮》中，运用中西的文献资料对郑、荷双方武器装备情况进一步分析后指出："郑芝龙采用了荷兰的科技，打造了一支新的舰队，主力是30艘按照欧洲式设计建造的巨大船只，每一艘都有两层经过强化的大炮甲板，可以架设30或36具大型火炮——和荷兰战舰一样多，而大部分的中式帆船只能架设6～8具小型火炮。这些新式的战船甚至具有欧式炮门，并设有滑动炮架，上面装有环钉与绳子，能够拉向后方以装填炮弹。这些都是很重要的创新。西班牙无敌舰队在1588年之所以会被英国击败，就是因为缺乏这样的构造。（荷兰舰队司令）普特曼斯对此深感惊艳：'在这个国度，从来没有人见过像这样的舰队，有着如此精美、巨大而且武器犀利的中式帆船'。"所以，"荷兰的优势并不在于大炮与火枪。如同揆一所认，中国军队的大炮威力并不逊于荷军。台湾的一名学者指出，只要对国姓爷的火炮及其使用方式加以分析，不免令人'讶异于他麾下军队的现代化程度'。此外，荷兰的火枪部队虽然采用本国发明的排枪射击法，能够达成连续致命效果，但面对国姓爷的部队却无用武之地。实际上，中国早在两百多年前就发展出排枪射击的方法。国姓爷的士兵训练精良、纪律严明，又受到妥善的领导，因此荷军部队的阵式无可避免地溃散，导致人员四散奔逃"。

郑氏武装是明亡之后东亚世界唯一能够对清朝构成重大威胁的力量。1658年（清顺治十五年，南明永历十二年），郑成功统率17万大军与浙东张煌言部会师，大举北伐。大军进入长江之前，于羊山海域遭遇飓风，损失惨重，只得退回厦门。次年郑成功再次率领大军北伐，会同张煌言部队顺利进入长江，势如破竹，接连取得定海关战役、瓜洲战役、镇江战役的胜利，包围南京，一时江南震动。后因郑成功中了清军缓兵之计，意外遭到清军突袭，招致大败。郑成功兵败后，试图攻取崇明作为再次进入长江的阵地，却久攻不克，只好全军退回厦门。尽管如此，郑氏集团依然是清朝的最大威胁，并且在明亡后抗衡清朝达二三十年之久。因此，郑氏海上武装是一支堪与当时世界海上霸主荷兰海上武装相媲美的新式武装。郑氏在此方面所做的工作，可以说是晚明时期朝野精英人士为创建新式军队所进行的努力的另一个方面。

虽然晚明军事改革运动取得了相当的成就，但是这些成就是很有限的。

首先，晚明精英们想要的那种新式军队，虽然已经建立起来了，但规模很小。戚家军的人数不过数千，戚继光在蓟镇练出的兵也只有两万人。徐光启计划训练新军两万人，但是朝廷大臣都说"费多而效缓"，未予批准。孙承宗、袁崇焕在辽东改造原有部队，总数不超过十万人，其中有多少真正得到改造还是一个问题，因为如果大部分都得到了改造，那么袁崇焕守宁远就不必倚重广西来的"狼兵"了。因此总的来说，训练出来的新军和得到有效改造的原有军队，在明朝的军队中只占很小的比例。晚明时期，这些新军和改造后的军队基本上都部署在辽东前线。在其他地方，基本上还是原来那种战斗力低下的旧式军队。正因如此，清军入关后，就轻而易举地击溃各地明军的抵抗。只有晚明军事改革运动的另外一个产物——郑氏集团的海上武装，才成为唯一一支清军无法打败的明朝军队。

新型军队以及得到有效改造的原有军队数量太少，因此明朝在对外战争中不得不大量使用原有的军队。前面已经说过，明朝军队体制混乱，情况十分复杂。到了晚明，新旧相杂，军队实际上是一个由各种性质不同的部队组成的大拼盘。再加上明的军事指挥体制的陈旧落后，使得问题更为严重。从明初至明末，凡有战事，都是朝廷命将作为总兵官（统帅），从各卫所中抽调精壮官兵临时组合成战时编制。这些来自各地的官兵素不相识，也未曾进行过联合训练和作战演习，因此协同作战十分困难。在万历朝鲜战争中，明廷任命李如松总理蓟、辽、保定、山东军务，并充任防海御倭总兵官，从全国各地调集军队，由他率领入朝作战。1592年年底，李如松率领首批明军46000人入朝，其中辽兵大约有12000人，镇守长城沿线九镇的部队

（即九边将士）约23000人，南兵大约11000人。这些军队虽然都是明军中比较精锐的部队，但彼此过去并无在一起训练和作战的经验，难以在同一统帅指挥下配合默契地协同作战。

更为严重的是，这些来自不同地区、具有不同背景和不同身份的部队，不仅难以指挥，而且往往因小事发生冲突，如果处理不当，冲突就会发展为兵变。典型的例子是朝鲜之役中南兵与辽兵之间的冲突，最后导致战争结束后南兵因统帅李如松赏罚不公而闹事，回国后竟因索要钱粮而被屠杀。崇祯二年（1629），在遵化的部队中，南兵每人每月军饷为一两五钱银子，北军则每月米一石折银一两，其新设营兵皆折色一两五钱，本色米五斗，北兵感到不平。后来欠饷日多，诸兵绝望，向朝廷索饷，各营闻风倡煽。于是集于遵化西门外，伐木立寨，服蟒竖旗，大书"赤心报国，饥军设粮"八字。这就是有名的"蓟州兵变"。

因此，尽管晚明军事改革运动确实训练出来一批作战能力较强的部队，但在明朝的整个武装部队中，这些部队只是很小的一部分。即使是这些作战能力较强的部队，在晚明落伍而且腐败的管理体制之下，也往往问题丛生。最具讽刺意义的是，这场军事改革运动的最终结果，是这场运动训练出来的精锐部队的主体，不仅未能如晚明精英所希望的那样成为卫国之干城，反而为敌所用，成为新朝夺取明朝天下的利器。这一点，我将在下一章中讲。

1980年在武威针织厂内出土的西夏铜火炮,通长100厘米,内口径12厘米。前膛外沿铸固箍;药室呈椭圆形,上有小孔供装引火线;炮尾中空,口大底小,两侧各有对称的方孔,用来安装铁栓连接支架,并起耳轴作用。火炮表面粗糙,铸造后未经打磨,通体留有明显范缝。出土时通体锈蚀。现藏于武威西夏博物馆

蒙斯梅格大炮可谓中世纪制造的最大口径的大炮,能将重150公斤的石头炮弹射出3.2公里远,曾是当时尖端军事科技的代表。现藏于英国爱丁堡城堡

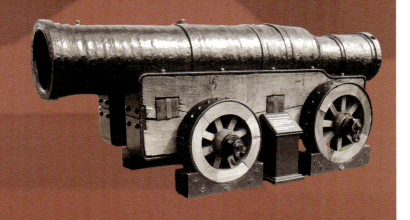

16世纪初的奥斯曼帝国大型九管火铳，通长1.77米，中心孔口径比周围八个孔的口径更大。表面还有百合花等植物纹饰。现藏于法国巴黎军事博物馆

这门达达尼尔巨炮是1464年仿照乌尔班巨炮建造的，1807年，当英国皇家海军出现在达达尼尔海峡，土耳其军队用其向英国船只发射了直径63厘米、重达一吨的铁球炮弹。该炮现为英国皇家军械库收藏，存放于汉普郡纳尔逊堡

日本种子岛火绳枪，2005年日本万国博览会（爱之万博）葡萄牙馆的展出物。16世纪中后期，火绳枪的制造工艺在日本国内逐渐流传开来，并在各大名的军队中得到应用，对日本当时的战争和战术产生了巨大的影响

朝鲜王朝时期，火炮被称为铳筒，用千字文"天、地、玄、黄"的顺序区分。天字铳筒最大，黄字铳筒最小。16世纪中晚期，韩国国立晋州博物馆藏

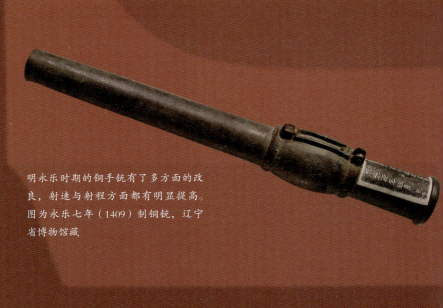

明永乐时期的铜手铳有了多方面的改良，射速与射程方面都有明显提高。图为永乐七年（1409）制铜铳，辽宁省博物馆藏

"虎蹲炮"最早见于宋《武经总要》记录的一种人力投石机，在明朝则是戚继光改进用以反制倭寇鸟铳的火炮，以射击时外观像猛虎蹲坐而得名。据记载，该炮可以由骑兵傔战马直接驮带，也曾装备于明军战船。图为中国航海博物馆展出的明虎蹲炮

帖木儿大败德里苏丹纳西尔丁·马赫穆德沙

巴布尔帅军从开伯尔山口攻入印度,建立莫卧儿王朝

日本花鸟莳绘螺钿圣龛,是基督教传入日本的证明(16世纪)

荷兰绘画中的郑芝龙形象(绿衣站立者)

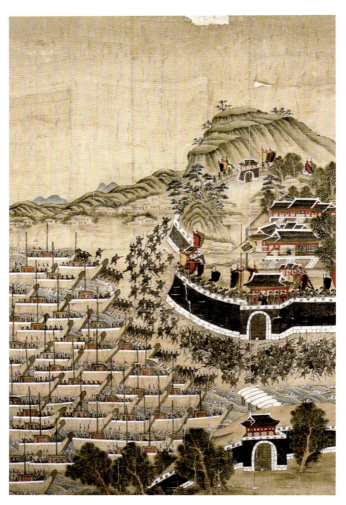

壬辰之战、日军攻克釜山(1592)

第 7 章

烽烟四起

晚明东亚世界四大战

新兴强权的威胁日甚一日,中国在明朝的最后一个世纪不得不与强敌展开四次大规模战争,分别是中缅边境战争、中日朝鲜战争、明清辽东战争、中荷台海战争,规模上皆属当时世界上最大的战争,对世界史有深远影响。虽然四场战争体现了晚明军事改革运动的成效,但在明朝政治腐败与军队内部派系斗争影响下,最终也没有挽救明朝,且改革成果也部分被后来的清朝所继承。

关键词:中缅边境战争　中日朝鲜战争　明清辽东战争　中荷台海战争

一、强敌压境：晚明时期东亚主要强权的军力对比

由于国际形势的巨变，中国的国家安全在明代面临着前所未有的挑战，到了晚明时期情况更为严峻。这时中国所面临的不仅有传统的北方威胁，而且也有新兴的地区强权的威胁。明朝不得不把军队主力放到长城防线上对付北方的威胁，但与此同时，新兴强权的威胁日甚一日。这种威胁源自这些强权所拥有的军事实力，这里我们就简单地看看其军事实力有多强，以了解中国面临的威胁有多大。

1．安南

安南自从从中国独立出来之后，一直奉行向外扩张的国策，并为此建立了一支规模可观的军队。在永乐初年明朝发动的平定安南之战中，安南胡季犛政权出兵对抗明军，水陆两军总计七万人，号称二十一万；而征安南的明军号称八十万人，实际兵力则只有三十万人。由此可见，当时的安南已在东南亚拥有规模最大和战力最强的军队。1471年，安南后黎朝对占城国发动战争，国王黎圣宗亲自挂帅，督军二十六万人，号称七十万人，不到两个月就攻破占城国都。到了16世纪中后期，安南处于南北朝时期（1533～1592），国内出现多个政权，其中最强大的是北方的郑氏政权和南方的阮氏政权，此外还有在高平的莫氏政权和在宣光地区的武氏政权。这些政权莫不穷兵黩武，竭尽全力扩军备战。在郑阮战争中，郑氏政权出动军队和民壮近十万人，另有留守兵力五万人，还有战象五百头，战船五百艘。阮氏则拥有兵力四五万人，战象一百头。虽然国内纷争不断，但是安南依然积极向南开拓，持续侵略占城，蚕食其领土，最后完全并吞了该国。

宣德二年（1427）明朝从安南撤军后，两国之间没有发生大战争。但是因为安南拥有相当强大的武力，所以两国一旦开战，明朝将不得不投入大军。这一点，在嘉靖十六年（1537）的征讨安南之议中，已很清楚。

2．日本

经过多年内战的锤炼，到了丰臣秀吉统一日本时，日本已拥有一支久经沙场、装备精良的强大军队。这支军队的人数达到三十万，可以派遣二十万以上的军队出国作战。1590年年底，在日华人许仪俊从萨摩藩主处得知丰臣秀吉侵略朝鲜的计划后，派人向福建当局报告："关白（丰臣秀吉）吞并列国……欲渡海侵唐。……令萨摩整兵两万，大将二人，到高丽会取唐。……关白亲率兵五十万……大将一百五十员，战马五万匹……长刀五十万，鸟铳三十万……来年（1592）壬辰起身……三月初一日开船。"1592年，丰臣秀吉在全国动员了三十余万兵力，以其中西国部队为主的158700人，编成九个军团，辅以水军9200人、船只700艘，组成进攻朝鲜的大军。1597年，丰臣秀吉又派遣由陆军141490人和水军22100人组成的大军，水陆并进再度入侵朝鲜。这些百战之余的强悍军队，横扫朝鲜，朝鲜全军覆灭，在短短三个月时间内，朝鲜全国三都（汉城、开城、平壤）八道全部陷落。

3．缅甸

缅甸东吁王朝是中南半岛的超强国家，拥有强大的军力。在万历时期的中缅战争中，缅甸多次出动大军攻击明朝。1593年、1606年缅甸两次大规模入侵云南，每次出动的部队都达三十万人（或者号称三十万人)。参战缅军不仅人数众多,而且其主力都在中南半岛各地长期作战,是久经沙场的强悍之兵。

4. 荷兰

如前所述,荷兰在东亚的殖民统治是通过荷兰东印度公司。该公司有强大的武力,到了1669年,拥有150艘武装商船和40艘战船,1万名佣兵。公司以巴达维亚为主要司令部,锡兰、马六甲、爪哇、马来群岛等地设有分部,在好望角也筑有驿站,为途经的船舶添加燃料、补给并实施维护修船工作。由于船坚炮利,该公司成为东亚世界最强大的海上武装之一。

5. 满洲

早在万历二十年(1592),努尔哈赤就已建立了一支强大的军队。在中日朝鲜战争前夕,这支军队已有骑兵3万~4万人,步兵4万~5万人,普遍认为其作战能力甚至胜过日本军队。经努尔哈赤、皇太极父子积极经营,后金/清建立了一支东亚最优秀的陆军,即由满、蒙、汉八旗组成的八旗军。这支军队将东亚最优秀的步兵(满洲重甲步兵)、最优秀的骑兵(蒙古骑兵)和最优秀的火器部队(汉军火器兵)结合为一体,总人数大约在20万,可以在战场上一次投入数万乃至十万人以上的部队。例如在明清萨尔浒之战中,清军参战部队约6万人,在辽沈之战和广宁之战中约10万人,宁远之战中5万~6万(号称13万),在锦州之战中和山海关之战中均在10万人以上。

我们可以把这些国家(或政权)在对明朝的战争中可以投入的兵力,与当时西方强国在大型国际战争中可以投入的兵力进行比较。

军事史专家克列威尔德（Martin Van Creveld）在《战争与后勤》一书中指出：在1560~1660年这一被称为"军事革命"的时期，欧洲各国军队人数出现巨大增长。1567年，西班牙阿尔巴公爵镇压尼德兰叛乱时，只带了9000名步兵、1600名骑兵，就已给人以声势浩大的印象。但是只过了几十年，西班牙用于镇压法兰德斯起义的军队人数，就动辄以数万计了。在17世纪欧洲最大的战争——天主教国家联盟和新教国家联盟之间的"三十年战争"（1618~1648）中，战争双方最大规模的军队是新教方的瑞典国王古斯塔夫和天主教方的神圣罗马帝国军队统帅华伦斯坦（Albrecht Wallenstein）指挥的军队，在他们武功达于顶峰的1631~1632年，各自统率的军队都超过10万人。但是到了"三十年战争"的后期，各国已不能保持这样庞大的军队。"三十年战争"席卷整个欧洲，双方前后投入的兵力累计也不过百万（其中天主教方共40万~50万，新教方共60万~70万）。

从16世纪欧洲战争的主要战役来看，参战军队的数量也颇为有限。在16世纪后半叶法国胡格诺战争的一些重要的战役，参战双方人数大体上各为10000~15000人。到了"三十年战争"，战场兵力投入大大增加，法国、神圣罗马帝国和瑞典各以30000人以上的军队进行的会战屡见不鲜，但是没有一次单一战场投入20万部队的会战。直到17世纪末，才有像维也纳会战这样的20万人级的会战（在这次会战中，9万波兰和奥地利联军击败了15万奥斯曼土耳其军队）。而在晚明时期的中缅、中日和明清战争中，20万人以上级别的战争却不罕见。

因此，晚明时期中国所面对的敌人，仅从兵力数量来说，就远远超过欧洲的全面大战。

不仅如此，比起欧洲强权来说，这些新兴的东亚地区强权在火器使用技术方面也毫不逊色，甚至过而胜之。

日本接受了欧洲人传来的先进火器之后，迅速将其用于战争。贝林（Noel Perrin）在《放弃枪械》一书中指出：16世纪末日本陆上火器之精良和应用之普遍，已经超过英、法等西欧先进国家。日本内战中已大量使用了先进的鸟铳。在1555年的甲越战役中，武田氏军队三千人中已装备火枪三百余支。1570年的近江小谷山战役中，织田信长的部队也已拥有火枪近五百支。1575年，织田信长和德川家康的联军与武田胜赖军会战于长筱。在这场大战中，织田信长首次大规模地使用了装备火枪的三千名轻步兵（"足轻"），并运用了"三段击"的战术。这种战术类似西方黑骑士的半回旋战法。火枪不间断地齐射，形成密集弹雨，予敌军重创。同时，织田军还设置了马栅，并配置了持5.6米长枪的足轻长枪兵，为火枪兵提供了必要的保护。除了马栅和长枪，射击还会产生浓厚的烟雾，对鸟铳手形成另一重保护。在这种火枪使用技术面前，武田家世代经营、被认为是日本战国时代最强大的精锐骑兵（"赤备"）遭到毁灭性打击，死亡、失踪达一万多人，武田军由此元气大伤，最终导致七年后武田氏灭亡。手持火枪的轻步兵在此次战争中大显神威，此后火枪逐渐成为日本军队的主要兵器。日本人掌握了先进的火器技术后，当然也用于对外劫掠。因此到了"后期倭寇"时代，鸟铳成为倭寇手中的利器。明代后期人郑若曾也说："倭之火器，只有鸟铳……第闻倭制火铳，其药极细，以火酒渍制之。故其发速，又人善使，故发必中。……倭铳每发无声，人不及防，类能洞甲贯坚，诸物难御。"丰臣秀吉发动侵朝战争时，三千人的部队中专设"铁炮足轻"两百人。这种火枪步兵使得在朝明军吃了很大苦头。

清朝夺取天下后，统治者一直自诩"以弓马骑射取天下"。确实，女真人本以弓马、重甲和善战著称，后金继承了这些传统并加以发扬光大。但是在与明朝的战争中，后金发现火器的优越性，于是积极引进采纳。崇祯时李之藻说："臣惟火器者，中国之长技，所恃以得志于四夷者也。顾自奴酋倡乱，三年以来，倾我武库甲仗，輂运而东以百万计。其最称猛烈如神威、飞电、大将军等器，亦以万计。然而付托匪人，将不知兵，未闻用一器以击贼。而昨者河东骈陷，一切为贼奄有，贼转驱我之人，用我之炮，佐其强弓铁马，愈以逆我颜行。"兵部尚书崔景荣等也说："中国长技，惟恃火攻，辽沈陷而技反为敌资也。"后金/清对火器技术的学习和掌握非常迅速。徐光启说："贼中甚畏火器，模仿制用，刻意求工。"在崇祯十二年（1639）至十五年（1642）的松锦大战中，双方均大量使用了红夷大炮和其他火器，而且明军对清军火炮的长足进展感到十分惊讶。尔后，清军在火器方面逐渐取得优势。徐光启说："连次丧失中外大小火铳，悉为奴有。我之长技与奴共之，而多寡之数且不若彼远矣。"到了崇祯末年，清军火炮在数量和质量上都超过明军。崇祯十六年（1643），辽东巡抚黎玉田奏称："我之所以制酋者，向惟火器为先，盖因我有而酋无，故足以取胜。后来酋虽有，而我独多，犹足以侥幸也。今据回乡称说，酋于锦州铸造西洋大炮一百位。……设不幸卒如回乡所言，酋以大炮百位排设而击，即铁壁铜墙亦恐难保……以物力言，酋铸百炮而有余，我铸十炮而无力……奴之势力，在昔不当我中国一大县……迄于今，而铸炮、造药十倍于我之神器矣！"火器使后金/清军如虎添翼，明朝火器专家焦勖说："彼（指清军）之人壮马泼，箭利弓强，既已胜我多矣，且近来火器又足与我相当……目前火器所贵西洋大铳，则敌不但有，而今且广有矣。我虽先得是铳，奈素未多备！"满洲人积极引进先进火器的结果，使得清军成为当时东亚世界最强大的武装力量。

强敌环绕，四面受敌，而明朝的国防资源却非常有限。明朝虽然拥有一支百万大军，但是这种军队的实际规模要小得多。隆庆三年（1569）兵部侍郎谭纶说：全国军队定额为313.8万人，而实际上仅有84.5万人。为什么会出现这样大的差距？原因之一是军人大量逃亡。正统三年（1438）兵部奏，逃兵总数达到120万人，几乎占全国军伍总数的一半。嘉靖以后，情况更为严重。唐顺之在复勘蓟镇边务之后给皇帝的奏疏中说道："从黄花镇起至居庸关，尽镇边城而止，凡为区者三，查得原额兵共二万三千二十五名，逃亡一万零一百九十五名。"居庸关是军事重镇，情况尚且如此，其余地方军队的情况可想而知就更严重了。隆庆二年（1568）九边镇的军额100万，仅存60万，逃亡40万，约占军额的40%。特别值得注意的是，明军的主力部队京军，减员也非常厉害。京军明初总数在80万以上，"土木堡之变"中损失严重。后来虽有恢复，实际兵力不过十余万。到了万历时期，京军员额为武官2727员，军士206280人，但实存的京卫军约只有员额的一半。到了崇祯末年，派遣京军出去执行任务，甚至无兵可用，只好雇游民充数。

由于兵员不足，在多数对外战争中，明朝能够投入的作战部队人数十分有限。明代中期最大规模的战场部队投入是土木堡之役。在此役中，明英宗本人亲任统帅（即"御驾亲征"），战场距离北京不远，在北部边防线上，可以使用京军和边军，因此比较容易调集军队投入战场。在此情况下，投入此役的明军号称50万之众，实则只有25万左右。在万历朝鲜之役和明末辽东之役这两场大规模的战争中，明朝所能投入的部队也都只在10万~20万。与此相对，明朝的主要敌人如日本、缅甸、满洲以及蒙古，则常常可以倾全国之力投入对明战争。加上明朝大部分军队作战能力很差，使得明朝在军事上处于非常不利的地位。这种相对虚弱的地位，成为这些敌人对明朝发动攻击的一个重要诱因。因此，在明朝（包括南明）的最后一个世纪（1573～1662），中国不断受到攻击，不得不与他们进行了四次大规模战争。依照战争发生时间的先后，这四场战争依次是中缅边境战争（1576～1606）、中日朝鲜战争（1592～1598）、明清辽东战争（1618～1644）和中荷台海战争（1661～1668）。从战争的规模来说，这四场战争都属于当时世界上最大的战争，对世界历史有深远影响，因此这里称之为"晚明东亚世界四大战"。

下面，我们就简单看看明朝军队在这四场大战中的表现，特别是晚明军事改革运动创建的军队的表现。

二、西南战事：中缅边境战争（1576～1606）

在这四场战争中，中缅边境战争较少受到世人的重视，对这场战争的研究成果也远不如对其他三场战争的研究成果丰富。但是这场战争在规模和持续时间上，与其他三场大战相比都不逊色。

洪武十四年（1381），明太祖派大将沐英在云南消灭了元朝的残余势力后，在云南西部和南部建立了六个宣慰司，即孟养宣慰司（辖境相当于今缅甸八莫，伊洛瓦底江以西，那伽山脉以东地区）、木邦宣慰司（辖境相当于今缅甸掸邦东北部地区）、缅甸宣慰司（即缅甸阿瓦王朝，其地在木邦以西，孟养以南，以今缅甸曼德勒为中心的伊洛瓦底江中游地区）、八百宣慰司（其地在今缅甸掸邦东部和泰国清迈地区）、车里宣慰司（辖境相当于今中国云南西双版纳）、老挝宣慰司（其地在今老挝境内）。明朝朝廷授予这些地方的统治者以宣慰使的职衔，被称为土司，由云南当局管辖。但是这些土司有相当大的独立性，其中一些宣慰使司（如缅甸、八百、老挝等）实际上是独立的政权。

万历时期，缅甸的东吁王朝强盛起来，四处征战，兼并了今缅甸大部分地区。到了万历三年（1575），木邦、蛮莫都已处于缅甸控制之下。万历四年（1576），缅甸大举进攻孟养。孟养土司思个一面积极准备抵抗，一面向云南当局告急。金腾屯田副使罗汝芳要求思个坚守待援，同时部署军事行动。他重金招募往来于中缅边境的商人，派他们深入缅人控制的地区，侦察其山川道路、兵马粮饷等情况，又传檄邻近的各土司增援孟养。在摸清缅军的情况后，即发兵前往增援。万历四年底，明军到达腾越（今云南腾冲）。思个得知援军即将赶至，命令手下头目乌禄刺率一万多人马深入缅军后方，绝其粮道，他自己则率兵埋伏在戛撒（在今缅甸杰沙）地势险隘之处，引诱缅军深入。缅军果然进攻戛撒，思个坚壁固守，不与之战。缅军欲进不能，粮道又被截断，陷入了困境，"饥甚，以摄金易合米，始屠象马，既剥树皮，掘草根，军中疫作，死者山积"。走投无路的缅军只得向思个求和，遭到拒绝。思个派出使者，要求援兵迅速赶来，歼灭缅军。但是云南巡抚王凝"防边将喜事，遂一切以镇静待之"，害怕"兵兴祸速"，急忙传罗汝芳，不准他发兵增援思个。罗汝芳"接檄愤恨，投债于地，大骂而罢"，只得撤兵。思个久等而不见援兵来，大为失望。他得知陷于困境的缅军逃跑，于是"率兵追之，且追且杀，缅兵大败，生还者十不一二"。缅军这次进犯孟养虽然遭到惨败，但是由于明军未能增援思个，全歼入侵的缅军，"一时士民以为大失机会"。

万历五年（1577），陈文遂出任云南巡抚，鉴于边境的严重局势，提出"檄诸夷，抚三宣，设将领，筑城垣"等十策，"锐意请上经营"，"然与时见相抵牾，事亦寝"。万历六年（1578）明朝又遣使将在孟养所俘的缅甸兵象，连同礼物送还缅甸，并"好言慰谕之"。但是缅王不领情，"不称谢"。由于明朝采取姑息政策，又不加强边防，云南边境的土司遂陷于孤立无援的不利处境，缅军得以卷土重来。万历七年（1579），缅军再次进攻孟养，思个以无援败，将走腾越，中途为其下所执，送给缅军，不屈遇害。于是孟密、木邦、孟养等大片土地都沦于缅军之手。尽管如此，明朝还是没有采取积极的反击措施。万历八年（1580），云南巡抚饶仁侃又派人去招抚缅甸，但是缅王不予理睬。

万历十年（1582）冬，投靠缅甸的中国商人岳凤带引缅甸兵及各土司兵数十万人，分头进攻雷弄（今云南盈江南）、盏达（今盈江）、干崖（今盈江东北）、南甸（今云南腾冲西南）、木邦（今缅甸新维）等地，大肆烧杀抢掠，继进逼腾越（今云南腾冲）、永昌（今云南保山）、大理、蒙化（今云南巍山）、景东、镇沅（今云南景谷东北）、元江等地。万历十一年（1583）正月，焚掠施甸，陷顺宁（今云南凤庆），破盏达，岳凤又令其子曩乌领众6万，突攻孟淋寨（今云南龙陵东北）。明军指挥吴继勋、千户祁维垣等率兵阻击，分别战死。为对付缅军入侵，镇守云南的总兵官沐昌柞从昆明移驻洱海，巡抚都御史刘世曾移驻楚雄，调动数万军队，分道出击。同时云南巡抚刘世曾、巡按董裕一起上疏朝廷，请求任命名将刘绖为腾越游击，邓子龙为永昌参将，赶赴前线，全力反击。这时缅王也"西会缅甸、孟养、孟密、蛮莫、陇川兵于孟卯（今云南瑞丽），东会车里及八百、孟良（今缅甸东北部，府治在今缅甸景栋）、木邦兵于孟炎（今缅甸兴威以北），复并众入犯姚关"。刘綎和邓子龙的部队在当地土司军队的配合下，大破缅军于姚关以南的攀枝花。

攀枝花大捷后，邓子龙军又取得三尖山战役胜利，收复了湾甸、耿马。刘綎军长驱直入，逼近岳凤盘踞的陇川。在大军压境的情况下，岳凤知道无法逃脱，于万历十二年（1584）正月到刘綎军中投降，"尽献所受缅书、缅银及缅赐伞袱器、甲枪鞍、马蟒衣，并伪给关防一颗"。岳凤及其子曩乌后来被押送北京处死。在此前几天，缅将散夺已骑象逃走，仅留数十缅兵留守陇川。刘綎部队顺利地占领了陇川，"夺获缅书、缅碗、缅银、缅伞、缅服、蟒牙、衣甲、刀枪、鞍马等衣物甚众"。明军占领陇川后乘胜前进，分兵三路进攻蛮莫，蛮莫土司兵败乞降，明军随后又收复了孟养和孟琏（今云南孟连）。刘綎军击败缅军后，"夷缅畏綎，望风内附者踵至"，木邦土司罕凤、巡西（孟养）土司思义都杀了缅甸使者，投归明朝。孟密土司思混也派他的弟弟前来投降，献出了大象和缅王发给的印章。万历十二年二月，刘綎在威运营（今缅甸曼昌瑞亨山）筑坛誓众，受誓的有孟养、木邦、陇川三地的宣慰使和孟密安抚使。至此，明军已收复了被缅军占领的全部领土。刘綎"纠合诸夷，献血剖符，定纵连横，合营进讨"，进兵阿瓦（今缅甸曼德勒附近），缅军守将莽灼投降。

缅王莽应里得知后，发兵进攻莽灼。这时明兵已返回，莽灼力不能敌，弃城内奔，途中病死。万历十二年，缅军再次入侵，攻占孟密，包围五章。明军把总高国春率500人前去救援，击败数万敌军。万历十一年（1583）到十二年（1584），明军的反击以胜利告终，东吁王朝的势力基本上被赶出了木邦、孟养、蛮莫等广大地区，边境地区的土司纷纷重新归顺明朝。万历十二年，明朝政府升孟密安抚司为宣抚司，添设了蛮莫、耿马两安抚司，孟琏、孟养两长官司，姚关、孟淋寨两千户所，并在蛮莫设立了大将行署，任命刘綎以副总兵署临元参将，移镇蛮莫。为了对付缅军的象阵，刘綎还买了大象，"冲演兵马"。这些措施巩固了云南边防，加强了抵御缅军入侵的力量。

万历十三年（1585）冬，蛮莫土司思顺因不满刘綎及其部将的贪贿勒索，叛投缅甸。缅王派出大襄长等占据蛮莫，孟养土司也暗中依附缅甸。云南按察使李材认为不收复蛮莫、孟养两地，就无法制止缅军入侵，于是派人成功地招抚了这两个地方的土司。孟养境内有密堵、送速两城（都在今缅甸孟养以南）仍为缅军占据。万历十五年（1587），孟养土司思威联络孟密土司思忠、蛮莫土司思顺一起进兵，并要求明军援助以收复这两座城市。云南按察使李材、游击刘天俸派军前去配合作战，杀敌千余，斩杀缅将大襄长。收复密堵、送速两城。万历十六年（1588），孟密土司思忠、蛮莫土司思顺又投缅甸。缅军入侵，占领了孟密。万历十八年（1590），缅军进兵孟养，攻破猛拱（今缅甸猛拱），随后又攻破孟密宣抚司管辖的孟广（在今缅甸境内）。缅军继续东进，进攻陇川，被击退。万历十九年（1591），因缅军频频入侵，"诸夷力不能敌，纷纷求救，永（昌）、腾（越）震动"，明朝重新起用邓子龙，统军抗击缅军。邓子龙赶到罗卜思庄（在今云南梁河县以南）时，由于天气酷热，大军行动不便，派兵在夜间赶到蛮莫，到处燃起火炬。缅军以为明军大队人马赶到，于是退走。万历二十年（1592），缅军再次入侵蛮莫，邓子龙驻兵等炼，缅军则进抵遮放。邓子龙与缅军大战于控哈，缅军退到沙州。明军因为没有船只，无法进攻。两军相持了一个月，缅军退去。

万历二十一年（1593）年底，缅军再次大举入犯，号称大军三十万，战象百头，占领蛮莫后，分兵三路，一路进攻腊撒（在今云南陇川县境内），一路进攻遮放、芒市（今云南潞西），一路进攻杉木龙。陇川土司多思顺抵不住,退入孟卯。云南巡抚陈用宾此时正在永昌,率兵直入陇川,收复了蛮莫,但因轻敌,受到缅军伏击,损兵折将,而缅军也无力追击。万历二十二年(1594),陈用宾在腾越州西北至西南边界筑神护关等八座关口,以加强边防。这八关之址距当时的中缅边界数十里至数百里不等。缅军数扰八关,叛投缅甸的孟卯土司多俺大杀天马、汉龙两关的工役。明朝广南知府漆文昌派木邦土司罕钦杀了多俺,并在猛卯大兴屯田。在加强边防的同时,陈用宾又派人联络暹罗夹攻缅甸,暹罗方面口头上答应了,但慑于缅甸的强大,未敢出兵。

万历二十三年(1595),缅军入侵蛮莫,被明军击退。从万历二十四年(1596)到二十六年(1598),中缅边境一度趋于平静,原因是莽应里在派兵侵犯中国的同时,自1584到1593年连续五次发动侵略暹罗的战争,但都遭到失败。1596年,暹罗军队开始反攻。在此后的几年中,缅甸南部的孟族起来反抗莽应里的统治,阿瓦、东吁、卑谬等地的政权也纷纷宣告独立。莽应里的统治陷入危机,无力侵扰云南边境。

在莽应里统治陷入危机时,其弟良渊趁机在北方扩大自己的势力,并向北扩张。万历二十七年(1599),良渊的军队进攻孟养,被明军击退。万历三十年(1602),缅军为了夺取孟密等地可开采玉石的矿井,出动十几万军队进攻蛮莫。土司思正力不能敌,逃入腾越求援,缅军追至离腾越只有三十里的黄连关。在缅军兵临城下、城内守军人少无力击退敌军的情况下,云南副使漆文昌、参将孔宪卿只得杀了思正向缅军求和。缅军又占据了蛮莫,随后进攻孟密、孟养,土司思轰兵败身死。万历三十四年(1606),三十万缅军进攻木邦,明军救兵不至,木邦失陷,陈用宾也因此下狱被杀。

万历三十四年以后,中缅之间的战争基本上停止。原因是双方都已无力继续。在中国方面,明朝的统治已陷于危机,无力收复被缅甸占领的广大地区。在缅甸方面,万历三十三年(1605)缅王良渊去世,其子阿那毕隆继位。他在侵占木邦后即挥戈南下,进行再次统一缅甸的战争,因此也无力北上进攻明朝。

嘉靖到万历年间的中缅战争,前前后后持续了半个世纪。这场战争规模、强度都很大,万历二十一年(1593)、万历三十四年(1606)缅甸两次大规模入侵,缅方出动的部队每次都达三十万人(或者号称三十万人)。从这一点来说,中缅边境战争堪与差不多同时的欧洲"三十年战争"媲美。

在中缅边境战争中,云南遭到严重破坏。在云南西南部地区,"三宣(宣慰司)素号富庶,实腾越之长垣,有险而不知设,故年来俱被残破,凋敝不振"。万历十一年(1583)缅军"分道入寇,伤残数郡,蹂躏一方",留下一片"白骨青磷",以致数年以后,"人犹切齿"。朱孟震《西南夷风土记》记载了缅军在这些地区进行的屠杀,"凡有罪者,群埋土中,露头于外,以牛耙之,复覆以柴草举火焚之,彼自纵观以为乐。江头城外有大明街,闽、广、江、蜀居货游艺者数万,而三宣六慰被携者亦数万。顷岁闻天兵将南伐,恐其人为内应,举囚于江边,纵火焚死,弃尸蔽野塞江"。

为了抵御缅军入侵,明朝不得不在云南边境地区维持一支相当规模的军队。维持这支大军,不仅需要投入数量巨大的军费,而且后勤补给也非常困难。这一点,明代史籍没有明确记载,但是从清代的情况也可以略窥一斑。乾隆三十三年(1768)征讨缅甸,被派到云南指挥军事的尚书参赞大臣舒赫德、云贵总督鄂宁在奏疏中说征缅有五难:一是办马难,按满兵一万、汉兵三万出兵规模算,战马、驮马需十万匹,急切难办;二是办粮难,按四万兵、十万马算,单十个月就需兵粮四十二万石,全省仓粮也不过三十五万石,供应严重不足;三是行军难,从内地永昌到边境路难走,边外地形更差;四是转运难,单从永昌运粮到边境,按三夫运米一石算,就需百余万人次;五是气候难,水土不适,历次战事病故或因病失去战斗力者比战场死伤还多。

舒赫德、鄂宁所说的情况并无夸大。明清两朝在云南边境的驻军所需粮饷主要靠云南内地供应。云南山高水急,交通条件恶劣,"转输米,石运价至十金","至内地运饷之苦,又有不忍言者",以致"编氓鬻妻子,诸郡邑不支","大理、鹤庆、蒙化、姚安、楚雄五郡,邑无遗村遣户,不死而徙耳"。清人倪蜕说:"滇云一隅之地,著于唐虞,历于三代,通于秦汉,乱于唐,弃于宋,启于元,盛于明。然亦困于明,极坏于明,不可收拾于明。"明人沈德符在谈到万历年间缅军入侵造成的危害时说:"云南自此虚耗矣!"

不仅如此,这次战争还带来了其他的严重后果。由于明朝在战争中失败,明初设立的孟养、木邦、缅甸、八百、老挝、古剌、底兀剌、底马撒等宣慰司及孟艮御夷府逐渐为缅甸控制。这使得明朝丧失了大片领土及势力范围,而缅甸则由此大大扩大了疆域,成为东南亚的超级强权。这样,中国的西南边疆就直接暴露在一个强敌的威胁之下,类似唐代中后期的南诏之于中央王朝。沈德符对这场战争的后果进行了深刻的总结,说:"此后缅地转大,几埒天朝,凡滇黔粤西诸边裔谋乱者,相率叛入其地以求援,因得收渔人之利,为西南第一逋逃薮,识者忧之。……云南所统,自府州县外,被声教者,凡有九宣慰司、七宣抚司,其底马撒与大古剌靖安三尉,久为缅所夺,滇中可以调遣者,惟车里等五夷,并缅甸为六慰,与南甸等三宣抚而已。

迄至今日，三宣六慰，尽入缅舆图中，他时南中倘有征发，严急不可，姑息不可，蜀汉之张裔被缚送吴，天宝之李宓全军俱覆，非前车耶？"

导致明军在中缅边境战争中表现不佳的一个原因是战区的自然条件于明军不利。战区在今天滇西缅北的山区，地形与气候条件复杂，丛林密布，瘴气弥漫。来自热带地区的下缅甸的缅军比起来自温带地区的明军，更能适应这里的自然环境。但是交战双方军队战力的差异也是不可忽视的。明朝能够投入的兵力有限，装备和训练都较差；而缅甸方面则倾全国之力投入战争，参战缅军不仅在人数上占绝对优势，而且其主力是久经沙场的精兵。因此，明军失利是必然的。

三、东方战事：中日朝鲜战争（1592～1598）

1592年，按照东亚通用的中国传统纪年（夏历）是壬辰年，在当时的中国是万历二十年，在日本是文禄元年；1598年是夏历丁酉年，在中国是万历二十六年，在日本是庆长三年。因此这场战争在中国史籍中称为"万历朝鲜之役"或者"万历三大征"的"东征"之役；朝鲜史籍中称为"壬辰倭乱"和"丁酉再乱"；日本史籍中则称为"文禄之役"和"庆长之役"，或合称为"文禄、庆长之役"。这场战争前后经历了六年，包括三个阶段：第一阶段是壬辰之役，第二阶段从中日双方议和，再议封贡，到封贡失败，第三阶段是丁酉之役。

日本发动这场战争的目的是占领朝鲜，以朝鲜为跳板进攻中国，最终征服中国。丰臣秀吉为发动战争做了充分的准备，于1592年发动战争。

当时朝鲜太平日久,"人不知兵二百余年",武备废弛。日军于1592年4月在釜山登陆后,如入无人之境,迅速占领大片土地。朝鲜国王李昖放弃王京汉城,出奔平壤。5月2日,日军攻克汉城,俘虏朝鲜王子。李昖于6月11日逃离平壤,流亡至中朝边境的义州。6月15日,日军攻陷平壤。7月,日军在海汀仓俘虏了朝鲜王子临海君与顺和君。当时朝鲜全国八道仅剩平安道以北,靠近辽东半岛的义州一带尚未为日军攻占。此时朝鲜危在旦夕,除了向宗主国明朝求援之外,别无选择。李昖派几批使者去北京向万历皇帝呈交求援国书,同时也大力游说明朝的阁臣、尚书、侍郎、御史、宦官等,甚至表示愿内附明朝,力图促使明朝尽快出兵援朝。

在朝鲜告急的同时,日军于7月27日越过图们江,侵攻臣属于明朝的兀良哈建州女真及海西女真,攻拔女真五营,女真余营遁去。8月,日军再大破女真酋长卜占台,攻破其部(今中国吉林省延边朝鲜族自治州延吉附近)。明朝朝廷很快认定"倭寇之图朝鲜,意实在中国,而我兵之救朝鲜实所以保中国",因而答应让李昖渡过鸭绿江,居住在明境辽东半岛的宽奠堡,同时出兵援助朝鲜。

1592年6月,明军首批入朝部队骑兵一千余人,在戴朝弁、史儒率领下渡过鸭绿江进入朝鲜,随后祖承训率骑兵5000人也渡江南下,直奔平壤。7月17日,明军与日军战于平壤。因下雨,马蹄纷纷溃烂,骑兵作战能力大受影响。同时,朝鲜方面提供情报说平壤只有一千多日军,实际日军有上万人。祖承训误信此不实情报,产生轻敌思想,指挥明军轻率攻入平壤。城内多狭巷,骑兵无法冲锋,反而成为日军鸟铳伏击的对象,协助明军作战的朝鲜军又临阵溃逃,导致明军战败,不得不撤退。

平壤兵败后,明朝调整了战略计划,认为"此贼非南方炮手不可制,欲调炮手及各样器械先到于此矣,待南兵一时前进"。同年8月,明朝以兵部右侍郎宋应昌经略备倭军务,作为朝鲜战争总指挥;又于10月任命李如松总理蓟、辽、保定、山东军务,并充任防海御倭总兵官,作为前线战地指挥官。明朝从全国各地调集了4万精锐部队,包括辽东精骑1万人,宣府、大同精骑1.6万人,蓟镇、保定精锐步兵1万人,南兵(江浙步兵)3000人;另有四川副总兵刘绥率川军5000人作为后续部队。1592年12月25日,总兵官李如松从宁夏回到辽东后,尚不及休息,即率军四万三千余人越过鸭绿江进入朝鲜。

翌年元月明军进抵平壤城下,与日军小西行长指挥的日军第一军团15000人战于平壤。当时明军配有各种火炮数百门,日军火枪虽然略优于明军火铳,但其火炮却没有明军火炮威力强大。依照朝鲜方面的记录,明军"距城五里许,诸炮一时齐发,声如天动,俄而火光烛天","倭铳之声虽四面俱发,而声声各闻,天兵之炮如天崩地裂,犯之无不焦烂"。此战明军大胜,歼灭日军一万余人,烧杀溺毙无数,逃散者不及总数的1/10。明军则阵亡796人,伤1492人。此后明军、日军又进行了多次交锋,互有胜负。1593年6月,日本因海战失利,补给无法送至,加上朝鲜国内被战争破坏过度,瘟疫流行,当地征发粮食不易,以及急于保全占据朝鲜南部四道的战果,遂派使节随同明使沈惟敬由釜山至北京城议和。明朝也因为朝鲜方面无法提供在朝明军所需的粮饷,于是宣布退兵,只留刘绥部扼守要口。

经过几年休整,丰臣秀吉于1597年发动了第二次侵朝战争。他派出陆军十四万余人,水军两万余人,再度入侵朝鲜。明朝迅速做出反应,任命麻贵为备倭总兵官,统率南北诸军。随后又任命杨镐为佥都御史,经略朝鲜军务,并以兵部侍郎邢玠为尚书,总督蓟、辽、保定军务，指挥御倭。开赴至朝鲜的第一批明军共三万余人，后续不断增兵，到了战争后期达到十一万人。由于日军在兵力方面占有优势，所以开始时明军在朝鲜处境相当困难，但随着不断增兵，形势开始逆转。经过互有胜负的多次战役，双方国力消耗严重。特别是日本更是难以为继。因此丰臣秀吉死后，日军遂开始撤离，明军分道进击，最终迫使残留的日军全部撤出朝鲜半岛。

万历朝鲜之役是东亚历史上的一场大战。明朝人说："其军威之盛，战胜之速，委前史所未有。"石康（Kenneth Swope）将这次战争称为"第一次大东亚战争"，并以此作为他的新著《明代中国的军事崩溃》一书的副标题。在战场上，明军和日军均有过良好表现，双方也都在不同时期犯过错误，遭受失败。最后以明朝的胜利告终，表现了明军在大型国际战争中的实战能力。

四、东北战事：明清辽东战争（1618～1644）

明清战争的双方，一为明朝，一为后金/清朝。这场战争起自1618年后金与明朝在抚顺首次交锋，止于1644年清军占领北京。

明清战争中的首次大战是萨尔浒之战。万历四十六年（后金天命三年，1618），经过精心准备后，努尔哈赤以报"七大恨"为由，率领两万劲旅攻打明朝在辽东的重要据点抚顺。在这次战役中，明军败绩，抚顺失守。明廷深感震惊，于是调募福建、浙江、四川、陕西、甘肃等地部队约九万人，集于辽东，次年初决战于萨尔浒。在这次战役中，明军又大败，大批精锐部队被歼。萨尔浒之战使得辽东局势巨变。三年后，到了天启元年（后金天命六年，1621），努尔哈赤率大军进攻明朝在辽东的统治中心沈阳。经过激烈战斗,沈阳、辽阳先后陷落,辽河以东大小七十余城随即被后金占领。后金随即迁都辽阳,天启五年(1625)再迁都沈阳。

辽、沈被后金攻占后,广宁(今辽宁北镇)成为明在关外的最大据点。明朝再次起用熊廷弼为兵部尚书兼左副都御史,驻山海关经略辽东军务,但同时又用王化贞为右佥都御史,巡抚广宁。其时广宁有兵十四万(实际十二万),而熊廷弼部仅有四千人,因此徒具经略的虚名。熊廷弼认为"河窄难恃,堡小难容",要求朝廷调集二十万兵马和充足的武器粮草加强防御。但是不懂军事的王化贞则希图利用辽人抗金斗争、西部蒙古的援助以及降将李永芳为内应,不战取胜,因此对一切防守俱置不问。明朝内阁和兵部都支持王化贞的主张。经略、巡抚这两个辽东军事最高统帅不和,直接危害了广宁的防守。天启二年(1622)后金军渡过辽河,攻下西平堡,镇武堡和闾阳驿的明军望风溃败,后金军遂一路向广宁进军,王化贞弃城逃走。

明廷为了挽回残局,任命孙承宗为辽东经略,积极整治宁锦防务。孙承宗在辽东督师四年,前后修复9座城池,45座堡垒,招练兵马十一万人,制造甲胄、军用器械、弓矢、炮石等作战器具数百万件,开疆扩土四百里,屯田五千顷,年收入十五万石粮食。他还重用一批有为的将领,其中一人是袁崇焕。袁崇焕受命驻守宁远,到任后,首先修筑城堡,以加强防御。他修建宁远城,定下了高标准,"定规制,高三丈二尺,雉高六尺,址广三丈,上二丈四尺"。宁远之外,还修复了锦州、松山、杏山、大凌河、小凌河、右屯等五十四座城堡,同宁远城一起构成宁锦防线。晚明军事改革运动的重要人物孙元化向明廷建议以西洋之法来改造辽东炮台。明廷命孙元化速赴宁远,与袁崇焕共商造铳建台之策。袁崇焕采纳了孙元化的方案,改建了宁远城墙。除了修筑坚固的城堡之外,袁崇焕认为明军"不利野战,只有凭坚城、用大炮一策",因此非常重视使用威力强大的红夷大炮,从山海关调来十一门红夷大炮,并抓紧训练炮手,掌握使用红夷大炮进行攻守的方法。除了红夷炮,他还增置了子母炮、快铳等火器。此外他还采取了屯田、抚民、练兵、拓边等措施,都收到很好的效果。天启六年(后金天命十一年,1626)努尔哈赤率十三万大军(号称二十万)从沈阳出发,向明朝发动了大规模进攻。后金兵"于旷野布兵,南至海岸,北越广宁大路,前后如流,首尾不见,旌旗、剑戟如林"。后金兵先占领右屯卫,次及锦州、松山、大小凌河、杏山、连山、塔山七城,只有袁崇焕紧急召集本部人马撤入宁远城内。双方在宁远城下遭遇,展开激战,这就是著名的"宁远之战"。努尔哈赤遣使招降袁崇焕,说:"吾以二十万兵攻此城,破之必矣。尔众官若降,即封以高爵。"袁崇焕予以严词拒绝,表示"义当死守,岂有降理"。后金兵发动猛攻,"载楯穴城,矢石不能退"。明军铳炮齐发,箭镞如雨,打退了后金兵的多次进攻。后金兵随后在扳车厚盾的掩护下不断攻城,袁崇焕令福建军士罗立发西洋巨炮轰击后金军,十余门大炮"从城上击,周而不停,每炮所中,糜烂可数里","城上铳炮迭发,每用西洋炮则牌车如拉朽"。后金兵接近城墙时,用西洋方法修筑的炮台又发挥了作用,"门角两台,攒对横击",利用交叉火力杀伤大批敌军。经过三天激战,后金兵损失一万七千余人,努尔哈赤不得不率领残兵返回沈阳。这是他对明战争以来第一次遭受挫败,他痛心地说:"朕自二十五岁征伐以来,战无不胜,攻无不克,何独宁远一城不能下耶?"此役后金实际投入兵力六万人,而明军兵力一万七千余人,明军取得胜利,史称宁远大捷。宁远之战后,明清战争进入了一个相持阶段。

天启七年(后金天聪元年,1627),努尔哈赤去世,皇太极继位,改后金为清。皇太极即位后即率军西征，兵锋直逼锦州。崇祯元年（后金天聪二年，1628），明廷提升袁崇焕为兵部尚书兼右副都御史，督师蓟辽兼督登莱天津军务，并调兵十二万进行防御，其中四万守山海关，八万守关外。关内外守军与援军总计达十五万以上，均为"精兵宿将"。特别是在关外，"精兵尽在前锋"，"关门城池金汤，一切防御之具堤备周悉"。在关外守军中，又以六万分守前屯、宁远、中后、中右四个据点，其中宁远最重要，史称"今天下以榆关为安危，榆关以宁远为安危，宁远又以抚臣（指袁崇焕）为安危"。袁崇焕指挥该城三万五千兵马，全操战守事宜，并随时支持锦州。因有袁崇焕在宁远坚守，清朝进兵北京的道路受阻，只得改从长城各口入塞。崇祯二年（1629），清军十余万以蒙古兵为先锋，绕道喀喇沁部落，攻破长城线上的大安口、龙井关。此时明朝精锐部队都在辽东前线，山海关以西防务废弛。清军来攻，明廷令总兵赵率教、督师袁崇焕、总兵满桂等率兵入援。后金军围遵化，赵率教战死，清兵迫近北京城下。但关外明军尚有相当实力，清军依然无法在此立足，只好撤回。

到了崇祯后期，明朝国内动乱加剧，而清朝方面的实力则不断加强。在此情况下，清朝发动了明清战争中的关键战役——松锦之战。在此次大战中，明清双方都投入大军，明军约十七万，清军约二十万。战斗从崇祯十二年（1639）二月进行到崇祯十五年（1642年）四月，历时三年，结果是明军大败。据《清太宗实录》记载："是役也，计斩杀敌众五万三千七百八十三，获马七千四百四十匹，甲冑九千三百四十六件。明兵自杏山，南至塔山，赴海死者甚众，所弃马匹、甲冑以数万计。海中浮尸漂荡，多如雁鹜。"松锦大战的失败标志了明朝在辽东防御体系的完全崩溃。

即使到了此时，明军在辽西还拥有一定实力，主力在山海关。

清军屡次越过长城进入关内而始终未能立足，是因为"终有山海关控遏其间，则内外声势不接"。只要山海关在明朝控制下，入关清军的后路就会被截断。在山海关的明军甚至有可能乘虚进攻沈阳，直捣清朝老巢。因此要灭亡明朝，就必须夺取山海关。驻守山海关的吴三桂手下握有三万精兵，是清军入关时一个难以逾越的障碍。到了崇祯十七年（1644），李自成占领北京。吴三桂降清，与清军统帅多尔衮联手，与李自成率领的大顺军大战于一片石。大顺军号称二十万人，实际约十万；吴三桂军约三万人，另有其招募的明军溃兵两万人，共约五万；多尔衮军十四万人，投入战斗的约两万人。在战场上直接厮杀的李、吴、清军，总计达十万人以上，除了吴三桂收容的明朝溃兵两万人外，都是百战之余的精锐部队，因此是一场恶战、硬战。刘健《庭闻录》说：这次会战到了第二天进入决战："（李军）知边兵（吴军）劲，成败待此一决，驱其众死斗。三桂悉锐而出。……满兵蓄锐不发。苦战至日昳，三桂军疲惫不支，满兵乃分左右翼，鼓勇而前，以逸击劳，遂大克捷。"朝鲜《沈馆录》也记述了这次大战的战况："（李、吴）两阵酣战于城内数里许，庙堂前飞丸乱射……炮声如雷，矢集如雨。清军三吹角，三呐喊，一时冲突。贼阵发矢数三巡后，剑光闪烁。是日风势大作，一阵黄埃，自近而远，始知贼兵之败北也。"决战的结果，李军溃败，清军随即入关，占领北京，尔后打败各地抵抗武装，最终统一全国。

五、东南战事：中荷台海战争（1661～1668）

活跃在17世纪前半期东亚世界的著名的海上武装——郑氏集团，

本是海商/海盗集团，早期与明朝政府对抗，因此其武装不是国家武装力量，他们和外国之间进行的战争也不能算作是中国与外国的战争。但是郑芝龙接受朝廷的招抚后，郑氏集团的武装也就成为国家武装力量的一部分，尽管这支武装实际上依然是独立的，并不真正受朝廷指挥。

郑芝龙羽翼渐丰，由于利益冲突，与西洋人发生摩擦。他不断劫持荷兰、英国等国商船，并规定"凡海舶不得郑氏令旗，不能来往。每舶例入二千金"。1628年郑芝龙船队在福建东山岛海域伏击了荷兰船队，俘获两艘大船和85名荷兰船员，并攻入厦门港，再俘获两艘荷兰船。1633年，荷兰人派了战舰11艘，由舰队司令普特曼斯（Hans Putmans）指挥，另有旗舰密德堡（Middelburg）号及一艘中式帆船，偷袭郑芝龙的基地厦门。郑芝龙因为不久前才答应发给荷兰占领下的台湾以自由贸易的执照，认为这应会使荷兰人满意，所以率领主力与海盗刘香在广东附近会战完毕后，顺势引兵在广东靖寇，只让海战受损的船舰回厦门整修。7月12日荷军偷袭厦门，毫无戒备的明军大败，郑芝龙部10艘战船及游击张永产部5艘战船焚毁。据荷兰方面的文献记载，荷兰船舰击毁了明军大型战船25～30艘。这些战船都配备完善，分别安装了16门、20门到36门大炮，另外还击毁了20～25艘小型战船。此后荷兰船舰封锁厦门湾。7月26日，明廷指责荷兰人烧毁船只，要其赔偿战争损失并退回到台湾大员。荷兰人自恃优势武力，要明朝政府不再与西班牙人、葡萄牙人交易。如果不同意，就再度开战。

郑芝龙对荷兰人偷袭厦门非常愤怒，于是在海澄、刘五店、石浔、安海集合了35艘大战船，100艘放火船及其他大小船只共400艘，准备一决胜负。普特曼斯发觉郑芝龙在备战，自觉兵力不足，于是寻求海盗刘香、李国助等协助。10月10日,荷兰舰船受到明军舰船攻击,这些海盗马上救助荷兰人,并向普特曼斯邀功。10月15日福建巡抚邹维琏在海澄誓师,令郑芝龙为前锋。10月17日郑芝龙报告说:"卑职督率船只扼要乌沙头,据报夷夹板船九只,刘香贼船五十余只,自南北上,游移外洋。"10月18日,荷兰人见在金门北角有四五十艘中国船舰,故将船队靠于金门西南角。一场恶战已迫在眉睫。

10月19日,荷兰人收到战书。10月22日清晨,郑芝龙不顾恶劣气候率军自头围开船,天明时到金门的料罗湾,湾内有荷战舰9艘,海盗船五十余艘。郑军决定以攻击荷舰为主,140艘战船分为两队,两面包抄,发动攻击。荷兰2艘大型战舰与郑军大船相遇,被郑军以英国大炮猛烈攻击后沉没。普特曼斯自知败局已定,不顾尚在料罗湾内的50艘同盟的海盗船的死活,下令撤退脱离战场。这一战,荷军惨败,参战的9艘大型军舰中,4艘沉没,剩下5艘也受重创,其中式帆船全部着火沉没。这就是著名的1633年金门料罗湾海战,史称"料罗湾大捷"。大捷之后,荷兰东印度公司不得不每年向郑芝龙缴纳12万法郎的保护费,公司的商船才能安全通过中国水域。此后,郑氏集团和荷兰东印度公司之间进入了一个相对和平的时期。

由于"料罗湾大捷",明朝政府提升郑芝龙为福建副总兵,崇祯十三年(1640)又提升他为福建总兵官,兼都督同知;之后又升迁至南安伯、平虏侯、平国公。福建巡抚上书表奏:"芝龙果建奇功,虏其丑类,为海上十数年所未有。"明亡之后,郑成功继续经营这支海上武装,成为反清复明事业的主力。南京之役战败后,他把目标转向被荷兰人占领的台湾。

1661年(清顺治十八年,南明永历十五年),郑成功亲率大军2.5万人、战船数百艘,自金门料罗湾出发,横渡台湾海峡,向台湾进军。荷兰在台湾的兵力集中在台湾城（又称安平城、热兰遮城）和赤嵌楼（又称红毛楼、普罗民遮城）两城。他们积极加强防卫，并在港口沉破船阻止郑成功船队登岸。郑军乘海水涨潮将船队驶进鹿耳门内海，主力从禾寮港登陆，从侧背进攻赤嵌楼，并切断了与台湾城的联系。郑军与荷军在海上展开战斗，荷军主力战舰赫克托号被郑军战船击沉。同时郑军又击溃了台湾城来的荷军援军。赤嵌楼的水源被切断，外援无望，向郑军投降。据守台湾城的是荷兰在台湾的最高统治者揆一（Frederick Coyett），他拒绝投降。郑成功下令强攻，遭到顽强抵抗。于是郑成功改变策略，改采长期包围的战略。此时荷兰人依然不愿放弃台湾，从巴达维亚调来由六百多名士兵、十一艘军舰组成的援军，并带来大量补给品与火药，但遭遇强风侵袭，被迫离开台湾海岸，前往澎湖躲避风雨。其中荷兰军舰乌尔克（Urck）号退走时搁浅，船上人员被郑军俘虏。尔后，荷、郑两军于台湾城附近的台江内海展开激烈海战，郑军大获全胜，击沉一艘荷兰军舰，并夺取船只数艘，自此荷军丧失主动出击的能力。到了年底，荷兰士官拉德（Hans Jeuriaen Rade）叛逃，投奔郑军，并向郑成功提供了台湾城的防守情报。郑军根据这个情报，炮轰击毁城内的要塞乌特勒支碉堡，城破终成定局。台湾城被围困了八个多月，荷军伤亡一千六百多人，揆一修书给郑成功，表示同意和谈，尔后在投降条约上签了字，率领残军五百余人退出台湾。

过去大多数人都认为郑芝龙、郑成功战胜荷兰人主要靠的是人海战术，而非先进武器。荷方虽然失败，但拜先进武器之赐，依然能够以少抗多。在此意义上来说，这场战争和鸦片战争有相同之处。然而欧阳泰批驳了这种看法，他指出："欧洲在鸦片战争当中使用的是威力强大的工业化轮船，结果中国以惨败收场。而中荷战争采用的武器,则是当时最先进的大炮、火枪与船只,结果中国获胜。"他还从全球史的角度出发,指出了这场战争的世界意义:"1661~1668 年的中荷战争,是欧洲与中国的第一场战争,也曾是欧洲与中国军队之间意义最重大的第一场战争,此一地位直到二百年后,才被鸦片战争所取代。"

六、余威震于殊俗:晚明军事改革的历史遗产

在以上四场战争中,明朝的战场表现有很大不同。造成这种不同的一个主要原因是明朝投入这四场战争的部队有很大的不同。

在中缅战争中,明朝参战部队有土兵和客兵,前者包括云南地方卫所兵和土司兵,后者则主要是邓子龙率领的三千江西兵。总的来说,这些部队虽然也配备了一定数量的火器,但是并非晚明军事改革运动中训练出来的部队。因此可以说,中缅之战与晚明军事改革运动关系不大。在余下的三场战争中,晚明军事改革运动的成果程度不等地得到展现。

在中日朝鲜战争中,明朝从全国各地抽调部队到朝鲜作战,这些部队有车兵、马兵、正兵、亲兵、南兵诸兵种。南兵是过去戚继光训练出来的部队,以浙江招募来的步兵为主,主要使用火器,是最具战斗力的部队。南兵被视为一个兵种,表明这种部队受到特别重视。事实上,南兵确实在朝鲜战场上大放异彩。在攻克平壤的战役中,战斗十分激烈。"俄而发大炮一号,各阵继而齐发,响如万雷,山岳震摇,乱放火箭,烟焰弥数十里,咫尺不分,但闻呐喊声,杂于炮响,如万蜂哄闹。少选,西风忽起,卷炮烟直冲城里,火烈风急,先着密

德土窟,赤焰亘天,延殆尽,城上贼帜,须臾风靡"。诸军攻城,但日军顽强抵抗,"乱用铅丸,汤水大石,滚下拒之"。明军攻城受阻,稍稍后退。统帅李如松见此,当即斩一退却者,在诸军阵前大呼:"先登城者,赏银五千两!"于是士气大振,奋勇上前。在其中,南兵表现尤为突出。南兵将领吴惟忠身先士卒,攻城时"中铅洞胸,血流腹肿,而犹能奋呼督战","吴惟忠中丸伤胸,策战益力。骆尚志从含球门城,持长戟负麻牌,耸身攀堞,贼投巨石,撞伤其足,尚志冒而直上。诸军鼓噪随之,贼不敢抵当。浙兵先登,拔贼帜,立天兵旗麾"。朝鲜人也亲眼看到"南兵不顾生死,一向直前,吴惟忠之功最高";"是战也,南兵轻勇敢战,故得捷赖此辈"。在明清战争和中荷台海战争中,使用西式火器、受过西式训练的明军部队也发挥很大的作用。因此我们可以说,晚明军事改革运动确实收到了相当的成效,否则明军不可能取得中日朝鲜战争和中荷台海战争的胜利,在明清战争中也不可能在内外交困的情况下坚持这么长时间。

不过也要指出,晚明军事改革运动的成果是很有限的。首先,通过这个运动训练出来的新式军队,数量很少。戚继光训练出来的南兵,总数约两万人,在晚明百万军队中所占的比重很小。在朝鲜战争中,明军中的南兵约一万一千人,仅占入朝明军总数十四万的7%。徐光启创建新军的练兵计划,因为财政窘迫,第一步只能训练3000~5000人。这个计划的主要成果是登州火炮营,其人数在明军中所占的比重更是微乎其微。除了为数很少的新式部队外,晚明军事改革运动的成果主要体现在明军其他部队装备的改进方面,主要是装备更多、更先进的火器。但是由于各种原因,大多数部队并未配备先进火器,即使是京军也如此。更加重要的是,军队要适应先进武器的使用就必须提高军人素质,提供高效率的教育训练手段,发明新的体制编制。正如马克思所说："随着新作战工具即射击火器的发明，军队的整个内部组织就必然改变了，各个人借以组成军队并能作为军队行动的那些关系就改变了，各个军队相互间的关系也发生了变化。"在一支整个内部组织依然如旧的军队中，先进武器并不能很好地发挥作用。因此，即使是配备了先进火器的明军，其战斗能力也远远不能达到最佳状态。

不仅如此，明朝政治的腐败和军队内部的派系斗争也严重影响了军事改革的成果。戚继光训练出来的南兵，在朝鲜战场上有卓越的表现，但是与入朝明军统帅李如松自己的辽兵之间存在严重矛盾。因此到了论功行赏时，李如松在奏功疏中将北兵居上，南兵居次。对于先登城的南兵，既未赏银，奏功又不力，引起南兵将士极大不满。朝鲜名臣柳成龙上书朝鲜国王说："提督（李如松）攻城取胜，全用南军，及其论功，北军居上。以此军情，似为乖张。"更有甚者，到了万历二十三年（1595），从朝鲜战场归来的三千余名南兵，竟然因索饷而被杀。尔后因为明朝政坛内斗而导致孔有德、耿仲明发动叛乱，孙元化在登州训练的登州火炮营及其西洋大炮全部落入叛军之手，而全力训练这种新军的孙元化则被明廷处死。由于各方面的原因，晚明的军事改革运动只取得了很有限的成功，最后也未能挽救明朝。

明朝灭亡之后，军事改革运动也就不再继续，创建一支具有近代特征的军队的工作，要一直等到太平天国战争期间才又被中国的精英们重新开始，而到清末新政时的"练兵"运动中方成为朝野共识。因此可以说，明代中后期精英的理想未能实现，他们发动的军事改革运动以失败告终，也为中国军队早期的近代化过程画下了一个句号。

然而，虽然以创建一支新型军队为中心的晚明军事改革运动最终未能成功，但也不算彻底失败。最具有讽刺意味的是，这场军事改革的成果主要被明朝的主要敌人——清朝所享有并继承，尽管只是部分地继承。

在一片石战役之后的短暂时期内，清朝就统一了中国。为什么清朝夺取天下会那么顺利，而不像蒙古人打南宋打了那么多年？早在清朝建立之初，眼光敏锐的法国传教士白晋（Joachim Bouvet）就试图找出答案。他在其所著《康熙帝传》中说："事实上，鞑靼人（满人）在征服帝国过程中，几乎没有付出任何代价，而是汉人互相残杀，加上汉人中最勇敢的人反而为了满洲人去反对他们本民族而战。"这些"汉人中最勇敢的人"是谁呢？著名汉学家伊懋可在《中国历史的模式》一书中说："满洲人没有征服中国。中国是被吴三桂、洪承畴一类的汉人叛将替满人征服的。这些人站到了满洲一边。"他认为没有这些汉人叛将，满人是不可能征服中国的，原因是"即使是在17世纪40年代，满人在作战方面尚不能与明人相比"。他们的说法都有道理，因为事实确实如此。但是这里要指出的是，在清军相对来说轻而易举地占领中国内地的这场战争中，起了重大作用的汉人并不是吴三桂、洪承畴等，而是在清军入关以前投降清朝后被编入八旗的明朝军队，即八旗汉军，其中就包括了登州火炮营。

崇祯四年（1631）发生吴桥兵变，孔有德、耿仲明率领登州火炮营投降后金。后金/清以这些部队为基础，创建了以使用火器为特色的八旗汉军。陈寅恪先生在《柳如是别传》中指出："满洲语所称汉军为'乌珍超哈'（重火器兵）而不称为'尼堪超哈（汉兵）'者，推其原故，盖清初夺取明室守御辽东边城之仿制西洋火炮，并用降将管领使用，所以有此名号。"在清朝统一中国的战争中，清军在火器方面的绝对优势是关键因素之一。在归顺的汉人的帮助下，清军在入关前夕所铸成的"神威大将军"炮，在技术上已达到当时世界先进水平。由汉军组成的炮兵部队，与满、蒙骑兵步兵密切配合，以摧枯拉朽之势，在短短数年中横扫中国，建立起一个新的强大帝国。

清朝统一之后，汉军八旗继续在清朝军队里发挥着极其重要的作用。钱穆先生等前辈学者已指出，在八旗军中，满洲八旗在全国统一之后不到二十年就基本上不怎么能打仗了。蒙古八旗大部分在蒙古，虽然还有一定的战斗力，但是并不是战斗的主力。清朝前期的大战役主要是依靠汉军八旗打的。在这些战役中，最关键、最耗时、打得最艰苦的是与准噶尔人的战争。准噶尔是当时欧亚大陆上最强大的游牧帝国，它统治的地方从中国的新疆、西藏一直到中亚。准噶尔除了传统的冷兵器外，也使用火器（主要是火枪）。1637~1642年，蒙古人进军西藏时，准噶尔就投入了七百名火绳枪手。到了康熙三十五年（1696）准噶尔首领噶尔丹穷蹙之际，"兵五千余，鸟枪已不足两千"，可见火枪配备比例之高。准噶尔军队是配备火器的骑手，擅长纵深攻击，来去迅速，是中亚最强悍的军队。清朝花了一百多年才把准噶尔打败，主要也得益于更优秀的火器。其中大炮发挥了重大作用，成为清朝打败准噶尔人的利器。从清初宫廷画师郎世宁（Giuseppe Castiglione）的画中可见，在清军与准噶尔军会战的时候，准噶尔人使用了火枪，而清军使用了火炮。清军先用炮轰，之后骑兵出击。因此清朝在军事上的成功，主要靠的是汉军八旗，而汉军八旗是明朝军事改革遗产的一部分。

作为明代中后期"练兵"运动成果的受惠者，清朝军队在相当长的时期内保持着强大的战斗能力。军事史学家布莱克（Jeremy Black）指出：在18世纪的世界上，"在陆地上，最有活力的国家和最成功的军事强权是中国。中国在17世纪下半期开始扩张，收复台湾（1683年），把俄国人逐出了阿穆尔河（黑龙江）流域（1682~1689），战胜了准噶尔人（1696～1697）。在18世纪，中国继续着此过程，于1700～1760年，最终解决了准噶尔问题，控制了远至拉萨和巴尔喀什的广大地区……中国1766～1769年对缅甸的军事行动不太成功，但是当尼泊尔的喀尔喀人开始扩张并挑战中国在西藏的地位时，1792年中国军队前进到加德满都，迫使喀尔喀人承认中国的权威。在此时期，中国还镇压了许多规模大的叛乱"。

正是清朝的这种强大武力，使得困扰明朝的那种"四面受敌"的严峻局面在清代统治的前两百年中不复存在。清朝的邻国都在这种强大武力面前谨小慎微，唯恐开罪于中国。明朝的几个宿敌，到了清朝对中国的态度发生了巨大的改变。在东面，德川幕府统一日本之后，国力更为强大。明朝灭亡之际，重新拾起丰臣秀吉的计划的时机似乎到来了。1646年，幕府将军德川家光写信给板仓藩主永佐，清楚地表达了意欲入侵中国的秘密计划："舰队驶往大明，建立桥头堡；军队保持高度戒备。当发动攻击时，要预先掘好堑壕。……征服大明者受赐珍贵礼物和庄园。……如无意外，一旦占领大明沿海地区，运兵船绝不能留下，应将其付之一炬……此信阅后即焚。"信中还提到一支2万人的先遣队已集结完毕，等候调遣。这一秘密计划明显透露出日本想要"占领大明"的企图。但是到了清朝统一中国之后，慑于清朝的武力，日本的这一图谋也就中止了，一直要等到19世纪末才又提上议程。

晚明东亚四大战的另一当事国缅甸，到贡榜王朝建立后，凭借其军力，迅速压服中缅边境上的诸多掸族土司，并向中国管辖的内地土司强制要求征收"花马礼"（即为贡赋钱粮）。这些内地土司中，有些未向缅甸屈服，派人向清朝请求军事支持。在新疆战事结束之前，清朝无暇南顾，因此云南地方官府一直采取绥靖政策。到新疆问题解决后，清朝就不能再容忍缅甸的侵犯了。乾隆二十七年（1762）至二十九年（1764），孟艮土司带领缅军连年入界骚扰。到了乾隆三十年（1765），骚扰规模骤然升级，缅兵进入车里（今云南西双版纳）土司辖下的多处地方勒索钱粮和掳掠民众。于是清朝出兵缅甸，在今缅甸掸邦、克钦邦山区进行了长达七年（1762~1769）的战争。在战争中，清军因为异域作战，缺乏天时地利之便，损兵折将甚多，但是在战场上依然处于主动，于缅军以沉重打击，结果迫使缅甸签订合约后，清军方退回云南。这场战争爆发时，缅甸刚刚消灭了其宿敌暹罗。此时正好遇上清军出兵，缅甸被迫将军队主力撤回与清军作战。暹罗人民在华人领袖郑信领导下得以复国。由于缅军战场失利，缅甸主动改善对华关系，乾隆五十三年（1788），派出使节奉表纳贡，重新被纳入东亚朝贡体系。19世纪，英国入侵缅甸。1886年中英签订《中英缅甸条款》，清朝被迫承认英国在缅甸取得的一切特权，但英国仍然允许缅甸循例每十年向中国朝贡一次。

在明代时期不时挑衅中国的安南，到了清代对华态度也大变。18世纪末期，安南发生内战。1788年，位于南部的西山朝向位于北部的后黎朝发动攻击，攻破后黎朝都城升龙（今河内市），后黎朝昭统帝逃往保禄山，派大臣阮辉宿向清朝求救。后黎朝是清朝的藩属，清朝有责任保护之，因此派军进入安南，欲让黎昭统帝复位。这就是1788年年底至1789年年初的安南之役。战争初期，清朝军队势如破竹，占领了升龙。但后来西山朝皇帝阮惠（又名阮文惠、阮光平）自富春（今越南顺化）率军反击，战局逆转。阮惠趁清军庆祝春节之机，对驻守玉洄（今河内市清池县玉洄市社）、栋多（今河内市栋多郡）等地的清军发起突袭，清军大败，退回中国边境。之后阮惠主动向清朝请和，乾隆帝同意讲和，并承认阮惠为安南的新君主。但是阮惠怀有入侵中国两广的野心，为此积极准备粮草战船、训练士卒，同时还拉拢中国国内反清复明的势力，对活跃于广西、四川一带的天地会、白莲教等反清复明组织加以资助，甚至任命这些组织的首领为将领。对于华南海盗的主要首领，如陈添保、梁贵兴、谭阿招等，阮惠也都封以官职，为他们提供安南政府的战船。在西山朝的支持下，华南海盗从小股势力一跃而成为有组织的数千人海盗集团，以安南为基地，骚扰中国沿海一带，有时候甚至围攻炮台、杀死官军。嘉庆初年，以大船武装的安南"洋盗"与闽粤海盗合流，在首领蔡牵、张保等率领下横行华南海岸达十余年。1792年，阮惠派遣使臣出使清朝，向清朝求请和亲，并要求清朝以两广之地为礼物割让给西山朝；同时纠集了安南国中精锐的大象兵团，计划渡海入侵广东。就当一切准备就绪的时候，阮惠突然身患顽疾，被迫打消了入侵中国的念头。

不过，野心归野心，行动归行动。阮惠也深知无法抗衡强大的清朝。乾隆五十五年（1790），乾隆帝庆祝八十大寿，安南、朝鲜、琉球、南掌、缅甸等国的使团都赶到承德贺寿。阮惠不仅亲自率团来贺，而且主动要求在典礼上改穿清朝衣冠，行三跪九叩之礼。朝鲜使臣徐浩修找机会故意问安南使臣说："贵国冠服本与满洲同乎？"安南人"语颇分疏，面有愧色"，回答说："皇上嘉我寡君亲朝，特赐车服，且及于陪臣等然。又奉上谕，在京参朝祭用本服，归国返本服，此服不过一时权着而已。"道光九年（1829），朝鲜人姜时永提起这件事情，还说"尝闻清入中国，天下皆袭胡服，惟区域之外自仍旧俗。乾隆时安南王阮光平乞遵大清衣制，遂允其请。赐诗崇之。安南亦海外衣履之国，而又变为胡服，惟此暹罗不效安南，亦可尚也"。

荷兰是晚明时期中国主要的海上威胁，一直试图用武装力量来打开中国的大门，拒绝承认中国的朝贡制度。清军攻下北京后，传教士卫匡国正值回国,途经巴达维亚。卫匡国告诉荷兰人清军占领全中国仅是一个时间问题,建议荷兰东印度公司应该设法与清朝政府谈判,以便恢复贸易。荷兰东印度总督马绥克(Portret van Joan Maetsuyker)认为新王朝建立或许是取得自由贸易的最佳时机,因此向清朝提出朝贡请求。此时清廷为对付郑成功,也欢迎荷兰来贡。于是荷兰东印度公司于1656年再次派出使团到广州,经过四个月的跋涉,于7月到达北京,受到顺治皇帝的接见,荷兰使臣依照要求行三跪九叩的大礼,荷兰也正式成为朝贡国。康熙开海政策实施之后,荷兰人的贸易要求暂时得到了满足,因此在此后的一百多年的时间内,不再有朝贡之举。

至于葡萄牙,清初实行迁海令,广东当局派出一支由六七十艘战船、五六千士兵组成的舰队封锁了澳门海域。清朝官员拒绝葡萄牙人送去的礼物,告诉葡萄牙船只必须立即离开和烧毁。葡萄牙人不得已烧毁了4艘船和3艘大帆船,整个澳门处于绝望之中。葡澳当局要求葡萄牙驻印度总督以葡国国王的名义派遣使节去北京宫廷,并说如果不同意的话,必须派遣船只到澳门接走澳门所有的人,放弃澳门。葡国印度总督派出的使团于康熙六年(1667)到达澳门。澳门议事会为之筹备了重礼,以便他们在北京活动。其中送给清朝皇帝的礼物估计共价值白银1983两,送给皇后的礼物1269两,而送给官员的礼物多达14382两,总共是17634两。葡萄牙使团在广州经过反复交涉后,直至1670年才被护送去京,重新确立了朝贡国的地位,从而保住了对澳门的租借。

清朝在鸦片战争之前的东亚世界上,一直处于无人敢挑衅的地位。之所以如此,一个重要原因是拥有强大的武力。清朝军队在18世纪之所以能够创下如此辉煌的战绩,一个重要原因是大量使用火器，以至于有"皆依赖火器"之说。在清朝军队中，掌握火器使用的是汉军八旗，而汉军八旗又是晚明军事改革运动的主要遗产。由此而言，清朝可以说是晚明军事改革运动的最大受惠者。这对于徐光启等积极倡导和推动这个运动以抵抗后金/清入侵的晚明精英来说，真是一个莫大的讽刺。列宁曾说："据说，历史喜欢作弄人，喜欢同人们开玩笑。本来要到这个房间，结果却到了另一个房间。"近代早期东亚世界的历史，或许就是这样。

雍正以后，中国火器技术没有多大改进，以至鸦片战争时，清军所用的枪炮大体上仍是二百多年前的样子。换言之，清代中期中国军队的火器技术仍然基本上停留在明末的水平。清朝满足于明朝军事改革留下来的遗产，而没有去发展它。为什么呢？其中一个原因，是清朝军队没有重大对手，因此也不需要大力改进火器。这些对手用现有的技术就可以打败，既然已经能够把敌人打败，为什么还要花很多钱、花很多聪明才智去造大炮呢？另一个原因则是清朝是一个少数民族入主中国的朝代。统治集团对汉人始终有戒心，怕火器技术流传到汉人中会导致反满起义。所以在鸦片战争以前，连明朝末年出版的很多有关火器技术的书都失传了，但在日本还保存着。

由于满足于晚明军事改革运动的遗产，清朝在军事技术上也就"不思上进"。不进则退，如果不努力，就连先前的遗产也保不了。黄一农指出："清朝前一百五十多年大量兵书当中，竟然没有任何讨论火炮的专门书籍出版。到雍正末年，清政府发现驻防的守军，从来没有做过火炮演练，以至于准头的远近、星斗的高低，官兵茫然不知。即使到了道光年间，用铳规量度仰角以调整射程远近的方法，仍然是'中国营兵所不习'。"道光二十二年（1842），林则徐在谪戍伊犁途中致书友人说："彼（英国人）之大炮远及十里内外，若我炮不能及彼,彼炮先已及我,是器不良也。彼之放炮如内地之放排枪,连声不断。我放一炮后,须辗转移时,再放一炮,是技不熟也。求其良且熟焉,亦无他深巧耳。不此之务,即远调百万貔貅,恐只供临敌之一哄";"似此之相距十里八里,彼此不见面而接仗者,未之前闻。徐尝谓剿匪八字要言,器良技熟,胆壮心齐是已。第一要大炮得用,今此一物置之不讲,真令岳、韩束手,奈何奈何!"他说的是英国人的大炮可以打十里多,我们的炮弹还没有打到他们,他们的炮弹就打到我们了。他们打炮就像我们打排枪一样,一炮接一炮打。我们打一炮要等半天,然后才能再打一炮。所以就是有百万大军来,到时候也是临阵一哄而散。所以,第一重要的是要会使用大炮。不然的话,就是岳飞、韩世忠那样的名将,在今天也没有办法打仗。这不禁使我们想到明朝后期人们初次遭遇佛郎机和红夷炮时的情况。不过不同的是,明朝人随即从敌人那里学习制造和使用先进火器的技术,而清朝人则连先前自己掌握的火器技术都荒废了。孟子说"生于忧患,死于安乐",对于一个国家来说,这也是颠扑不破的真理。

代结语

"历史书写真的是可怖的"

早期经济全球化时代的东亚史图景是阴暗和充满血泪的。军事技术革命带来了新型暴力,枪炮轰鸣后面则隐藏着更多的商业利益。火枪与账簿带来的既有友邻反目成仇的恶行,也有传统社会向近代社会发展的必要条件。十字路口的晚明未能通过席卷全球的"17世纪总危机",继之而起的清朝虽以若干措施缓解了危机并出现新的繁荣,但没有从根本上解决问题,从而为19世纪的失败埋下了伏笔。

关键词:火枪　账簿　17世纪总危机　近代化

鲁迅先生在《狂人日记》中写道:"我翻开历史一查,这历史没有年代,歪歪斜斜的每页上都写着'仁义道德'几个字。我横竖睡不着,仔细看了半夜,才从字缝里看出字来,满本都写着两个字是'吃人'!"这个看法代表了"五四运动"前夕中国先进思想家对中国历史的激烈批判,从今天来看或许有些过激,但是确实揭示了一个事实:历史并不只有光明的一面,而且还有黑暗的一面。一个人如果只看到其中的一个方面,那么他对历史的理解就是不全面的。

以往我们的历史教科书在谈到历史上中国与其他国家的关系时,总是谆谆教导读者说:中国与其他国家交往的历史都充满友谊。即使彼此发生战争,也被轻描淡写地说成是"兄弟阋于墙";战争之后,"渡尽劫波兄弟在,相逢一笑泯恩仇",大家又成了好兄弟,继续共同谱写友好的新篇章。这种说法自然是表达了历史的"主旋律",然而一切事物都有两个方面。各国人民交往的历史,既有铺着鲜花和红地毯的光明一面,也有流淌着血水和眼泪的阴暗一面。正因为历史有这样的阴暗面,所以布罗代尔说,以往的一切历史从来没有公正可言。以建构世界体系理论著称的沃伦斯坦(Immanuel Wallerstein)也说:"(历史)书写真的是可怖的。"本书所讲的故事中,有一些就反映了历史的这一面。布罗代尔说:"作为历史学家,我的任务既不是要判断资本主义的好坏,也不是要认定它守规矩或玩花招,而是要认识它或理解它。"对于早期经济全球化,我在此也不是判断它是好还是坏,而只是要认识它或理解它。既然这段历史有今天我们看来阴暗的一面,那么我们就应当正视之,这样才能认识它或理解它。

善良的读者可能会提出这样的疑问:本书所描绘的这个阴暗图

景是真的,还是本书作者故作的惊人之语?为什么早期经济全球化时代的东亚世界会充斥着鲜血与泪水?在这个刀光剑影的世界中,中国的命运将会如何?我相信大多数读者心中都多多少少有这两个疑问,因此把我的看法作为本书的结语,在这里和读者共同讨论。

一、火枪加账簿:早期经济全球化的时代特征

倘若有读者质疑本书所描绘的那个阴暗图景,那么我的回答是:这个图景尽管阴暗,却充分表现了早期经济全球化时代的时代特征。要了解这个特征,不妨读读马克思和恩格斯在《共产党宣言》中对于资本主义兴起初期的时代特征做的精彩描述:

> 不断扩大产品销路的需要,驱使资产阶级奔走于全球各地。它必须到处落户,到处开发,到处建立联系。
>
> 旧的、靠本国产品来满足的需要,被新的、要靠极其遥远的国家和地带的产品来满足的需要所代替了。过去那种地方的和民族的自给自足和闭关自守状态,被各民族的各方面的互相往来和各方面的互相依赖所代替了。物质的生产是如此,精神的生产也是如此。各民族的精神产品成了公共的财产。民族的片面性和局限性日益成为不可能。
>
> 它(资产阶级)使人和人之间除了赤裸裸的利害关系,除了冷酷无情的"现金交易",就再也没有任何别的联系了。它把宗教虔诚、骑士热忱、小市民伤感这些情感的神圣发作,淹没在利己主义打算的冰水之中。它把人的尊严变成了交换价值,

用一种没有良心的贸易自由代替了无数特许的和自力挣得的自由。总而言之，它用公开的、无耻的、直接的、露骨的剥削代替了由宗教幻想和政治幻想掩盖着的剥削。

一切固定的僵化的关系以及与之相适应的素被尊崇的观念和见解都被消除了，一切新形成的关系等不到固定下来就陈旧了。一切等级的和固定的东西都烟消云散了，一切神圣的东西都被亵渎了。人们终于不得不用冷静的眼光来看他们的生活地位、他们的相互关系。

说得简单一点，随着西方资本主义的兴起，经济全球化开始并迅速进展，导致东亚世界原有的秩序被打破，而新的秩序又尚未建立。因此如同整个世界一样，东亚世界也变成了一个无法无天的混沌天地。在这个混沌天地中，弱肉强食的"丛林法则"成为国际行为准则。什么人类之爱、公理正义、礼义廉耻等，在这里都看不到踪影。这里经常能够看到的是刀光剑影，听到的是枪炮轰鸣。而隐藏在其后的，除了传统的征服、掠夺和奴役外，更多的是商业利益。

西方的司法女神，披白袍，戴金冠，左手持天平，右手持长剑。这个形象来自古罗马神话中的正义女神朱蒂提亚（Justitia），英语中的"justice"一词就来源于此。如前所述，近代早期世界上最成功的企业——荷兰东印度公司的形象是"左手拿着账册，右手拿着刀剑"。考虑到这个时期发生的军事技术革命，我们可以把刀剑改为火枪。火枪意味着新型暴力，账簿意味着商业利益，因此"火枪加账簿"就是早期经济全球化时代世界的写照。其含义是这个时期蓬勃发展的国际贸易与暴力有着程度不等的联系。为了追求更大的利益，各种利益主体在相互交往中往往运用暴力。

为什么会出现这种情况呢？一个原因是出于商业的性质和商人的本性。商业是一种有组织的为顾客提供所需的商品与服务的行为，通过以高于成本的价格卖出商品或服务来盈利。盈利是商业赖以存在和发展的动力。这种性质体现在从事商业的人（即商人）身上，因此商人的本性是求利。在求利的驱动之下，商人常常唯利是图，不择手段。古希腊哲人柏拉图这样评论商人："一有机会盈利，他们就会设法谋取暴利。这就是各种商业和小贩名声不好，被社会轻视的原因。"另一位哲人亚里士多德也说："（商人）在交易中损害他人的财货以谋取自己的利益，这是不合自然而且应该受到指责的。"古罗马政治家和学者西塞罗更认为商人是卑贱的、无耻的，因为他们"不编造一大堆彻头彻尾的谎话就捞不到好处"。

在古代的东亚世界，商人也因唯利是图、重利轻义而备受指责。唐代诗人元稹在《估客乐》诗中，对当时商人的唯利是图、重利轻义做了生动的描述：

> 估客（即商人）无住著，有利身则行。出门求火伴，入户辞父兄。父兄相教示：求利莫求名；求名莫所避，求利无不营；火伴相勒缚，卖假莫卖诚；交关但交假，本生得失轻；自兹相将去，誓死意不更。亦解市头语，便无乡里情。

正是这种贪欲，驱使商人不惮风险，走遍天涯海角：

> 求珠驾沧海，采玉上荆衡。北买党项马，西擒吐蕃鹦。炎洲布火浣，蜀地锦织成。越婢脂肉滑，奚僮眉眼明。通算衣食费，不计远近程。

到了早期经济全球化时代，经商求利成为时代的主旋律。由于国际贸易空间空前扩大而共同游戏规则尚未建立，商人贪婪的本性在这个广阔无垠同时又无法无天的天地里更加暴露无遗。为了利益的最大化，他们无所不用其极。马克思在《资本论》中引用登宁的话说："资本逃避动乱和纷争，它的本性是胆怯的。这是真的，但还不是全部真理。资本害怕没有利润或利润太少，就像自然界害怕真空一样。一旦有适当的利润，资本就胆大起来。如果有 10% 的利润，它就保证到处被使用；有 20% 的利润，它就活跃起来；有 50% 的利润，它就铤而走险；为了 100% 的利润，它就敢践踏一切人间法律；有 300% 的利润，它就敢犯任何罪行，甚至冒绞首的危险。如果动乱和纷争能带来利润，它就会鼓励动乱和纷争。走私和贩卖奴隶就是证明。"这段话也是早期经济全球化时代东亚世界国际贸易中商人的绝佳写照。

这种对于商业利益的狂热追求，使人与人之间、国与国之间，除了赤裸裸的利害关系，除了冷酷无情的现金交易，就再也没有任何别的联系了。由此我们可以理解，为什么汪直等人会背弃父母之邦，成为倭寇首领；为什么郑芝龙在明朝、日本、荷兰之间纵横捭阖，今日是友，明日为敌；为什么一些"兄弟之邦"，一转眼就反目成仇，成为刀兵相见的敌人。这些现象背后就是一个词：利益。正如 19 世纪英国首相巴麦尊（Henry John Temple, Lord Palmerston）所言："一个国家没有永远的朋友，仅有永远的利益。"（A country does not have permanent friends, only permanent interests.）在早期经济全球化时代的东亚世界，情况就是如此。

二、"恶创造历史":早期经济全球化时代历史发展的动力

早期经济全球化时代东亚世界的"火枪加账簿",导致了诸多在今天不能容忍的恶行的出现和滋生。但是这里要说的是,这些恶行不仅是早期经济全球化的产物,也是经济全球化赖以出现和进展的必要条件。换言之,这种恶乃是推动人类社会从传统社会向近代社会发展的动力。

"恶是历史发展的动力"是一个重要的哲学命题。早在19世纪初,黑格尔就已提出了这个观点。他在《历史哲学》中说:"我现在所表示的热情这个名词,意思是指从私人的利益、特殊的目的,或者简直可以说是利己的企图而产生的人类活动——是人类全神贯注,以求这类目的的实现,人类为了这个目的,居然肯牺牲其他本身也可以成为目的的东西,或者简直可以说其他一切的东西。"恩格斯对黑格尔的这个观点大加赞同,说:"有人以为,当他说人本性是善的这句话时,是说出了一种很伟大的思想;但是他忘记了,当人们说人本性是恶的这句话时,是说出了一种更伟大得多的思想。"恩格斯进而指出:"在黑格尔那里,恶是历史发展的动力的表现形式。这里有双重意思,一方面每一种新的进步都必然表现为对某一神圣事物的亵渎,表现为对陈旧的、日渐衰亡的,但为习惯所崇奉的秩序的叛逆,另一方面,自从阶级对立产生以来,正是人的恶劣的情欲——贪欲和权势欲成了历史发展的杠杆,关于这方面,例如封建制度和资产阶级制度的历史就是一个独一无二的持续不断的证明。"不仅如此,恩格斯还认为这种贪欲是文明社会赖以出现的原因:"文明时代以这种基本制度完成了古代氏族社会完全做不到的事情。但是,它是用激起人们最卑劣的冲动和情欲,并且以损害人们的其他一切禀赋为代价而

使之变本加厉的办法来完成这些事情的。鄙俗的贪欲是文明时代从它存在的第一日起直至今日的起推动作用的灵魂：财富，财富，第三还是财富——不是社会的财富，而是这个微不足道的单个的个人的财富，这就是文明时代唯一的、具有决定意义的目的。"马克思在《1861~1863年经济学手稿》中也引证英国学者曼德维尔的一段话并给予高度评价："我们在这个世界上称之为恶的东西，不论道德上的恶，还是身体上的恶，都是使我们成为社会生物的伟大原则，是毫无例外的一切职业和事业的牢固基础、生命力和支柱；我们应该在这里寻找一切艺术和科学的真正源泉；一旦不再有恶，社会即使不完全毁灭，也一定要衰落。"正是在这种道德上的"恶"造就了早期经济全球化，它借"火枪和账簿"，把世界各地人民日益紧密地联系在了一起。这就是"恶创造历史"的具体表现。

那么，这种情况是否就是命定而不可改变的呢？我的回答是：虽然历史是不能假设的，但是我们也要承认在某一个时刻，历史发展面临多种可能的道路，而非仅只有一条道路。否则，我们就将陷入历史宿命论的泥潭了。由此出发，我们来看看在早期经济全球化时代的东亚世界，是否有可能建立一种得到各方接受的国际秩序呢？

很显然，这种国际秩序不可能由私人机构或者社会团体建立，而只能由国家建立。道理很简单，因为国家是所有社会组织中最强大的。著名社会学家蒂利指出：因为国家控制着"毁灭手段"这种最极端的力量，因此国家可以被视为专门的、唯一合法的保护费勒索者。这个看法，对于早期经济全球化时代的情况来说再合适不过了。如果国家不够强大，或者国家采取错误的政策，就会导致国际贸易无序化，而这种无序化的结果必然是弱肉强食的"丛林法则"成为国际行为准则。

早在其1527年出版的《论商业与高利贷》中,马丁·路德(Martin Luther)就对欧洲国家在建立贸易的合理秩序方面的失职及其结果做了酣畅淋漓的描述:"现在,商人对贵族或盗匪非常埋怨,因为他们经商必须冒巨大的危险,他们会遭到绑架、殴打、敲诈和抢劫。如果商人是为了正义而甘冒这种风险,那么他们当然就成了圣人了……但既然商人对全世界,甚至在他们自己中间,干下了这样多的不义行为和非基督教的盗窃抢劫行为,那么,上帝让这样多的不义之财重新失去或者被人抢走,甚至使他们自己遭到杀害,或者被绑架,又有什么奇怪呢?……国君应当对这种不义的交易给予应有的严惩,并保护他们的臣民,使之不再受商人如此无耻的掠夺。因为国君没有这么办,所以上帝就利用骑士和强盗,假手他们来惩罚商人的不义行为,他们应当成为上帝的魔鬼,就像上帝曾经用魔鬼来折磨或者用敌人来摧毁埃及和全世界一样。所以,他是用一个坏蛋来打击另一个坏蛋,不过在这样做的时候没有让人懂得,骑士是比商人小的强盗,因为一个骑士一年内只抢劫一两次,或者只抢劫一两个人,而商人每天都在抢劫全世界。……以赛亚的预言正在应验:你的国君与盗贼做伴。因为他们把一个偷了一个古尔登或半个古尔登的人绞死,但是和那些掠夺全世界并比其他所有的人都更肆无忌惮地进行偷窃的人串通一气。'大盗绞死小偷'这句谚语仍然是适用的。罗马元老卡托说得好:小偷坐监牢,戴镣铐;大盗戴金银,衣绸缎。但是对此上帝最后会说什么呢?他会像他通过以西结的口所说的那样去做,把国君和商人,一个盗贼和另一个盗贼熔化在一起,如同把铅和铜熔化在一起,就像一个城市被焚毁时出现的情形那样,既不留下国君,也不留下商人。"马克思在《资本论》第三卷中引用了这段话,并且指出:"占主要统治地位的商业资本,到处都代表着一种掠夺制度在古代和新时代的商业民族中的发展，是和暴力掠夺、海盗行径、绑架奴隶、征服殖民地直接结合在一起的；在迦太基、罗马，后来在威尼斯人、葡萄牙人、荷兰人等那里，情形都是这样。"

因此，倘若国家不能或者不愿来建立合理的贸易秩序，国际贸易就是一个丛林，而从事国际贸易的商人就会成为强盗、窃贼、骗子。而上帝就利用魔鬼，假手他们来惩罚商人的不义行为。这正是早期经济全球化时代的东亚世界所发生的情况。

三、置身新世局：晚明中国国家的责任与失败

导致"丛林法则"成为早期经济全球化时代东亚世界国际行为准则的一个主要原因，是当时东亚世界最主要的国家——中国，未能充分认识变化了的国际形势，在创建一种国际新秩序方面未能发挥积极作用。相反，面对蓬勃发展中的国际贸易和风云变幻的国家政治军事形势，明朝反应迟缓，行动不力，因此不仅未能充分利用新形势带来的机会，反而被新形势带来的挑战弄得焦头烂额，最后走向灭亡。

近年来，越来越多的学者赞同"晚明是中国近代化的开端"这一说法。2008年《河北学刊》与中国明史学会组织了"晚明社会变迁与中国早期近代化"的专题讨论。在会上，中国明史学会会长张显清先生明确提出"晚明是中国早期近代化的开端"的观点，从经济基础与上层建筑两个方面考察了晚明中国社会发生的变化，结论是"中国早期近代化历程在晚明起步"。

史景迁用优美的文笔，对晚明中国在世界上的地位做了如下描写：

> 在1600年前后中国的文化生活繁荣兴盛，几乎没有国家可以与之相提并论。如果枚举16世纪晚期成就卓著的人物，比较欧洲的社会，不难发现，同一时期中国取得的成就在创造力和想象力上皆毫不逊色。
>
> 16世纪晚期，明朝似乎进入了辉煌的顶峰。其文化艺术成就引人注目，城市与商业的繁荣别开生面，中国的印刷技术、制瓷和丝织业发展水平更使同时期的欧洲难以望其项背。

然而此时的中国却已充满危机，实际上是站在历史的十字路口。1600年以后中国的情况，不仅与之前的繁荣和安定形成鲜明对比，更与西欧一些国家的发展背道而驰。正如史景迁所说："即使把这一时期看作'近代欧洲'诞生标志已成共识，却很难视之为近代中国的明确起点。当西方驰骋全球，拓展视野，在探索世界的领域中独领风骚时，明朝统治者不仅禁止海外探险，丧失了认识世界的机会，而且自拆台脚，不到五十年就将自己的王朝断送于暴力。"

为什么会发生这样的巨变？以往人们提出了多种解释，从万历怠政、魏忠贤专权等传统说法，到在"阶级斗争"史观和"资本主义萌芽"史观下提出的诸多观点，可谓多姿多彩。这些观点都有一个共同的立场：明朝灭亡是历史的必然。但是20世纪西方最伟大的社会经济史学家布罗代尔指出："在探讨帝国兴衰之时，最好能避免受到这样的诱惑，即在知晓帝国终有一日强大的情形下过早地寻找其强大的征兆，抑或在了解帝国终有一日灭亡的情形下过早地预测它行将崩溃。"虽然明朝灭亡的原因很多,但是我们有理由相信:如果明朝当政者至迟从嘉靖朝就认清新的国际形势,采取积极的应对方式,那么中国未必没有可能逐渐走向近代社会。

那么,处在历史十字路口的晚明中国为什么不能选择另外一条道路呢?我的答案是:不仅中国未能选择另外一条路,17世纪大多数国家也如此,因此中国的情况不足为奇。

从全球史的视角来看,晚明中国所遇到的危机并非偶然,而是世界史上著名的"17世纪总危机"(The General Crisis of the Seventeenth Century)的一个部分。学界对"17世纪总危机"的研究主要集中在欧洲。在17世纪,欧洲各国在政治、经济、宗教、外交等方面的各种矛盾和冲突集中爆发,表现为此起彼伏的政治革命、贵族叛乱、民族起义、宗教冲突、农民暴动及城乡骚乱,等等。由于各国情况不同,危机的表现形式和发展程度以及危机的内容、性质、进程、结果等都大不一样。在荷兰、英国等少数西北欧国家,政治改革和社会运动取得了胜利,建立起了有利于近代经济发展的新的政治、经济、社会制度,成为国际竞争中的胜利者。而其他国家则未能顺利渡过危机,因此在危机后的发展显然迟缓,其中诸如西班牙、葡萄牙这些先前的世界强权更日益衰落,成为国际竞争的失败者。

这次危机也存在于东亚世界。危机之前,中国、日本等国在经济上似乎都是一片升平气象,而到了17世纪,中国的明朝崩溃了,日本也出现了严重的经济衰退,出现了"宽永大饥荒"。在17世纪40年代,日本的食物价格上涨到空前的水平,许多百姓被迫卖掉农具、牲畜、土地甚至家人,以求生路,另有一些人则尽弃财物,逃至他乡,多数人生活在悲苦的绝望之中。由于白银产量大幅下降,日本的购买力受到严重影响。1635年,德川幕府禁止日本人到海外贸易,并于1639年将葡萄牙人逐出长崎,还严格限制外国与日本的贸易。结果是许多富商严重受创,甚至有的在债权人的高压之下自杀身亡。经济衰退导致了社会动荡,爆发了日本有史以来最重要的一次起义,即岛原大起义(亦称"天主教徒起义")。幕府费尽周折,使用了骇人听闻的残忍手段才将起义镇压下去。面对日益恶化的经济形势,幕府实行了新政策以改善民生,并颁布了一系列"节约和限制消费令",遏制武士和商人阶层的奢侈行为,以此缓解被幕府视为"走投无路"的农民的负担。但在此时,日本的铜产量大大提高,提高了日本对华贸易的购买力,使得日本可以改善其经济。这些措施和情况,使得日本比中国更快地从"17世纪总危机"中恢复过来。但是这场危机也严重削弱了日本在东亚世界国际竞争中的相对实力,从另外一个方面说明了为什么日本德川政权放弃了丰臣秀吉的海外扩张野心,而奉行一种闭关自守、"洁身自好"的政策。

由于各方面的原因,明代中国未能通过这场危机,沦为失败者。继之而起的清朝,采取了若干措施,缓解了严峻的经济状况和尖锐的社会矛盾,使得危机得以结束。到了18世纪,中国从危机中全面走出,出现了新的繁荣。不过,因为这些措施并未从根本上解决问题,所以中国也未能像荷兰、英国等国家那样建立起一种适合近代经济成长的体制,从而为19世纪的失败埋下了伏笔。如果我们追溯中国近代化的历史过程,或许会得出这样的结论:在晚明这个历史的十字路口,中国未能抓住机遇,从而和世界大多数国家一样走上另外一条路。由于这个选择导致的"途径依赖",使得中国不得不再等上两个世纪,才又在新的(或许是更为不利的)国际环境中,重新开始近代化的进程。这个曲折经历,令我们今天在读这段历史时感叹不已,也令我们深感肩上的历史使命,不能重蹈覆辙,再失去历史的机遇。